AF245720

DE LA
CONDITION LÉGALE
DU
CULTE ISRAÉLITE
EN FRANCE ET EN ALGÉRIE

THÈSE POUR LE DOCTORAT

PAR

GEORGES BAUGEY

STÉNOGRAPHE A LA CHAMBRE DES DÉPUTÉS

PARIS
LIBRAIRIE NOUVELLE DE DROIT ET DE JURISPRUDENCE
ARTHUR ROUSSEAU, ÉDITEUR
14, RUE SOUFFLOT ET RUE TOULLIER, 13
1899

DE LA CONDITION LÉGALE

DU

CULTE ISRAÉLITE

EN FRANCE ET EN ALGÉRIE

DE LA
CONDITION LÉGALE
DU
CULTE ISRAÉLITE
EN FRANCE ET EN ALGÉRIE

PAR

Georges BAUGEY

DOCTEUR EN DROIT

STÉNOGRAPHE A LA CHAMBRE DES DÉPUTÉS

PARIS

LIBRAIRIE NOUVELLE DE DROIT ET DE JURISPRUDENCE

ARTHUR ROUSSEAU, ÉDITEUR

14, RUE SOUFFLOT ET RUE TOULLIER, 13

1899

DIVISION GÉNÉRALE

Parmi les dispositions légales applicables au culte israélite, les unes sont communes à tous les cultes reconnus,
les autres constituent ce qu'on peut appeler la législation
propre du culte israélite.

Nous étudierons les premières dans une première partie,
les autres dans une deuxième partie. Dans une troisième
partie, nous passerons rapidement en revue les textes qui
règlent la situation du culte israélite en Algérie, et dans
une quatrième nous examinerons sommairement les principales législations étrangères.

BIBLIOGRAPHIE

Esmein. — Cours élémentaire d'histoire du droit français, p. 637 et ss.

M. Block — Dictionnaire de l'administration (V° Cultes).

Th. Reinach. — Histoire des Israélites.

A.-E. Halphen. — Recueil des lois, décrets, ordonnances, avis du Conseil d'État, arrêtés et règlements concernant les Israélites depuis la Révolution de 1789 (1851).

I. Uhry. — Recueil des lois, décrets, ordonnances, avis du Conseil d'État, arrêtés et règlements concernant les Israélites depuis 1850 (1878).

Archives Israélites. — (1840-1898).

Penel-Beaufin. — Législation générale du culte israélite en France, en Algérie et dans les colonies.

Dalloz. — Codes annotés (V° Cultes).

   Id. — Répertoire de législation et de jurisprudence (V° Cultes).

   Id. Recueil des lois, arrêts, etc. — Tables.

Sirey. — Recueil des lois, arrêts, etc. — Tables.

Fuzier-Hermann. — Répertoire (V° Cultes).

Lebon. — Recueil des arrêts du Conseil d'État.

Duvergier. — Collection des lois françaises.

L. Béquet. — Répertoire de droit administratif (V° Cultes).

Batbie. — Droit administratif.

Ducrocq. — Traité de droit administratif.

Laferrière. — Traité de la juridiction administrative.

Gaudry. — Traité de la législation des cultes.

Jeanvrot. — Manuel de la police des cultes.

Dufour. — Police des cultes.

Hepp. — Les cultes non catholiques en France et en Algérie.

A. Dubief et **Gottofrey**. — Traité de l'administration des cultes.

Id. Code ecclésiastique.

Affre. — De l'appel comme d'abus.

Fevret. — De l'abus.

Labbé. — Du recours pour abus au xixe siècle.

Affre. — Traité de l'administration des paroisses.

L. Kahn. — Le comité de bienfaisance israélite de Paris.

P. Marquès de Braga. — La comptabilité des fabriques.

Bulletin de la Société de législation comparée.

Annuaire de législation étrangère (1870-1896).

INTRODUCTION

C'est l'Assemblée constituante qui a donné aux Juifs la qualité de Français, mais l'organisation légale du culte israélite ne date que de 1808, et ce n'est qu'en 1831 que les traitements des ministres de ce culte furent inscrits au budget de l'État. Du 21 septembre 1791 au 17 mars 1808, le culte israélite fut seulement toléré, sauf dans la période violente de la Convention, pendant laquelle il disparut dans la tourmente qui emporta toutes les manifestations religieuses.

Avant 1791, il ne pouvait en être question, puisque les Juifs n'étaient pas admis en France. Pour comprendre le bienfait que la Révolution leur a assuré, il est nécessaire de retracer à grands traits leur histoire en France sous l'ancien régime.

On peut conjecturer que les Juifs s'établirent en Gaule de bonne heure, bien qu'il n'y ait aucun document authentique sur cet établissement. En effet, la loi burgonde mentionne leur existence, et les rois de la première race rendirent des édits contre eux. On leur appliquait sans doute le droit du Bas-Empire, tel que nous le retrou_ vons dans plusieurs textes du Code de Justinien : défense de se marier avec les chrétiens (1), de remplir toutes fonc-

____

(1) L. 6, C., *De Judœis et cœlicolis*, liv. I, titre IX.

tions publiques (1), d'avoir des chrétiens pour esclaves (2), de témoigner en justice contre des chrétiens (3), de circoncire un chrétien (4), ou même leurs esclaves non chrétiens (5).

Les Barbares les trouvèrent installés en Gaule. La loi burgonde fixe le wehrgeld à payer pour le meurtre d'un juif à la moitié du wehrgeld pour le meurtre d'un chrétien. Les rois francs leur appliquent les dispositions édictées par les conciles : un édit de Childebert, de 533 ou de 540, rapporté par Grégoire de Tours, leur interdit de paraître en public pendant les fêtes de Pâques et d'avoir à leur service aucun domestique chrétien. Tous les rois tentent de les convertir ; enfin, en 633, Dagobert les expulse.

Jusqu'au règne de Louis le Débonnaire, on ne trouve plus aucune disposition législative relative aux Juifs. Ils furent probablement tolérés ; quelques-uns d'entre eux semblent même avoir été l'objet de la faveur des rois, si l'on en croit la légende qui veut que le juif Isaac fut le chef de l'ambassade envoyée par Charlemagne au calife Haroun-al-Raschid.

Louis le Débonnaire effaça toutes les dispositions édictées contre eux ; il les chargea même du recouvrement des contributions. Mais peu à peu, sous la pression des évêques, leur situation devint de plus en plus pénible. Les

---

(1) L. 18, C., *De Judæis et cœlicolis*, liv. I, tit. IX.

(2) L. 1, C., *Ne christianum mancipium hæreticus, vel Judæus, vel paganus habeat, vel possideat, vel circumcidat,* liv. I, titre X.

(3) L. 24, C., *De hæreticis et manichæis et Samaritis,* liv. I. titre V.

(4) L. 16, C., *De Judæis et cœlicolis,* liv. I, titre IX.

(5) L. I, *Ne christianum mancipium hæreticus, vel Judæus, vel paganus habeat, vel possideat, vel circumcidat,* liv. I, titre X.

mauvais traitements (1), les confiscations, les expulsions, et même les massacres se succédèrent. Ils furent chassés de France une seconde fois par Philippe Ier, en 1096.

Rentrés de nouveau, ils eurent pendant trois siècles des fortunes diverses. Expulsés à plusieurs reprises, pressurés d'impôts ou dépouillés de leurs biens quand on les tolérait, ils avaient une condition misérable. On ne les traitait pas en hérétiques, car ils ne pouvaient, pour cause de religion, être l'objet d'une poursuite criminelle. Ils n'étaient point non plus assimilés aux serfs, bien que certains textes semblent dire le contraire (2). En effet, ils n'étaient soumis ni au droit de formariage ni au droit de main-morte (3). Ils avaient une situation spéciale intermédiaire entre celle du serf et celle de l'homme de poste. Ils pouvaient être au gré du seigneur haut justicier, poursuivis ou expulsés. On trouve des conventions passées entre les rois et certains seigneurs, notamment en mai 1210, entre Philippe-Auguste et la comtesse de Champagne, et en novembre 1223, entre Louis VIII et les hauts barons, par lesquelles les parties s'engagent à se livrer mutuellement les Juifs qui émigreraient des terres de l'un dans celles de l'autre. C'est bien le droit de poursuite qui appartient au seigneur sur le serf.

---

(1) C'est ainsi que s'était établi à Toulouse l'usage de la *colaphisation*. Le vendredi saint, devant le peuple assemblé sur la place publique, le syndic de la communauté juive recevait un soufflet de l'évêque, comme symbole du châtiment éternel réservé au peuple déicide.

(2) Établissement de Louis X les autorisant à rentrer en France : « Ceux qui étaient originairement Juifs du Roi continueront à lui appartenir. — Ceux qui se fixeront sur la terre d'un seigneur sous la juridiction duquel ils se trouvaient originairement, continueront à lui appartenir. »

(3) Il y a doute cependant sur ce dernier point.

Les Juifs ne peuvent, au moyen âge, témoigner en justice contre les chrétiens, ni avoir des domestiques ou même des nourrices de religion chrétienne. Ils sont soumis à la dîme en cas d'acquisition de biens-fonds ou de maisons. Dans nombre de villes on leur assigne un quartier spécial, le *ghetto* dans les pays du midi, le *judenviertel* dans l'est. On leur enjoint de porter une marque spéciale, un bonnet jaune ou vert, et la rouelle, large pièce d'étoffe en forme d'O, qu'ils doivent mettre sur leurs habits en un endroit apparent (1). Il sont en un mot *in servitute quasi publica*.

C'est d'ailleurs le but avoué des conciles et des papes de les tenir dans l'abjection. Certaines bulles pontificales recommandent bien d'épargner les Juifs « qui sont paisibles et inoffensifs » (Alexandre II), « qui sont faits comme les autres hommes à l'image de Dieu ». (Martin V, 1417.) Mais toutes les prescriptions que nous venons de signaler sont inspirées par les conciles, et, à la suite du Concile de Latran (1215), Innocent III crée l'ordre des dominicains spécialement chargé de veiller à leur observation.

Le résultat fut obtenu. Les rois et les seigneurs appliquèrent avec rigueur les prescriptions ecclésiastiques. Durant tout le moyen-âge les Juifs furent vraiment taillables à merci. En dehors des impôts ordinaires et extraordinaires, ils devaient payer le sel et les épices, les provisions de la cour en voyage; ils étaient soumis, à l'entrée dans les villes, à un droit de péage; ils devaient acquitter l'impôt du sauf-conduit lors de la traversée de chaque seigneurie. On leur ferma toutes les branches d'activité. Ils ne pouvaient, dans le système féodal, cultiver la terre, car la formule d'hommage se faisait sur l'Évangile; d'ailleurs on leur interdisait d'avoir des domestiques chrétiens; enfin l'animosité était grande contre eux dans les campagnes.

(1) Ordonnance de 1269.

Force leur était donc de se réfugier dans les villes, où ils pouvaient s'unir plus étroitement. Mais, là encore, on leur fermait tous les corps de métiers. Ils ne pouvaient songer à pénétrer dans les Universités, ni à entrer dans les carrières libérales puisqu'ils ne pouvaient avoir aucune autorité sur les chrétiens. Il ne leur restait dès lors que le commerce inférieur (friperie, colportage) et l'usure, c'est-à-dire le prêt à intérêt. Outre la nécessité dans laquelle ils étaient de faire le seul commerce qui leur fût ouvert, ils y trouvaient cet avantage qu'ils pouvaient se déplacer facilement sans ruine.

Avec l'activité qui distingue leur race, ils s'y précipitèrent et y réussirent merveilleusement. Qu'ils aient ou non inventé la lettre de change (1), il est certain qu'en maints endroits ils fondèrent des banques et surtout des banques de prêt. Ils devaient d'autant mieux devenir les seuls banquiers du monde chrétien que les lois canoniques, sur la foi de passages de l'Évangile mal interprétés, interdisaient le prêt à intérêt entre frères, entre chrétiens par conséquent.

Mais l'exercice de ce commerce fut pour eux une cause de malheur et de persécutions. L'argent était rare, le remboursement précaire, les risques considérables. Les Juifs devaient compter avec d'autres chances de perte : souvent les rois ou les papes remettaient aux débiteurs tout ou partie des intérêts de la dette, ou bien la dette elle-même. Les clients ne se gênaient guère pour se dispenser de payer. Aussi les banquiers juifs prêtaient-ils à gros intérêt. Mais quand on estimait qu'ils devenaient trop riches, une expulsion ou une confiscation survenait à propos pour les dépouiller. Malgré tout, le peuple, ne voyant que

____

(1) Montesquieu, *Esprit des Lois*, liv. XXI, chap. xx. L'invention de la lettre de change doit être attribuée probablement aux banquiers Lombards.

le fait brutal, l'intérêt exagéré, les accusait d'être les auteurs de sa misère. Si l'on ajoute qu'ils étaient tout désignés, étant les seuls commerçants d'argent, pour percevoir et centraliser les impôts, il est facile de comprendre la haine qu'ils inspiraient.

Cette haine se traduisait par les mauvais traitements, le pillage. Souvent même on allait jusqu'au massacre. La plupart des croisades débutent par des massacres de Juifs. Il en fut ainsi notamment de la 2ᵉ croisade (1) et de la fameuse croisade des Pastoureaux. Sous les prétextes les plus variés, et, il faut le dire, les plus absurdes : profanation de vases sacrés, meurtres d'enfants, on les brûlait. Les calamités publiques qui furent si fréquentes à cette époque (peste de Guienne, 1321, peste noire, 1349) leur étaient imputées.

Les Juifs cependant se maintenaient en France malgré la situation pénible qui leur était faite. Certains rois leur furent même favorables, Louis X et Charles V entre autres. Ce dernier adoucit leur situation, diminua leurs impôts, leur accorda le libre exercice de leur religion, leur donna une sorte d'organisation politique, et institua ou plutôt rétablit la charge de gardien des privilèges des Juifs du royaume, qui semble avoir existé sous Louis le Débonnaire. Leurs rabbins furent chargés de la juridiction civile et pénale, et deux procureurs généraux furent désignés pour recueillir les taxes qu'ils avaient à payer.

Cet adoucissement de leur condition ne fut que passager. Le règne de Charles VI devait leur être funeste. Le 17 septembre 1394, le roi leur enjoignait d'avoir à quitter le royaume dans les six semaines. Ils durent

-----

(1) Lettre de saint Bernard à l'archevêque de Mayence pour le prier d'arrêter les prédications provocatrices du moine Rodolphe (*Epist.* CCCLXV).

émigrer. Ils se refugièrent en Piémont, en Allemagne et dans le Comtat Venaissin.

Cette expulsion fut générale. Jusqu'au XVIIIe siècle on n'entendra plus parler d'eux, sauf quelques exceptions. L'édit de 1394 fut appliqué aux nouvelles provinces, au fur et à mesure de leur incorporation au domaine royal. C'est ainsi qu'en juillet 1488, les habitants d'Arles furent autorisés à chasser les Juifs.

Cependant à Metz, en Lorraine et en Alsace, la royauté maintint l'organisation des communautés juives. Il en fut de même à Bordeaux et à Bayonne, où étaient venues s'établir, à la fin du XVe siècle, quelques familles de Juifs espagnols et portugais chassés de la péninsule ibérique. Henri II, par lettres patentes d'août 1550, leur avait accordé le droit de se fixer en France et d'exercer librement leur religion. Les privilèges à eux accordés furent confirmés successivement par tous les successeurs d'Henri II.

Sauf ces quelques exceptions, les Juifs ne reparurent plus en France. De temps à autre une mesure nouvelle était prise contre eux. Le 23 avril 1615, Louis XIII les expulse et interdit à tous ses sujets, « sous peine de la vie et des biens » de les recevoir ou de converser avec eux. Le 30 septembre 1683, ils sont expulsés des colonies françaises. Un arrêt de règlement du conseil souverain de Colmar, du 29 juillet 1717, renouvelle la prohibition de Philippe le Hardi qui, après tant d'autres, avait interdit aux Juifs d'avoir des domestiques chrétiens. Un arrêt du Conseil du 20 février 1731, leur défend de trafiquer dans aucune ville du royaume autre que celle où ils sont domiciliés. Cet arrêt ne peut viser que les Juifs autorisés à séjourner en France comme les Juifs portugais établis à Bordeaux et les Juifs d'Alsace, à moins qu'on n'y voie une tolérance établie au profit des autres Juifs qui dès lors auraient pu rentrer en France, ce qui semble bien peu vraisemblable. Un autre arrêt du Conseil du 14 août 1774, à la veille de la Révolution, leur interdit l'entrée des corps d'arts et métiers.

Cependant les idées du xviiie siècle produisaient leurs fruits. Malgré la haine et le mépris dont ils étaient l'objet dans toute la chrétienté, les Juifs devaient bénéficier de l'immense mouvement qui allait aboutir à la Révolution. Déjà Montesquieu avait protesté en termes éloquents contre la législation dont ils souffraient (1). Certaines tolérances personnelles s'étaient introduites ; la situation considérable de plusieurs d'entre eux, les Pereire à Bordeaux, les Berr à Strasbourg, avait appelé l'attention des ministres du roi. Malesherbes leur ouvrit les portes du royaume, institua une commission de notables juifs chargée d'examiner les questions relatives à leur émancipation, abolit, en janvier 1784, tous les droits de péage corporel, travers, coutumes et autres droits de cette nature. Le 10 juillet 1784, le péage corporel d'Alsace fut supprimé. Il est vrai qu'on le remplaçait par un droit de protection dû au roi, un droit de réception et d'habitation au profit des seigneurs et des villes sans préjudice de nombreuses mesures vexatoires.

Dans les dernières années du règne de Louis XVI, plusieurs publicistes s'occupèrent des Juifs. Mirabeau publia en 1787 un mémoire sur Mendelssohn, l'illustre Juif prussien du xviiie siècle, et sur la réforme politique des Juifs. L'Académie des belles-lettres de Metz mit la question au concours sur la proposition de Rœderer. L'un des lauréats, l'abbé Grégoire, allait être à l'Assemblée Constituante l'un des défenseurs les plus ardents de la cause de l'émancipation des Juifs.

(1) *Esprit des Lois*, XXV, 13.

C'est à la Révolution qu'il appartenait de faire cesser les vexations dont ils étaient victimes depuis si longtemps. Dès le 23 août 1789, la Constituante, dans l'article 10 de la Déclaration des Droits, proclamait le principe de la liberté de conscience. Ce fut le signal d'un redoublement de vexations contre les Juifs d'Alsace, dont un grand nombre durent se réfugier à Bâle. L'abbé Grégoire protesta avec énergie devant l'Assemblée et réclama son intervention.

La question de l'émancipation des Juifs fut tranchée au moins en partie, à propos de la loi électorale. Les citoyens actifs étant seuls éligibles, on demanda si les Juifs seraient compris parmi les citoyens actifs. Malgré l'opposition acharnée de Rewbell, de l'abbé Maury et de la Fare, évêque de Nancy, l'Assemblée, après avoir entendu, en faveur des Juifs, Clermont-Tonnerre, Duport et Mirabeau, décida, le 28 janvier 1790, que les Juifs de Bordeaux et d'Avignon seraient élevés au rang de citoyens actifs. La question était ajournée pour les autres. Un décret du 20 juillet 1790 abolit toutes les redevances particulières prélevées sur les Juifs sous le nom de droit d'habitation, de protection et de tolérance. Enfin, le 27 septembre 1791, sur la proposition de Duport et sans débat, l'Assemblée décidait que tous les Juifs jouiraient de tous les droits de citoyens actifs.

Il ne restait plus qu'à organiser le culte israélite. On n'y pouvait songer pendant la Révolution. Lors de la réorganisation, en l'an X, des cultes catholique et protestants, sur l'affirmation tranchante de Portalis que « les Juifs forment bien moins une religion qu'un peuple », on avait laissé de côté le culte israélite. Un décret du 30 mai 1806 institua une assemblée générale de notables Juifs qui se réunit sous la présidence d'Abraham Furtado, de Bordeaux, et qui fut chargée, avec l'assistance de trois com-

missaires du gouvernement, Portalis, Molé et Pasquier,
de répondre à un certain nombre de questions sur des
matières d'ordre civil. Les réponses ainsi préparées furent
converties en décisions doctrinales par un grand sanhédrin composé pour un tiers de laïques et pour deux tiers
de rabbins. En même temps une commission de neuf
membres avait élaboré un projet de règlement du culte
mosaïque, approuvé le 10 décembre 1806 par l'Assemblée
générale. Deux décrets du 17 mars 1808 sanctionnèrent
les décisions doctrinales du grand sanhédrin et le règlement organique du culte mosaïque. Un troisième décret
complétait le règlement.

Le même jour Napoléon Ier rendait un décret qui repla-
çait les Juifs, au point de vue civil, sous un régime d'exception. Nul Juif ne devait se livrer au commerce sans
une patente nominative délivrée par le préfet sur un certificat du conseil municipal constatant qu'il ne s'était livré
ni à l'usure ni à un trafic illicite, et du consistoire de la
synagogue dans la circonscription de laquelle il habitait
attestant sa bonne conduite et sa probité (article 7). Cette
patente était renouvelable annuellement (article 8). Les
procureurs généraux pouvaient la faire révoquer par la
Cour impériale, quand il serait à leur connaissance que le
titulaire aurait fait l'usure ou se serait livré à un trafic
frauduleux (article 9). Tout juif non patenté ne pouvait
faire acte de commerce (article 10), ni prendre inscription
hypothécaire pour une créance commerciale (article 11).
Les contrats même étrangers au commerce pouvaient être
revisés par les tribunaux (article 12). Pour obtenir l'exécution d'une obligation souscrite par un non commerçant,
le juif porteur du titre devait prouver que la valeur en
avait été fournie entière et sans fraude (article 4). Tout
prêt fait par un juif à des mineurs, à des femmes ou à
des militaires, sans l'autorisation du tuteur, du mari ou

du capitaine ou chef de corps était nul de plein droit
(article 3). Aucun juif ne pouvait prêter sur nantissement
à des gens à gages, et il ne pouvait faire de prêts de cette
nature à d'autres personnes qu'autant qu'il en était dressé
acte notarié certifiant que les espèces avaient été versées
en présence du notaire (article 14). Ils ne pouvaient recevoir en gage les instruments, ustensiles, outils et vêtements des journaliers et domestiques (article 15). Aucun
Juif non encore domicilié dans les départements du Haut
et du Bas-Rhin ne pouvait plus être admis à y prendre
domicile. Il en était de même pour l'établissement dans
les autres départements, à moins que le demandeur n'eût
fait l'acquisition d'une propriété rurale pour se livrer à
l'agriculture, sans se mêler d'aucun commerce, négoce ou
trafic (article 16). Enfin les Juifs n'étaient point admis à
fournir de remplaçants pour le service militaire (article 17).

L'art. 18 portait :

« Les dispositions contenues au présent décret auront leur
exécution pendant dix ans, espérant qu'à l'expiration de ce délai
et par l'effet des diverses mesures prises à l'égard des Juifs, il
n'y aura plus aucune différence entre eux et les autres citoyens
de notre empire, sauf néanmoins, si notre espérance était
trompée, à en proroger l'exécution, pour tel temps qu'il sera
jugé convenable. »

C'était le retour aux pratiques de l'ancien régime, mi-
tigé, il faut le dire, par de nombreuses exceptions. Les
Juifs de Bordeaux et des départements de la Gironde et
des Landes étaient exceptés des dispositions du décret.
Une décision de l'Empereur en date du 26 avril 1808 étendait cette exception aux Juifs de Paris. Plusieurs décrets
la généralisèrent ou à peu près. Un décret du 16 juin 1808
intervint en faveur des Juifs de Libourne, un autre du
22 juillet de la même année, en faveur des Juifs des

Basses-Pyrénées, un troisième du 11 avril 1810 en faveur de ceux des Alpes-Maritimes, de l'Aude, du Doubs, de Seine-et-Oise, de la Haute-Garonne, de l'Hérault, des Vosges, du Gard, des Bouches-du-Rhône et de quelques autres départements. En fait, le décret de 1808 ne fut guère appliqué qu'aux Juifs d'Alsace et des provinces rhénanes.

Ce décret fut abrogé par la Charte de 1814 dont l'article 5 portait que « chacun professe sa religion avec une égale liberté. » Après l'expiration du délai de dix ans prévu par l'article 18, une pétition du marquis de Latier, propriétaire à Latouche (Drôme), adressée à la Chambre des Pairs et tendant à ce que ces dispositions fussent renouvelées pour dix nouvelles années, fut écartée, après une courte observation du comte Lanjuinais qui fit observer que le décret était une violation manifeste du principe qui veut que la loi soit égale pour tous les citoyens.

« On ne peut, disait le comte Lanjuinais, considérer comme usure que l'intérêt perçu au delà du taux fixé par la loi, mais ce crime peut être poursuivi dans quiconque s'en rend coupable, et il serait aussi injuste qu'inutile de faire à cet égard une loi particulière contre une classe de citoyens. »

L'ordre du jour fut adopté par la Chambre des Pairs (1).

Une pétition semblable fut renvoyée par la Chambre des Députés aux ministres de la justice et de l'intérieur (2) mais ce renvoi n'eut pas de suite.

Dès lors l'émancipation des Juifs était définitivement accomplie.

La loi du 8 février 1831, présentée par le ministre des cultes Mérilhou, à la suite d'un vœu de MM. Viennet et

____

(1) *Moniteur* du 12 février 1818, p. 191.
(2) *Moniteur* de 1818, p. 3844.

de Rambuteau, décida que les ministres du culte israélite, jusqu'alors salariés par leurs coreligionnaires, rece-
vraient des traitements du Trésor public. Ces traitements
furent fixés par deux ordonnances des 22 mars et
6 août 1831.

Déjà un arrêté ministériel du 21 août 1829 avait établi
à Metz une école centrale pour l'instruction des Israélites
aspirant au titre de rabbin. L'ordonnance du 22 mars 1831
mit à la charge de l'État les frais d'entretien de cette
école.

Les ordonnances du 25 mai 1844 pour la France conti-
nentale et du 9 novembre 1845 pour l'Algérie organisèrent
le culte israélite. La première de ces deux ordonnances
constitue encore aujourd'hui la charte fondamentale de ce
culte.

Le Gouvernement de juillet ne s'est pas contenté de
prendre des mesures législatives dans l'intérêt des Juifs.
Le gouvernement du canton de Bâle-campagne ayant
annulé un contrat passé par des Français par le motif
qu'ils étaient Juifs, Louis-Philippe, par une ordonnance
du 12 septembre 1835, suspendit toutes relations diplomatiques avec ce gouvernement.

Les mœurs contribuaient en même temps à modifier
la situation des Juifs. Par un arrêt du 3 mars 1846, la
Cour de cassation déclarait que rien n'autorisait plus les
tribunaux à exiger la prestation du serment *more
judaïco* (1) et cet arrêt triomphait enfin des longues
résistances des cours de Metz et de Colmar.

En même temps plusieurs Juifs notables obtenaient les

______

(1) Le serment *more judaïco* devait être prêté à genoux sur la
Bible, en présence d'un rabbin. La formule de ce serment, fort longue,
était particulièrement injurieuse pour les Juifs : celui qui prêtait le
serment affirmait, en termes humiliants, son infériorité vis-à-vis des
chrétiens.

plus hautes fonctions. Un certain nombre d'entre eux arrivaient dans les Chambres et à l'Institut. Les Israélites riches abandonnant les professions commerciales dans lesquelles ils s'étaient jusqu'alors renfermés, commençaient à exercer les professions libérales, entraient dans l'Université, dans l'armée, dans la magistrature ou au barreau.

Les autres gouvernements ont continué la tradition de la monarchie de Juillet. La troisième République a achevé l'œuvre d'émancipation commencée par l'Assemblée constituante, en déclarant les Juifs algériens citoyens français. Comme sous les régimes précédents, plus encore peut-être, les Juifs ont pu exercer toutes les fonctions publiques, sans que leur religion fût un obstacle. Au Congrès de Berlin, en 1878, la diplomatie française, par ses efforts, a obtenu qu'on imposât aux principautés balkaniques, comme condition de la reconnaissance de leur indépendance, l'obligation de proclamer et de respecter le principe de la liberté de conscience : et quand on songe à l'état d'asservissement dans lequel les mœurs ont longtemps maintenu et maintiennent encore les Juifs dans les pays orientaux, on se rend compte des efforts qu'a dû faire M. Waddington pour faire proclamer le principe, en attendant qu'il puisse être appliqué. On peut dire que d'une façon générale, les Juifs ont en France, et devant la loi et devant l'opinion, la même situation que les autres citoyens.

Cependant un mouvement s'est produit récemment contre les Juifs. Il vient d'Allemagne, il s'est développé avec violence dans les pays autrichiens de langue allemande, et s'est introduit en France, il y a peu d'années. L'antisémitisme a réuni les haines religieuses, les convoitises, les préjugés et les ignorances. Quelques-uns y voient un mouvement économique et social. Ceux des

antisémites qui se piquent de réfléchir adressent aux
Juifs plusieurs reproches. Ils prétendent que les Juifs,
tout en remplissant strictement, et d'ailleurs par force,
les obligations que la loi impose à tous les citoyens,
ne se prêtent pas à cette fusion qu'avaient rêvée les auteurs
de leur émancipation. Ils évitent, disent-ils, très soigneu-
sement les mariages mixtes ; ils n'exercent guère d'autres
métiers que ceux de manieurs d'argent ou de brocanteurs,
à moins qu'ils n'envahissent l'administration pour grossir
leur influence; ils restreignent, en général, le bénéfice de
leur charité à leurs coreligionnaires. Enfin et surtout ils
leur reprochent d'avoir conservé un esprit de race qui les
pousse à se solidariser étroitement, d'avoir des pratiques
commerciales indélicates, sinon illégales, d'avoir à un
degré excessif le sens de la spéculation et de l'agiotage,
d'avoir, avec un instinct de domination, des sentiments
de haine contre les chrétiens, d'être restés un peuple cos-
mopolite, sans attaches avec la patrie française. Leurs
conclusions ne sont pas très nettes : les uns voudraient
les expulser ou tout au moins les exproprier ; d'autres,
moins rigoureux, se contentent de demander qu'on leur
interdise les fonctions publiques; quelques-uns admet-
traient qu'on leur fît faire une sorte de stage, ils
demandent qu'on n'ouvre l'accès des emplois publics qu'à
ceux dont la famille est française depuis deux générations
au moins, oubliant que presque tous les Juifs sont Français depuis 1791, et qu'au moment de la Révolution ils
étaient depuis bien longtemps établis en France.

Est-il besoin de démontrer l'inanité et l'injustice de ces
accusations ? Elles viennent de ce qu'on a généralisé certains faits isolés qui frappent vivement l'attention. On
semble ne pas s'apercevoir qu'à côté de quelques Juifs
riches et jouissant de tous les avantages que donne la
richesse, qu'on charge de tant de méfaits. sans se donner

toujours la peine d'apporter un essai de démonstration à l'appui, il y a en France une population de près de 80.000 Juifs actifs et honnêtes, qui n'ont nul désir de molester les chrétiens, qui sont tout à fait étrangers au monde de l'agiotage, lequel d'ailleurs ne compte pas que des Juifs, et qui mènent sans bruit l'existence de tous les autres Français. Que s'ils ont conservé jalousement leur foi religieuse, ce n'est pas à ceux qui réclament la revision de certaines lois qui blessent leur conscience, et parmi lesquels se rangent les plus fougueux antisémites, qu'il appartient de le leur reprocher. L'esprit de solidarité qui les anime, ils l'ont puisé dans la nécessité de se défendre contre les persécutions et les vexations dont ils ont si longtemps souffert ; il n'est pas d'ailleurs sans quelque injustice de les accuser de soutenir exclusivement leurs coreligionnaires, car on peut citer plus d'un exemple du contraire. S'ils répugnent aux mariages mixtes, cette répugnance ne semble pas leur être particulière, et rien ne prouve que les chrétiens se prêtent de leur côté à la fusion qu'on désire. On ne saurait se plaindre qu'ils entrent dans les carrières libérales qu'on leur a si longtemps fermées, puisqu'ils abandonneront ainsi de plus en plus le commerce d'argent, le seul qu'on leur ait permis sous l'ancien régime, et que, par une singulière contradiction, on leur reproche d'exercer encore aujourd'hui. Enfin la plus injuste des accusations est celle qui tend à les représenter comme des cosmopolites, alors que la plupart d'entre eux sont établis en France depuis plusieurs siècles, et qu'ils ont en toutes circonstances, notamment en 1870, rempli leur devoir de Français (1).

(1) On peut consulter à cet égard dans le Recueil des *Archives israélites*, années 1871 et 1872, la liste des officiers israélites tombés sur les champs de bataille ou morts des suites de leurs blessures, ainsi que la liste de ceux qui ont été décorés ou ont reçu de l'avancement.

Le mouvement est encore restreint. Si l'on met à part quelques incidents qu'on a exploités avec une véritable exagération, l'opinion publique ne paraît pas s'émouvoir outre mesure, et, si l'antisémitisme s'étend en Allemagne, on peut prévoir qu'il ne se généralisera pas en France.

Pourtant on peut dire qu'en Algérie tout au moins, les passions sont arrivées à l'état aigu. Là peut-être l'antisémitisme, sans être excusable, peut s'expliquer dans une certaine mesure. Les Juifs algériens ne se sont pas élevés, comme ceux de France, à la hauteur de leur nouvelle situation. On prétend qu'ils pratiquent toujours l'usure, qu'ils sont restés serviles et intrigants, que, méprisés et des indigènes et des colons, ils se vengent en ruinant les uns et les autres. Ces reproches, à coup sûr exagérés, sont cependant fondés en partie. Peut-être le décret qui a élevé les Juifs algériens d'un seul coup au rang de citoyens français, a-t-il été une mesure hâtive et que ne justifiaient pas les circonstances. Qu'il en soit ou non ainsi, on ne saurait sans danger revenir sur les effets de ce décret, et s'il est démontré qu'il produit en réalité de mauvais résultats, il sera certainement préférable d'en modérer l'application, ainsi que l'a proposé le promoteur de cette mesure, Crémieux, plutôt que de l'abroger d'un trait.

La vérité c'est qu'en France les Juifs ne se différencient nullement des autres citoyens. Ils ont partout, dans les affaires, dans la politique, dans les carrières libérales, dans les arts, conquis la place que leur assuraient par avance leur activité et leurs remarquables facultés d'assimilation. L'antisémitisme n'est qu'un retour à des haines religieuses qui ont, de nos jours moins que jamais, quelque raison d'être, à moins qu'il ne soit l'inconscient et dangereux éveil de passions antisociales dirigées aujourd'hui contre les capitalistes juifs et qui demain viseront tous les capitalistes. Que les antisémites soient les adversaires du capital sous toutes ses formes, ils seront déraisonnables, mais logiques ; tant qu'ils restreindront les effets de leur haine aux capitalistes juifs, on ne pourra les considérer que comme des sectaires animés de l'esprit d'intolérance religieuse, on ne pourra voir dans le mouvement antisémitique qu'un mouvement étroit et par certains côtés confessionnel, et non un mouvement social et économique.

Il suffit de comparer la législation française à celle des pays voisins, pour s'assurer que les Juifs n'ont point à se plaindre de la situation qui leur est faite en France.

L'étude de l'organisation du culte israélite peut servir à montrer d'autre part qu'ils ne sont en aucune façon privilégiés.

Cette législation est la mise en application du principe proclamé par la Constituante et rappelé dans la plupart des constitutions, que la loi doit une égale protection à tous les citoyens, quelle que soit leur religion.

PREMIÈRE PARTIE

DU CULTE ISRAÉLITE CONSIDÉRÉ COMME CULTE RECONNU

CARACTÈRE DES RAPPORTS ENTRE L'ÉTAT ET LE CULTE ISRAÉLITE

Le culte israélite est reconnu en France depuis le 17 mars 1808. Il est vrai que les traitements des ministres de ce culte n'ont été inscrits pour la première fois au budget qu'en 1831, mais la différence entre les cultes reconnus et ceux qui ne le sont pas, ne réside pas dans l'allocation par l'État d'un salaire aux ministres du culte, elle consiste en un ensemble de prérogatives et de charges qui sont accordées ou imposées aux cultes reconnus seulement. Ceux-ci font partie de l'administration de l'État; ils sont l'objet d'une réglementation spéciale, ils sont à la fois protégés et surveillés, certains privilèges sont conférés à leurs établissements, à leurs ministres, à leurs biens. En échange de ces avantages, aussi bien qu'en vertu de sa souveraineté, l'État se réserve sur eux un droit particulier de surveillance.

Or on peut dire que, dès le jour où il a été constitué,

c'est-à-dire dès 1808, le culte israélite s'est trouvé dans cette situation. Les pouvoirs publics sont intervenus à maintes reprises dans son organisation, il jouit des mêmes privilèges et supporte les mêmes charges que les autres cultes reconnus. La loi du 8 février 1831, en mettant à la charge de l'État les traitements des rabbins, a complété cette assimilation, elle ne l'a point créée.

Ce qu'il importe de constater, c'est que les rapports du culte israélite avec l'État, — il en est d'ailleurs de même pour les cultes protestants, — sont réglés, en la forme, tout autrement que ceux du culte catholique. C'est par un Concordat conclu entre le chef de la catholicité et le chef de l'État français qu'est fixée la situation du culte catholique. Quelque opinion qu'on adopte sur la nature de ce Concordat, qu'on y voie un contrat synallagmatique (1), une concession essentiellement révocable à la volonté du pape (2), ou une convention que l'État peut dénoncer à tout instant (3), il est certain qu'en fait c'est par un accord de deux parties, un traité *sui generis* si l'on veut, que sont réglées les relations de l'État et du culte catholique. Sans doute il en est autrement des articles organiques du Concordat : ils ont été élaborés par la puissance civile seule, et ils ont fait pour ce motif l'objet de nombreuses protestations, soit de la part de la papauté, soit de la part des catholiques intransigeants. Mais il faut remarquer que, dès le lendemain de la promulgation du Concordat et des articles organiques, le légat *a latere* du Souverain Pontife, le cardinal Caprara, prêta le serment par lequel il s'engageait à respecter les libertés et privilèges de l'Église gallicane (Rapport de M. Vivien au Conseil d'État sur le

(1) Lettre du cardinal Caprara, légat du pape Pie VII, à Talleyrand, ministre des affaires étrangères, 18 août 1803.

(2) De Bonald, *Deux questions sur le Concordat de 1802.*

(3) De Laveleye, *Revue des Deux-Mondes*, 1er juin 1869.

recours pour abus dirigé par le Gouvernement contre le mandement de M. le cardinal de Bonald, du 21 novembre 1844) (1). De plus, le pape Pie VII lui-même, en acceptant le serment par lequel, le jour de son sacre, Napoléon s'engageait « à respecter les lois organiques du Concordat », semble bien avoir renoncé aux protestations qu'il avait d'abord élevées contre la légalité des articles organiques et reconnu à l'État français le droit de les promulguer; enfin et surtout on peut dire qu'ils sont l'application de l'article 1er du Concordat aux termes duquel « le culte catholique sera public, en se conformant aux règlements de police que le Gouvernement jugera nécessaires pour la tranquillité publique », et de l'article 16 qui reconnaît au Gouvernement les droits et prérogatives de l'ancienne monarchie. En sorte qu'il est permis de dire que, *lato sensu*, les articles organiques ne sont que le développement du Concordat, que tous les rapports du culte catholique avec l'État français sont réglés par un traité, et que ce culte est protégé vis-à-vis de l'État par un contrat, en dehors de la garantie que lui assure, comme aux autres cultes reconnus, la loi émanée du pouvoir civil agissant seul.

Il n'en est pas de même des cultes protestants et israélite. Aucun accord de ce genre n'a réglé leurs rapports avec l'État. C'est la puissance publique seule qui a légiféré à cet égard, sans que les autorités religieuses aient pris part, autrement qu'à titre consultatif, à l'élaboration des lois et règlements qui régissent ces cultes. Il n'y a plus ici de Concordat, de traité qui reste en vigueur, tant qu'il n'a pas été rompu d'un commun accord, ou tout au moins dénoncé par l'État, si l'on admet la théorie de M. de Laveleye ; nous sommes en présence de lois ordinaires

(1) *Moniteur* du 28 mars 1845, p. 727.

que le législateur peut voter, modifier ou abroger comme
il l'entend, sans que le pouvoir religieux ait à intervenir.

Sans doute, dans l'élaboration de ces lois et règlements,
le pouvoir civil s'inspire, autant qu'il croit pouvoir le
faire, des désirs des autorités religieuses compétentes.
C'est ainsi que l'ordonnance du 25 mai 1844, qui est la
charte du culte israélite, a été précédée d'une longue con-
sultation. Le consistoire central des Israélites et les consistoires départementaux ont présenté des observations
et des réclamations, une commission spéciale les a exami-
nées avant que le projet fût définitif, et le ministre des
cultes a encore provoqué les observations des consistoires
sur le projet préparé par la commission spéciale (1). Il en
a été de même pour le décret important du 29 août 1862
et pour le décret du 12 septembre 1872. Mais il ne s'agit
là que de ce qu'on peut appeler les travaux préparatoires,
et, si l'autorité civile pousse la déférence jusqu'à mentionner, dans le préambule de la disposition législative,
l'intervention des autorités religieuses, c'est acte de pure
forme. La décision qu'elle prend peut être inspirée par
les représentants du culte, elle n'est point commandée par
eux, et nous aurons à voir qu'en fait les observations des
consistoires ont été, sur plus d'un point, laissées de côté.
Les lois relatives au culte israélite sont des actes de puissance publique, et nullement des traités.

C'est donc par une singulière erreur qu'en 1884 le consistoire central des Israélites de France a parlé d'un contrat entre l'État et le culte israélite. Voici dans quelles
circonstances cette théorie a été présentée. La Commission
du budget de la Chambre des Députés avait proposé la
suppression de divers crédits alloués au culte israélite et

(1) Rapport de M. **Martin** (du Nord), ministre de la justice et des
cultes, à l'appui de l'ordonnance du 25 mai 1844.

notamment du crédit relatif au séminaire. Le consistoire central adressa alors au ministre des cultes une note officielle dans laquelle il s'élevait contre cette proposition. Après avoir fait remarquer que les ministres du culte se recruteraient à l'avenir à l'étranger, et que, dès lors, il ne pourrait plus accomplir la mission que lui confèrent l'article 12 de l'ordonnance de 1844 et l'article 3 du décret du 29 août 1862, c'est-à-dire la collation des diplômes d'études rabbiniques, il ajoutait :

« C'est l'État qui, en conférant au rabbinat des attributions qu'il n'avait pas antérieurement, a créé une situation nouvelle et exigé des rabbins des connaissances, des examens et des diplômes que la religion ne leur imposait pas.

« C'est l'État qui a aboli la taxe obligatoire des frais du culte, perçue par ses agents pour le compte des communautés et l'a fait disparaître des mœurs israélites pour y substituer une allocation budgétaire ; et c'est l'État qui, après cette création d'une constitution civile du culte juif et en la maintenant avec toute la rigueur des ordonnances et des décrets, c'est l'État qui retirerait les ressources indispensables pour y satisfaire !

« La disparition du séminaire israélite rendrait impossible le recrutement des rabbins, et par conséquent romprait arbitrairement le contrat que toute la législation concernant le culte israélite démontre comme ayant été fait et accepté par l'État depuis plus de 75 ans » (1).

A la suite de ces observations le crédit fut maintenu. Mais il n'en résultait nullement que l'État admît la théorie du consistoire central. Ce qui le prouve bien, c'est que le crédit en question fut supprimé au budget de 1888. Il fut d'ailleurs rétabli au budget de 1889 et depuis il a constamment figuré dans tous les budgets. Mais c'est se méprendre singulièrement que de parler de contrat entre

(1) Archives israélites, 1884.

l'État et le culte israélite. Aucun des actes législatifs qui régissent ce culte ne justifie cette théorie. On peut d'ailleurs se demander quelle autorité religieuse aurait conclu avec l'État ce prétendu contrat. Ce n'est pas le consistoire central, puisqu'il n'a été créé que par le décret du 17 mars 1808, le premier des actes législatifs relatifs au culte israélite ; ce n'est pas non plus le grand rabbin du consistoire central, qui n'existait pas davantage en 1808, et qui, même aujourd'hui, n'est pas la plus haute autorité religieuse, qui en tout cas n'est pas vis-à-vis du Ministre des cultes le représentant des intérêts du culte israélite. Enfin ce ne sont ni le grand sanhédrin ni l'assemblée générale réunis en 1807, puisque le décret de 1808 n'a été rendu qu'après la séparation définitive de ces deux assemblées, et que depuis 1807 aucune assemblée de ce genre n'a plus été tenue.

Si le consistoire central, en 1884, a entendu parler d'un engagement pris par l'État et que celui-ci ne peut violer sans arbitraire et sans injustice, rien de mieux. Mais ou ne saurait parler ici d'un contrat. Un contrat suppose deux parties dont les droits sont égaux ; telle n'est point la situation respective de l'État et des représentants du culte israélite.

Cette différence entre le culte catholique et les autres cultes reconnus s'explique aisément. La religion catholique prétend avoir le droit exclusif de légiférer sur certaines matières, le gouvernement des âmes n'appartient qu'à elle, elle seule peut statuer sur les questions de dogme, de discipline, de hiérarchie, d'administration, en un mot, sur toutes les matières d'ordre religieux ; et si elle consent à céder une partie de ses pouvoirs à la puissance civile, c'est pure concession de sa part. Il faut donc, pour régler cet abandon de droits, une convention, un Concordat. Les cultes protestants et israélite n'ont point de telles prétentions. En particulier, pour ne parler que du culte israélite, les seules matières sur lesquelles il revendique un droit propre de législation sont celles relatives au dogme, dont l'État ne s'inquiète point, tant qu'il n'est pas contraire à l'ordre public et aux bonnes mœurs. Non pas qu'il n'ait à exprimer et que ses représentants n'expriment en fait aucun désir à propos des autres questions, mais ces aspirations restent pour ainsi dire à l'état idéal.

Il en résulte que l'État peut régler comme il l'entend tout ce qui concerne les autres matières. C'est ce qu'il fait en intervenant dans la constitution et dans le fonctionnement du culte, de la hiérarchie, de la discipline, de l'administration, sans qu'il soit besoin d'un traité avec les autorités religieuses. Il légifère sur ces questions comme sur toutes les autres, elles sont de son ressort exclusif, elles font l'objet de lois ordinaires.

A ce motif qui n'a du reste de valeur que pour les catholiques et qui suppose admise une théorie que l'État paraît n'avoir jamais acceptée, on peut ajouter une explication de fait. La religion catholique est celle de l'immense majorité des Français ; elle avait pour elle, lors de la promulgation du Concordat, une longue possession d'état, et on peut se demander si une constitution purement civile du clergé, aboutissant forcément à un schisme, aurait été acceptée par les catholiques. Or il ne faut pas oublier que le but du premier Consul était de réconcilier l'État avec les Églises. Enfin le chef de l'Église avait une autorité incontestée, de sorte qu'un traité pouvait être conclu puisque l'État trouvait en face de lui une puissance spirituelle organisée. Il en est tout autrement des cultes protestants et israélite. Leurs adhérents sont peu nombreux, et, soit en 1802, lors du rétablissement des cultes protestants, soit en 1808, lors de l'organisation du culte israélite, aucune autorité religieuse n'était constituée qui pût traiter avec l'État, en admettant qu'un traité fût possible.

Cette différence n'est pas seulement une différence de forme. La garantie du culte catholique est double : elle est assurée et par un contrat et par une loi. Sans doute le Concordat peut être rompu ou dénoncé, mais un acte de cette nature est difficilement rompu, et tel qui en demande la dénonciation lorsqu'il est dans l'opposition se voit obligé de s'en constituer le défenseur lorsqu'il arrive aux affaires et supporte la responsabilité des conséquences qu'entraînerait cette dénonciation. Tant que le Concordat est maintenu, le culte catholique est en pleine sécurité, tant au point de vue politique qu'au point de vue de la hiérarchie et de la discipline. L'État ne peut ni troubler le culte (art. 1er), ni s'arroger le droit de nommer aux emplois autrement qu'il n'est convenu (art. 5 et 10), il ne peut désaffecter un édifice religieux nécessaire au culte (art. 12), il ne peut refuser d'allouer les traitements dits concordataires (art. 14).

La même sécurité n'est pas assurée aux autres cultes reconnus : ils n'ont de garantie que dans la loi qui leur sert de charte, et qui peut être modifiée à leur détriment, sans qu'ils aient à intervenir et à faire entendre d'autre protestation qu'une plainte dont le législateur tiendra tel compte qu'il voudra ; la loi qui les protège peut même disparaître et faire place à une loi qui les interdira. A cet égard ils sont donc dans une situation inférieure à celle du culte catholique.

C'est ainsi que les sommes allouées au culte israélite, après avoir été augmentées d'année en année, ont été depuis plusieurs années notablement réduites. Le crédit attribué au séminaire, après avoir été longtemps fixé à 32.000 francs, est descendu à 22.000 francs en 1883 ; il a même été supprimé en 1888, puis rétabli. Sans doute les crédits du culte catholique ont été maintes fois réduits, mais l'État ne peut refuser d'allouer les traitements dits concordataires ni en abaisser le taux.

C'est ainsi encore que la législation du culte israélite a été souvent modifiée, et il est arrivé plus d'une fois que les modifications n'étaient pas des progrès, du moins aux yeux de ceux qui représentent leurs coreligionnaires ; par exemple le décret du 11 novembre 1870, relatif à la nomination des grands rabbins des consistoires départementaux et des rabbins communaux a été considéré comme un recul, si bien qu'on a dû, sur les instantes représentations du consistoire central, le rapporter moins de deux ans après.

Il est vrai que, si la législation des cultes protestants et israélite peut être modifiée à leur détriment, elle peut l'être à leur avantage ; elle n'est point condamnée à une immobilité qui défie tout progrès en matière, soit de discipline, soit d'administration ; mais outre que les représentants du culte catholique ne semblent point avides de pareils changements, rien n'empêche le pouvoir civil de modifier, en tant qu'il ne viole pas le Concordat, toute la législation relative au culte catholique lui-même. On en trouve la preuve dans toutes les lois relatives aux fabriques, plusieurs fois modifiées, dans les lois relatives à certaines allocations accordées aux ministres du culte catholique, comme les indemnités de logement, dans celles qui classent les cures ou modifient le classement adopté. Ce qui prouve bien qu'à cet égard les cultes protestants et israélite n'ont aucun avantage, c'est que l'État a pu appliquer à tous les cultes reconnus une règle unique en matière de comptabilité. La loi de finances du 27 janvier 1892 porte que les comptes et budgets des fabriques et des consistoires sont soumis aux règles générales de la comptabilité publique, et plusieurs décrets portant règle-

ment d'administration publique, datés du même jour,
27 mars 1893, et modifiés le même jour, le 18 juin 1898,
ont appliqué cette disposition dans des termes presque
identiques.

Il faut en conclure que cette différence dans l'organisation des rapports des cultes reconnus avec l'État est
quant à présent et tant que le Concordat sera maintenu,
tout à l'avantage du culte catholique. La forme de ces
rapports n'est donc pas indifférente.

Si l'on fait abstraction de cette différence qui, ainsi que
nous venons de le voir, n'est nullement théorique, la
situation des cultes reconnus est sensiblement la même.
Ils jouissent de la même protection, ils sont soumis à la
même surveillance. L'État, qui leur concède certains privilèges, exige d'eux en retour le respect de ses lois, non
seulement de celles qui sont applicables à tous les citoyens
et à tous les groupements, mais aussi de celles qui
visent spécialement les cultes ; et pour assurer ce respect,
il est investi d'un droit de juridiction spéciale. Les
règles applicables à cet égard au culte catholique et aux
cultes protestants le sont également au culte israélite ; il
suffira de les rappeler. Les unes établissent des privilèges,
les autres imposent des charges.

CHAPITRE PREMIER

PRIVILÈGES ACCORDÉS AU CULTE ISRAÉLITE

De ces privilèges, les uns concernent le culte proprement dit. On peut ranger dans cette catégorie : le libre exercice du culte, la protection assurée par l'État contre les entraves apportées à l'exercice du culte, les pénalités spéciales prévues contre ceux qui se rendent coupables de vol ou d'outrages à l'égard des objets du culte. D'autres sont accordées plus spécialement aux ministres du culte : c'est ainsi que l'État les protège contre les outrages et la diffamation, et leur octroie diverses dispenses. Quelques autres sont relatifs aux impôts dont les bâtiments qui servent à l'exercice du culte sont exempts dans une certaine mesure. Enfin on peut classer dans une dernière catégorie de privilèges les avantages pécuniaires que l'État concède, sous diverses formes, aux divers cultes reconnus, et qui constituent ce qu'on appelle leur dotation.

SECTION 1. — PRIVILÈGES ACCORDÉS SPÉCIALEMENT AU CULTE

§ 1er. — Libre exercice du culte.

L'État protège le libre exercice du culte israélite comme

des autres cultes reconnus. Les adhérents de ce culte peuvent se réunir, sans autorisation préalable, à condition (1) :

1° Que la réunion soit présidée par un ministre officiellement reconnu par l'État (2) ;

2° Qu'elle ait lieu dans l'édifice publiquement consacré au culte (3) ;

3° Qu'elle ait lieu avec l'agrément de l'autorité ecclésiastique supérieure (4).

C'est le droit d'exercice public du culte, le droit fondamental.

Ces trois conditions remplies, les réunions du culte échappent aux pénalités prévues par les articles 291 et suivants du Code pénal et par la loi du 10 avril 1834.

Si l'une d'elles fait défaut, il y a lieu de distinguer suivant qu'il s'agit d'une réunion accidentelle ou de réunions périodiques revêtant, dès lors, la forme d'une association. Au premier cas, il suffit d'une déclaration préalable faite vingt-quatre heures à l'avance par deux citoyens dont l'un domicilié dans la localité. Cette déclaration est faite, suivant le cas, au préfet, au sous-préfet ou au maire (Loi du 30 juin 1881, article 2). Dans le second cas, mais seulement si les réunions sont de plus de vingt personnes (5), l'article 291 du Code pénal est applicable ; l'autorisation du gouvernement est nécessaire, comme s'il s'agissait d'un culte simplement autorisé (6). — De

(1) Dubief et Gottofrey, *Traité de l'administration des Cultes.* t. I, p. 116.

(2) Cass. 22 avril 1843 (Sir. 1843, 1, 633) : Circulaire du ministre des cultes du 3 avril 1877. (*J. O.* du 18 avril.)

(3) C. pén., art. 294.

(4) Cons. d'État, 30 mars 1846 (Sir. 1846, II, 411).

(5) Cass., 7 janvier 1848 (Dall. 1848, 1, 52).

(6) Cass., 22 avril 1843 (Sir. 1843, 1, 633).

plus, si la réunion doit avoir lieu en dehors de l'édifice affecté au culte, l'autorisation municipale est nécessaire (1).

§ 2. — Protection contre les entraves apportées à l'exercice du culte.

Le libre exercice du culte est protégé contre les abus de pouvoir des agents de l'autorité par le droit de recours pour abus devant le Conseil d'État. Cette garantie, inscrite dans les articles organiques pour les cultes chrétiens (2), est assurée au culte israélite par l'article 55 de l'ordonnance du 25 mai 1844 :

« Toute atteinte à l'exercice du culte et à la liberté garantie à ses ministres, nous seront déférées en notre Conseil d'État sur le rapport de notre ministre des cultes... »

Si l'exercice du culte est troublé par des particuliers, si les règlements relatifs à cet exercice sont violés, le ministre du culte présidant la réunion peut, en vertu de son droit de police (3), faire expulser l'auteur du trouble, et, si la tranquillité publique est atteinte, le maire peut intervenir (4).

Les règlements relatifs à l'exercice du culte israélite sont faits par les consistoires départementaux (5) et approuvés par le consistoire central (6). Rien ne s'oppose d'ailleurs à ce que ces règlements soient

---

(1) Code pénal, art. 294.

(2) Art. organiques du culte catholique, art. 7, applicable sans discussion aux cultes protestants.

(3) Art. org., art. 9.

(4) Loi du 5 avril 1844, art. 97, 3°.

(5) Ordonnance de 1844, art. 20.

(6) Ordonnance de 1844, art. 10.

approuvés par le maire et revêtus du visa du préfet (1). Mais le ministre du culte investi du droit de police dans la synagogue est le grand-rabbin, le rabbin communal ou le ministre officiant, et non un membre ou le président du consistoire.

L'expression « exercice du culte » comprend l'office, la prédication, les cérémonies relatives aux mariages et aux inhumations, celle de la circoncision : si le *mohel*, l'individu chargé de circoncire les enfants mâles, est troublé dans ses fonctions, c'est un trouble à l'exercice du culte, prévu par les articles 260 et 261 du Code pénal. Il n'en est pas de même des réunions des consistoires. Bien que ces assemblées soient chargées d'attributions relatives au culte, leurs réunions ne constituent pas à proprement parler l'exercice du culte.

L'article 260 du Code pénal punit d'une amende de 16 à 200 francs et d'un emprisonnement de six jours à deux mois, ceux qui auront contraint une ou plusieurs personnes à l'exercice d'un culte ou qui les auront empêchées de l'exercer. Il exige qu'il y ait eu voies de fait ou menaces, et, de plus, que le résultat ait été obtenu.

L'article 261 punit d'une amende de 16 à 300 francs et d'un emprisonnement de six jours à trois mois ceux qui auront empêché, retardé ou interrompu les exercices du culte par des troubles ou désordres causés dans les temples ou autres lieux servant actuellement à ces exercices. Pour qu'il y ait eu « troubles ou entraves » au sens de l'art. 261, il faut qu'il y ait eu un fait matériel, il faut de plus qu'en fait l'exercice du culte ait été empêché, retardé ou interrompu ; dès lors il ne suffirait pas qu'un groupe de fidèles eût quitté la synagogue, si l'officiant, en qui se personnifie

____

(1) Lettre du ministre des cultes au préfet du Bas-Rhin, du 21 septembre 1869.

l'exercice du culte, a rempli sa mission jusqu'au bout et d'un seul trait (1) ; il faut enfin que le trouble se soit produit dans le temple ou autre lieu servant actuellement à l'exercice du culte, par exemple au cimetière à l'occasion d'une inhumation, ou chez le père de famille à l'occasion d'une circoncision. La cour de Metz a même décidé, le 21 décembre 1853 (2) que la même peine est applicable à ceux qui auront fait du bruit hors des édifices du culte dans l'intention d'interrompre l'office.

On peut mentionner parmi les mesures protectrices du culte l'article 781-3° du Code de procédure civile qui interdit de faire aucune arrestation en matière civile dans les édifices consacrés au culte, pendant les exercices religieux seulement. La contrainte par corps a été supprimée en matière civile et commerciale par la loi du 22 juillet 1867, elle a cependant été maintenue pour les condamnations prononcées par les tribunaux civils au profit de la partie lésée pour réparation d'un crime, d'un délit ou d'une contravention reconnus par la juridiction criminelle (3) ; elle a également été maintenue au profit de l'État pour le paie-

---

(1) Colmar, 12 juin 1866 (Sir. 1866, II, 365. — En ce sens, Toulouse, 19 nov. 1868 (Sir. 1868, II. 4. — Secus, Douai, 24 fév. 1869 (Sir. 1869, II, 164), solution implicite. La cour de Douai déclare que, dans le catholicisme, « les fidèles concourent à toutes les prières et à presque tous les actes religieux qui ont lieu aux offices réglementaires, qu'il y a donc pratique et exercice du culte par ces derniers, en même temps que par le prêtre, bien que celui-ci soit revêtu d'un caractère plus élevé et d'une mission spéciale, que le législateur n'a aucunement distingué entre le pasteur et ses ouailles relativement à la garantie qu'il organisait, par l'art. 261, en faveur de l'exercice libre du culte que l'un dirige en le pratiquant, mais que les autres exercent comme lui. » Cette solution serait applicable *a fortiori* au culte israélite.

(2) Dall. 1855, II, 219.

(3) Loi du 22 juillet, 1867, art. 5.

ment des amendes, restitutions, dommages-intérêts et condamnations aux frais, et au profit des parties civiles pour le paiement des condamnations aux dommages-intérêts et aux frais. L'article 781 relatif à l'exécution de la contrainte par corps est resté applicable.

L'article 16 de la loi du 29 juillet 1881 porte que les professions de foi, circulaires et affiches électorales pourront être placardées sur tous les édifices publics « autres que les édifices consacrés aux cultes ». M. Batbie, à qui est due cette disposition, l'a présentée comme une application du principe de la liberté des cultes (1).

L'article 9 de la loi du 17 juillet 1880 sur la tenue des débits de boissons a remis aux maires la faculté de déterminer les distances auxquelles les débits de boissons ne pourront être installés autour des édifices consacrés aux cultes.

Enfin on peut considérer comme rentrant dans cet ordre d'idées plusieurs dispositions qui ont pour but de faciliter dans certains cas l'exercice du culte intérieur. C'est ainsi qu'une circulaire du ministre des cultes, en date du 26 janvier 1839, précise les conditions dans lesquelles les ministres des cultes non catholiques pourront être admis dans les hôpitaux militaires auprès de leurs coreligionnaires, toutes les fois que ceux-ci invoqueront leurs secours spirituels. Ils doivent produire une autorisation du consistoire du ressort, signée du président et du secrétaire du consistoire et visée par le préfet. Une circulaire du ministre de la guerre, du 20 novembre 1846, a autorisé les ministres des cultes reconnus à se présenter dans les hôpitaux militaires pour offrir les secours de la religion à leurs coreligionnaires malades. A cet effet les rabbins doivent produire une autorisation délivrée par le consistoire de leur ressort et visée par le président et le grand rabbin du

(1) Sénat, séance du 9 juillet 1881 (*Journal Officiel* du 10, p. 1098).

consistoire central. Un permis de visiter leur est alors délivré par le sous-intendant militaire qui détermine les heures consacrées aux visites. Ces dispositions sont applicables aux salles militaires des hôpitaux civils.

Des dispositions de même nature ont été prises dans les hôpitaux civils, notamment à Paris par le directeur de l'Assistance publique. Une circulaire du 9 novembre 1846 décide qu'il doit être fait droit au désir du malade qui réclame l'assistance d'un ministre de sa religion. Cette circulaire est toujours en vigueur, mais depuis longtemps on a supprimé une tolérance qui s'était introduite : on laissait pénétrer les ministres des différents cultes auprès des malades de leur religion pour leur offrir leurs secours spirituels. Cette tolérance n'existe plus que dans certains hôpitaux des départements, dont un certain nombre sont même pourvus d'aumôniers.

§ 3. — Protection accordée aux objets du culte.

Les objets consacrés au culte sont protégés contre le vol et contre les outrages. L'art. 385 du Code pénal punit de la peine des travaux forcés à temps tout individu coupable de vol commis dans un édifice consacré au culte, si de plus le vol a été commis, soit la nuit, soit par deux ou plusieurs personnes, et si le coupable ou l'un des coupables était porteur d'armes apparentes ou cachées.

L'art. 386 du même Code punit de la réclusion tout individu coupable de vol commis dans un édifice consacré au culte, si le vol a été commis la nuit ou par deux ou plusieurs personnes.

L'art. 262 punit d'une amende de 16 à 500 francs et d'un emprisonnement de quinze jours à six mois toute personne qui aura, par paroles ou par gestes, outragé les objets d'un culte dans les lieux destinés ou servant actuellement à son exercice.

L'art. 257 punit d'une amende de 100 à 500 francs et d'un emprisonnement d'un mois à deux ans quiconque aura détruit, abattu, mutilé ou dégradé des objets destinés à l'utilité ou à la décoration publique et élevés par l'autorité publique ou avec son autorisation, par exemple un signe extérieur du culte (1).

SECTION II. — PRIVILÈGES ACCORDÉS AUX MINISTRES DU CULTE

§ 1er — Protection accordée aux ministres du culte.

La protection accordée par l'État au culte s'étend aux ministres de la religion.

En cas d'injure ou de diffamation non publique adressée à un ministre d'un culte reconnu à raison de ses fonctions et en dehors de l'exercice de ses fonctions, le coupable est puni de la peine prévue par l'art. 471 du Code pénal (2) c'est-à-dire d'une amende de 1 à 5 francs. L'injure publique est punie d'une amende de 16 à 500 francs et d'un emprisonnement de cinq jours à trois mois ou de l'une de ces deux peines seulement (3).

La diffamation est punie d'un emprisonnement de huit jours à un an et d'une amende de 100 à 3.000 francs ou de l'une de ces deux peines seulement (4).

L'art. 29 précise la distinction entre l'injure et la diffamation : est qualifiée diffamation toute allégation ou im-

(1) Douai, 19 août 1839 (Sir. 1839, II, 215).
(2) Loi du 29 juillet 1881, art. 33, al. 3.
(3) Id., art. 33, al, 1,
(4) Id., art. 31,

putation d'un fait qui porte atteinte à l'honneur ou à la considération de la personne ; l'outrage simple, ne renfermant l'imputation d'aucun fait, est une injure. Pour être punissable, la diffamation doit consister en discours, cris ou menaces proférés dans les lieux ou réunions publics, ou en écrits ou imprimés, vendus ou distribués, mis en vente ou exposés dans des lieux ou réunions publics, ou en placards ou affiches exposés au regard du public (1), ou enfin en dessins, gravures, peintures, emblèmes ou images obscènes (2). La Cour de Paris a décidé, le 8 mai 1893 (3), qu'il n'y a pas diffamation quand un journal, pour la curiosité des lecteurs, relate inexactement un incident le lendemain du jour où il s'est produit.

La Cour d'assises est compétente, sauf dans le cas d'une injure non publique, qui n'est qu'une contravention (4). La poursuite a lieu sur la plainte de la victime, ou d'office sur la plainte du ministre des cultes. La partie lésée a le droit de citation directe devant la Cour d'assises (5). L'art. 50 précise les conditions que doit réunir la citation.

Les poursuites ne sont pas arrêtées par le désistement du ministre du culte qui a porté plainte (6).

Aux termes de l'art. 65, la prescription est de trois mois.

Si le ministre du culte a été outragé publiquement dans l'exercice de ses fonctions, l'art. 6, § 3 de la loi du 25 mars 1822 prononce une peine de trois mois à cinq ans de

---

(1) Loi du 29 juillet 1881, art. 23.
(2) Loi du 29 juillet 1881, art. 28.
(3) Penel-Beaufin, *Législation générale du culte israélite*, p. 109.
(4) Loi du 29 juillet 1881, art. 45.
(5) Loi du 29 juillet 1881, art. 47, 3º et 6º.
(6) Cass. 28 mars 1852 ; 13 décembre 1855 (Penel-Beaufin, *op. cit.*, p. 107.)

prison et de 300 à 6.000 francs d'amende. L'art. 262 du Code pénal, sans exiger la condition de publicité, punissait le même délit d'un emprisonnement de quinze jours à six mois et d'une amende de 16 à 500 francs. Il n'est pas besoin d'une plainte préalable du ministre du culte outragé.

En cas d'excès ou de violences, le délit est puni d'un emprisonnement de deux à cinq ans (1) et d'une amende de 100 à 4.000 francs (2).

Si les violences ont été commises contre le ministre du culte à raison de ses fonctions et en dehors de l'exercice de ses fonctions. Le coupable pourra être en outre condamné à s'éloigner pendant cinq ou dix ans du lieu où réside le ministre du culte (3).

Si les excès ou violences ont été dirigés contre le ministre du culte dans l'exercice de ses fonctions, la peine est la dégradation civique (4).

Si les actes de violence ont amené l'effusion du sang, des blessures ou des maladies, la peine est la réclusion. Si la mort s'en est suivie dans les quarante jours, le coupable sera puni des travaux forcés à perpétuité (5). Même s'il n'y a eu ni effusion de sang, ni blessures, ni maladie, la peine sera la réclusion s'il y a eu préméditation ou guet-apens (6). Enfin si les coups ont été portés avec intention de donner la mort, le coupable sera puni de mort (7).

(1) Code pénal, art. 228, al. 1.
(2) Loi du 18 mars 1822, art. 6, al. 4.
(3) Code pénal. art. 229.
(4) Code pénal, art. 263.
(5) Code pénal, art. 231.
(6) Code pénal, art. 232.
(7) Code pénal, art. 233.

§ 2. — Honneurs et préséances.

En dehors de la protection assurée par l'État aux ministres du culte, ceux-ci jouissent de divers privilèges.

Ils ont droit à certains honneurs, prévus notamment par les décrets des 28 décembre 1875, 7 janvier 1876, 23 octobre 1883.

Le décret du 24 messidor an XII, qui règle les préséances, n'était pas applicable au culte israélite, qui n'était pas encore reconnu par l'État. Il y a lieu d'en étendre les termes. Les présidents des consistoires protestants figurent dans ce décret après les maires et commandants d'armes; par assimilation les présidents des consistoires israélites viendraient ensuite. D'ailleurs l'ordre adopté dans les réceptions officielles est le suivant : consistoire de l'église de la confession d'Augsbourg, consistoire central israélite, préfet de la Seine.

Toutes ces règles de préséance ne sont pas obligatoires dans les cérémonies non publiques, c'est-à-dire non ordonnées par le gouvernement; elles sont de pure convenance. C'est à la personne qui fait les invitations et préside la cérémonie qu'il appartient de désigner les [places, en observant les égards dus aux différentes autorités (1).

Il faut ajouter que, lorsqu'une troupe en marche ou arrêtée est en présence d'une manifestation extérieure d'un culte reconnu, elle doit porter les armes (2). Les sentinelles, dans les mêmes circonstances, portent également les armes (3).

____

(1) Décision ministérielle du 5 octobre 1876.
(2) Décret du 23 octobre 1883, art. 280.
(3) Décret du 23 octobre 1883, art. 296.

§ 3. — Franchises postales.

Certaines franchises postales sont conférées aux représentants des cultes reconnus. De nombreuses décisions ministérielles ont réglé leur situation à cet égard. Si on assimile, comme il y a tout lieu de le faire, le culte israélite aux cultes protestants, les rabbins et présidents du consistoire central et des consistoires départementaux correspondraient en franchise avec les préfets, sous-préfets, présidents des consistoires, inspecteurs des écoles primaires et directeur du séminaire israélite.

§ 4. — Service militaire.

Les ministres des cultes reconnus par l'Etat bénéficient d'une réduction de service militaire. La loi du 10 mars 1818 dispensait du service militaire les jeunes élèves ecclésiastiques des cultes dont les ministres sont salariés par l'Etat. La loi du 8 février 1831, en mettant à la charge du Trésor public les traitements des ministres du culte israélite, a donné aux élèves ecclésiastiques de ce culte les mêmes droits à la dispense qu'à ceux des cultes chrétiens. Aux termes d'une circulaire du conseiller d'Etat chargé des affaires des cultes non catholiques, en date du 8 avril 1831, les aspirants au rabbinat devaient produire une déclaration du président du consistoire dont ils relevaient, constatant qu'ils étaient en cours d'études religieuses et se proposaient de faire valoir leurs droits à la dispense. Cette déclaration devait être visée par le préfet, et, sur le vu de cette pièce, l'administration des cultes autorisait, s'il y avait lieu, les aspirants au rabbinat à continuer leurs études. Aucune précision n'était faite quant à la date à laquelle devait cesser la dispense; la circulaire prévoyait seulement le cas où les élèves abandonneraient leurs études.

La loi du 21 mars 1832 sur le recrutement maintint cette dispense de service militaire, mais en la restreignant, pour le culte catholique, aux élèves des grands séminaires. Une circulaire ministérielle du 19 juin 1832 la restreignit pour le culte israélite, aux élèves de l'école centrale rabbinique de Metz qui, disait le ministre, « tient lieu de grand séminaire ». Ils devaient produire un certificat du président du consistoire israélite de Metz, visé par le préfet de la Moselle pour légalisation de la signature, constatant que l'élève se destinait aux fonctions de rabbin et était en cours d'études à l'école centrale rabbinique. En même temps la circulaire fixait à 25 ans l'âge auquel cesserait l'effet de la dispense. Comme précédemment, les élèves abandonnant leurs études étaient soumis au service militaire ; le président du consistoire de Metz était chargé de faire connaître au préfet du département de la Moselle les élèves qui renonceraient à leurs études, afin que celui-ci pût les signaler au préfet du département auquel ils appartenaient.

La loi du 27 juillet 1872 disposait également dans son article 20 :

« Sont à titre conditionnel dispensés du service militaire...... 7° les élèves ecclésiastiques désignés à cet effet par les archevêques et par les évêques et les jeunes gens autorisés à continuer leurs études pour se vouer au ministère dans les cultes salariés par l'État, sous la condition qu'ils seront assujettis au service militaire, s'ils cessent les études en vue desquelles ils auront été dispensés, ou si, à vingt-six ans, les premiers ne sont pas entrés dans les ordres majeurs, et les seconds n'ont pas reçu la consécration. »

Cette exonération du service militaire a été supprimée par la loi du 15 juillet 1889. Aujourd'hui tout Français doit le service militaire jusqu'à l'âge de 45 ans, mais les ministres des cultes reconnus sont à cet égard dans une situation privilégiée. Aux termes de l'art. 23 :

« En temps de paix, après un an de présence sous les drapeaux, sont envoyés en congé dans leurs foyers, sur leur demande, et jusqu'à la date de leur passage dans la réserve..... 4° les jeunes gens admis, à titre d'élèves ecclésiastiques, à continuer leurs études en vue d'exercer leur ministère dans l'un des cultes reconnus par l'État. En cas de mobilisation..... les élèves ecclésiastiques sont versés dans le service de santé..... Tous les jeunes gens énumérés ci-dessus seront appelés pendant quatre semaines, dans le cours de l'année qui précédera leur passage dans la réserve de l'armée active. Ils suivront ensuite le sort de la classe à laquelle ils appartiennent. »

L'art. 24 ajoute :

« ..... Les élèves ecclésiastiques qui, à l'âge de vingt-six ans, ne seraient pas pourvus d'un emploi de ministre de l'un des cultes reconnus par l'État..... seront tenus d'accomplir les deux années de service dont ils avaient été dispensés. »

L'art. 25 dispose :

« Quand les causes de dispenses prévues à l'article 23 viennent à cesser, les jeunes gens qui avaient obtenu ces dispenses sont soumis à toutes les obligations de la classe à laquelle ils appartiennent. »

Enfin l'art, 26 porte :

« La liste des jeunes gens de chaque département dispensés en vertu de l'article 23, sera publiée au *Bulletin administratif*, et les noms des dispensés de chaque commune seront affichés dans leur commune, à la porte de la mairie. En cas de guerre, ils sont appelés et marchent avec les hommes de leur classe. Les dispositions de l'art. 55 leur sont applicables. »

L'art. 55 parle des déplacements et du visa à faire apposer sur le livret individuel de chaque militaire.

Les jeunes gens dispensés en vertu de l'art. 23 ne peuvent être affectés ni à l'armée de mer ni aux troupes coloniales (1).

Les dispensés sont tous assujettis au paiement d'une taxe militaire. Cette taxe due, en vertu de la loi du 15 juillet 1889, art. 35, jusqu'au passage de l'assujetti dans la réserve de l'armée territoriale, n'est plus due, depuis la loi de finances de 1898, loi du 15 avril 1898, que pendant le temps de service dont le redevable a été dispensé.

L'art. 48 décide :

« Les hommes envoyés dans la réserve de l'armée active, dans l'armée territoriale et dans la réserve de l'armée territoriale, sont affectés aux divers corps de troupe et services de l'armée active et de l'armée territoriale. Ils sont tenus de rejoindre leur corps en cas de mobilisation, de rappel de leur classe ordonné par décret et de convocation pour des manœuvres ou exercices. »

L'article 49 fixe les périodes d'exercices ; il astreint à deux périodes de quatre semaines les hommes de la réserve de l'armée active et à une période de deux semaines ceux de l'armée territoriale. Les ministres des cultes sont versés, pour ces périodes, dans les corps dans lesquels ils seraient versés en cas de mobilisation, c'est-à-dire dans le service de santé.

En cas de mobilisation, nul ne peut se prévaloir de la fonction ou de l'emploi qu'il occupe pour se soustraire

____

(1) Art. 44 *in fine.*

aux obligations de la classe à laquelle il appartient. Sont seuls autorisés à ne pas rejoindre immédiatement dans le cas de convocation par voie d'affiches et de publications sur la voie publique les titulaires des fonctions et emplois désignés au tableau B..... :

« Les ministres des cultes reconnus par l'État, chargés du service d'une paroisse, les aumôniers des lycées, des hôpitaux, des prisons et des établissements pénitentiaires..... Les fonctionnaires et agents du tableau B, qui ne comptent plus dans la réserve de l'armée active ne rejoignent leurs corps que sur des ordres spéciaux » (1).

Le décret du 23 novembre 1889 a réglé la situation des dispensés. L'article 33 de ce décret oblige les élèves ecclésiastiques autorisés à continuer leurs études en vue d'exercer le ministère à produire un certificat pour obtenir la dispense. Celui que doivent produire les aspirants au rabbinat doit être délivré par le président du consistoire central israélite et visé, après vérification, par le ministre des cultes. L'article 34 exige que le dispensé justifie de la continuation de ses études par la production du même certificat. Lorsque le dispensé est consacré, il en justifie par un certificat du président du consistoire visé, après vérification, par le ministre des cultes. Ce certificat indique le lieu de la consécration. A l'âge de vingt-six ans, le dispensé doit produire un certificat de l'autorité ecclésiastique constatant qu'il appartient au clergé séculier et qu'il est rétribué à ce titre, soit par l'État, le département ou la commune, soit par l'établissement public ou d'utilité publique laïque, ecclésiastique ou religieux, légalement reconnu, auquel il est régulièrement attaché (2). Pour obtenir la dispense, les pièces justificatives doivent être pré-

(1) Art. 51, al. 1, 2 et 4.
(2) Décret du 23 novembre 1889, art. 34.

sentées au conseil de revision, ou au commandant de recrutement si elles n'ont été délivrées qu'après la comparution de l'intéressé devant le conseil de revision (1). Pour que le droit à la dispense soit maintenu, les certificats prévus par les articles 33 et 34 doivent être produits au commandant du bureau de recrutement.

A cet égard, la situation des ministres du culte israélite est exactement la même que celle des ministres des autres cultes.

La loi du 15 juillet 1889 n'a pas reproduit l'art. 70 de la loi du 27 juillet 1872 aux termes duquel « les ministres de la guerre et de la marine devaient assurer par des règlements, aux militaires de toutes armes, le temps et la liberté nécessaires à l'accomplissement de leurs devoirs religieux les dimanches et autres jours de fêtes consacrés pour leurs cultes respectifs ». Il est vrai que cette disposition était restée lettre morte en ce qui concernait le culte israélite. Des tolérances particulières s'étaient introduites et des permissions étaient, dans une large mesure, accordées aux militaires de ce culte pour l'accomplissement de leurs devoirs religieux, mais aucun règlement d'ensemble n'avait été fait. Quoi qu'il en soit, la disposition de l'article 70 de la loi de 1872 a disparu, sans que les tolérances aient été supprimées; la situation en fait est donc restée la même.

____

(1) Décret du 23 novembre 1889, art. 35.

§ 5. — Dispense de tutelle.

Les ministres des cultes reconnus par l'État sont dispensés de toute tutelle ouverte dans un autre département que celui où ils exercent leurs fonctions ; ils peuvent se faire décharger de la tutelle qui leur aurait été conférée si les fonctions leur surviennent postérieurement à l'acceptation de cette tutelle (1). Ils peuvent même être dispensés, dans ce cas, de la tutelle de leurs propres enfants ; l'avis du Conseil d'État ne fait en effet aucune distinction. L'observation a sa valeur pour les ministres du culte israélite qui, comme les pasteurs protestants, peuvent se marier. Ils peuvent, bien entendu, choisir un tuteur pour le temps qui suivra leur décès (2), sauf dans le cas où ils ont refusé la tutelle, en cas d'excuse ou de décharge par exemple (3).

La dispense s'applique à la tutelle de celui qui est interdit légalement (4) ou judiciairement (5), ainsi qu'à la subrogée tutelle (6), mais non aux fonctions de membre du conseil de famille (7).

---

(1) Code civil, art. 427, 431. — Avis du Conseil d'État du 20 novembre 1806.

(2) Code civil, art. 397.

(3) Ch. Beudant, *Cours de droit civil français, l'État et la capacité des personnes*. (T. II, p. 433).

(4) Code civil, art. 509.

(5) Code pénal, art. 29.

(6) Code civil, art. 426.

(7) Code civil, art. 412 et 413.

§ 6. — Dispense de la résidence électorale.

Aux termes de l'art. 14 de la loi du 5 avril 1884, les ministres des cultes reconnus par l'État peuvent être inscrits sur la liste électorale de la commune dans laquelle ils demeurent sans être astreints, comme les autres électeurs, à une résidence de six mois, à la condition, bien entendu, d'être installés avant la clôture définitive de la liste, c'est-à-dire avant le 31 mars. Ils ne peuvent, d'ailleurs, réclamer leur inscription que dans la période réglementaire, c'est-à-dire du 16 janvier au 4 février.

Il ne s'agit ici que de ceux des ministres des cultes qui sont assujettis à une résidence obligatoire dans la commune, comme les rabbins et les ministres officiants.

SECTION III. — PRIVILÈGES EN MATIÈRE D'IMPOTS

Au point de vue de l'impôt, les cultes reconnus par l'État ont des privilèges particuliers. Le culte israélite bénéficie de ces privilèges. Les synagogues sont exemptées de la contribution foncière en tant qu'établissements dont la destination a pour objet l'utilité générale (1). Ces bâtiments ne sont portés aux états de sections et matrices des rôles que pour mémoire, ils ne sont point cotisés. Il en est de même des bâtiments du séminaire israélite. Il en serait de même du logement qui serait attribué par la commune ou par le consistoire à un ministre du culte.

De même l'impôt des portes et fenêtres ne frappe pas les portes et fenêtres des bâtiments employés à un ser-

(1) Loi du 3 frimaire an VII, art. 105.

vice public, militaire ou civil ou d'instruction, aux hospices (1) ; mais il frapperait le logement du ministre du culte, même si ce logement lui était attribué par la commune ou le consistoire.

Les membres du clergé sont également soumis à la contribution personnelle et mobilière (2), à l'impôt des prestations (3), à la taxe sur les chevaux et voitures (4). Ils doivent également le logement aux militaires, bien qu'en fait ils en soient exemptés dans la plupart des communes, et ils sont astreints aux réquisitions militaires (5). Nous verrons plus loin qu'un impôt spécial, la taxe des biens de mainmorte, établi par la loi du 1er janvier 1849, frappe les biens des consistoires comme ceux de tous les établissements publics.

En 1881, l'administration des contributions directes avait voulu soumettre le consistoire de Paris à la patente comme entrepreneur de l'établissement des bains juifs de la rue de Sévigné. Le Conseil de préfecture de la Seine repoussa cette prétention « considérant que l'établissement en question est géré par un préposé spécial rémunéré, non par un traitement fixe, ni par des remises proportionnelles, mais par le prélèvement à son profit de toutes les recettes de l'établissement, à charge de faire face à tous les frais de gestion autres que le loyer, les contributions et l'abonnement aux eaux de la ville, dépenses couvertes par le consistoire israélite ; que dans ces conditions le profit résultant de l'exploitation de cet établissement est acquis, s'il y en a, non au consistoire mais à son représentant,

---

(1) Loi du 4 frimaire an VII, art. 5.
(2) Loi du 21 avril 1832, art. 15.
(3) Loi du 21 mai 1836, art. 3.
(4) Loi du 10 juillet 1872.
(5) Loi du 3 juillet 1877, titre III, art. 12.

que dès lors, c'est à tort que le consistoire a été imposé pour 1881 à la patente, en qualité d'entrepreneur de bains publics » (1).

Le consistoire n'est pas davantage soumis à la patente pour la perception du produit de la concession des places ou de la location des bancs et sièges dans les synagogues, ni pour les produits relatifs à la viande *kascher*, qui figurent parmi les recettes du budget ordinaire (2). Mais si la location des bancs et sièges dans les synagogues était donnée à un adjudicataire, celui-ci devrait, bien entendu, payer une patente (3).

SECTION IV. — DOTATION DU CULTE ISRAÉLITE

§ 1er. — Traitement des ministres du culte.

L'un des avantages les plus importants dont jouissent les cultes reconnus consiste dans l'allocation d'un salaire aux ministres de ces cultes. Depuis la loi du 8 février 1831, le culte israélite est placé à cet égard sur un pied d'égalité avec les autres cultes.

L'article 22 du règlement du 10 décembre 1806, approuvé par le décret du 17 mars 1808, fixait à 6.000 francs le traitement des rabbins membres du consistoire central, à 3.000 francs celui des grands rabbins des synagogues consistoriales ; celui des rabbins des synagogues particulières devait être fixé par la réunion des Israélites qui

____

(1) Archives israélites, 1881.
(2) Décret du 27 mars 1893, art. 2, 3° et 5°.
(3) Conseil d'État, 4 mars 1868 (Lebon, 1868, p. 246).

auraient demandé l'établissement de la synagogue, il ne pouvait être moindre de 1.000 francs.

« Chaque consistoire, ajoutait l'article 23, proposera à l'autorité compétente un projet de répartition entre les israélites de la circonscription pour l'acquittement des salaires des rabbins. Les autres frais du culte seront déterminés et répartis sur la demande des consistoires par l'autorité compétente. Le paiement des rabbins, membres du consistoire central, sera prélevé proportionnellement sur les sommes perçues dans les différentes circonscriptions. »

L'article 24 ordonnait la désignation par chaque consistoire d'un receveur qui devait être pris en dehors des rabbins et des membres du consistoire. Ce rabbin percevait les sommes dues par les contribuables et payait les rabbins et autres frais du culte sur une ordonnance signée par trois membres du consistoire au moins. Il devait rendre ses comptes chaque année à jour fixe au consistoire assemblé.

L'article 7 d'un décret en date du même jour, portait :

« Le rôle de répartition dont il est parlé à l'article 23 du règlement, sera dressé par chaque consistoire départemental, divisé en autant de parties qu'il y aura de départements dans l'arrondissement de la synagogue, soumis à l'examen du consistoire central et rendu exécutoire par les préfets de chaque département ».

Une circulaire du ministre de l'intérieur, en date du 12 décembre 1811, appliquant à la contribution pour les frais du culte israélite les règles de la loi du 28 pluviôse an VIII, ordonnait que les demandes en décharge et réduction de taxes fussent communiquées pour avis au consistoire départemental et au maire du domicile du réclamant et jugées en conseil de préfecture.

Le ministre des cultes, par une circulaire du 5 août 1812,

décidait : « Les porteurs de rôles pourront poursuivre les redevables par voie de contrainte par corps comme pour les contributions directes ».

La circulaire du 26 janvier 1816, modifiant, sur la demande des consistoires, le système adopté par le décret du 17 mars 1808 pour la perception, en chargeait les receveurs des contributions directes. L'ordonnance royale du 29 juin 1819 confirma cette disposition (1). Elle ajoutait aux frais du culte mentionné à l'article 23 du règlement du 17 mars 1808 les dépenses d'instruction religieuse et celles des écoles primaires (2).

Mais de nombreuses réclamations s'étaient élevées parmi les Israélites. Plusieurs d'entre eux déniaient aux consistoires le droit de prélever un impôt de cette nature qui ne pouvait être obligatoire et dont on pouvait contester la légalité, puisque les contributions directes et les taxes y assimilées ne peuvent être perçues qu'en vertu d'une loi (3). Or, c'était par voie de décret qu'avait été instituée la taxe des frais du culte, et rien n'autorisait soit les receveurs des consistoires avant 1816, soit depuis 1816, les receveurs généraux à percevoir une telle taxe et à poursuivre les redevables par voie de contrainte. Plusieurs conseils de préfecture se refusaient à sanctionner les poursuites exercées à cet égard (4).

Pour prévenir ces difficultés, l'article 10 de la loi de finances de 1819, en date du 17 juillet 1819, fut ainsi rédigé :

(1) Art. 4.
(2) Art. 3, 3º.
(3) Déclaration des droits de 1791, art. 4. — Constitution de 1791, article 1er. — Loi du 28 avril 1816, art. 32. — Loi du 25 mars 1817, art. 133.
(4) Conseil de préfecture du Doubs, 23 novembre 1818. V. l'arrêt du Conseil d'État du 28 juillet 1819 (Lebon, 1816-1820, p. 548).

« Continueront d'être perçues..... 5° les sommes réparties sur les Israélites de chaque circonscription pour le traitement des rabbins et autres frais du culte, après néanmoins que les rôles dressés en la forme prescrite par le décret du 10 décembre 1806 (1) auront été rendus exécutoires par les préfets de chaque département. »

Cet article fut reproduit successivement dans toutes les lois de finances.

Ce n'était pas une solution. Cette disposition pouvait triompher du mauvais vouloir des redevables, elle ne pouvait supprimer les réclamations. L'article 7 de la Charte de 1814, qui n'accordait de traitement sur le Trésor royal qu'aux ministres des cultes chrétiens, était manifestement injuste, puisque le culte israélite subissait la surveillance de l'État, était astreint à toutes les mesures de police relatives aux cultes, devait accepter l'organisation que lui imposait l'État, puisqu'en un mot il était reconnu par l'État.

Les raisons qui motivent l'allocation d'un salaire aux ministres du culte s'appliquent au clergé israélite avec autant de force qu'à celui des autres cultes. Si l'Etat considère comme un devoir de protéger les cultes qu'il reconnaît, s'il accepte une sorte d'union avec la religion, il ne peut négliger d'en entretenir les ministres, afin que ceux-ci ne soient pas distraits de leurs fonctions « par le soin inquiet de leur conservation et de leur existence » (Portalis). Sans doute il pourrait laisser aux adhérents du culte le soin de pour-

______

(1) Cette date est celle du règlement approuvé par l'Assemblée générale des Juifs et non celle du décret portant approbation de ce règlement, lequel décret est du 17 mars 1808. Ce n'est d'ailleurs pas dans le règlement lui-même qu'est arrêtée la forme dans laquelle les rôles devaient être dressés, mais dans un autre décret du 17 mars 1808, prescrivant des mesures pour l'exécution du règlement (art. 7).

voir à l'entretien de leurs prêtres, mais peut-être y aurait-il danger à laisser ceux-ci, libres ainsi vis-à-vis de l'État, diriger au profit de la religion les mouvements de l'opinion. L'État s'assure la soumission du clergé en lui assurant un salaire.

A ce motif qu'on peut appeler un motif politique, on peut ajouter que l'État complète par là les mesures de protection qu'il organise en faveur du culte considéré comme un service d'intérêt général, et qui à ce titre a droit, comme l'assistance publique, comme l'instruction publique et comme tous les grands services d'utilité générale, aux subsides de l'État:

Que si on fait observer qu'il est inadmissible d'imposer à 36 millions de catholiques l'obligation de contribuer aux frais d'un culte qu'ils ne reconnaissent pas, il est permis de répondre que le culte est un service public, une dépense d'intérêt social incombant à l'État au même titre qu'une foule d'autres dépenses dont bien des citoyens ne profitent pas et qu'ils sont cependant forcés d'acquitter ; que dès lors il n'y a aucune raison de distinguer entre les cultes reconnus, que l'État ne peut, sans injustice, leur imposer à tous les mêmes charges et priver l'un d'eux des avantages qu'il concède aux autres. L'objection ne se retourne-t-elle pas d'ailleurs contre le culte catholique, aux dépenses duquel contribuent les Israélites qui ne le reconnaissent pas, comme aussi contre les cultes protestants ? Peut-être n'est-il pas téméraire d'avancer que les 36 millions de catholiques que révèlent les résultats des recensements quinquennaux, ne considèrent pas tous les dépenses du culte comme des dépenses d'intérêt général, et qu'une minorité assez respectable parmi eux se dispenserait volontiers d'y contribuer, si on laissait l'entretien de la religion à la charge des adhérents du culte ; en tout cas il est un assez grand nombre qui protestent contre le budget des cultes, sous prétexte qu'ils ne pratiquent aucun culte. La réponse que leur font les catholiques, à savoir que le culte est une dépense d'utilité générale, peut être également faite par les Israélites.

Si l'on peut motiver l'attribution de traitements au clergé catholique par une sorte de compensation, d'indemnité allouée par l'État aux propriétaires des anciens biens ecclésiastiques mis à la disposition de la nation (1), cette explication historique, d'ailleurs contestable, ne saurait légitimer le budget des cultes protestants. Et il ne saurait entrer dans la pensée de personne d'exclure du budget les ministres du culte israélite, à cause du petit nombre des adhérents de ce culte, parce que l'utilité d'une dépense publique, une fois reconnue, ne se mesure pas au nombre de ceux au profit desquels elle est faite ; l'objection, si elle était fondée, pourrait bien aussi s'appliquer, quoiqu'à un moindre degré, au culte réformé, et surtout au culte luthérien.

Faut-il ajouter une considération de fait qui a bien son importance ? Les ministres du culte israélite n'ont pas de casuel, comme en ont les prêtres catholiques ; dès lors si une différence doit être faite entre les cultes reconnus, il semble bien qu'elle doive être toute en faveur du culte israélite et des cultes protestants, dont les ministres ont besoin de traitements plus élevés que les prêtres catholiques.

En un mot les Israélites ont tous les droits et subissent toutes les charges des autres citoyens ; par quelle étrange disgrâce les priverait-on, au point de vue religieux, d'un avantage concédé aux adhérents des autres cultes, puisque l'État soumet leur culte, à cet égard, à toutes les règles qu'il impose aux autres religions ?

Ces considérations furent éloquemment développées

(1) Décret du 2 novembre 1789, art. 1er.

dans les chambres du gouvernement de Juillet lors des discussions sur les modifications à apporter à la charte et sur l'allocation de traitements aux ministres du culte israélite. L'article 7 de la Charte de 1814 était ainsi rédigé : « Les ministres de la religion catholique, apostolique et romaine et ceux des autres cultes chrétiens reçoivent seuls des traitements du Trésor royal. » La commission de la Chambre des Députés proposait simplement d'ajouter après les mots « apostolique et romaine » les mots « professée par la majorité des Français ». Dans la séance du 7 août 1830, M. Viennet s'éleva avec force contre l'exclusion des Israélites. Après avoir fait valoir combien la dépense serait faible, il invoqua des raisons de principe qui emportèrent l'adhésion unanime de la Chambre. On supprima le mot « seuls » (1).

Le 13 novembre 1830, M. Mérilhou, ministre de l'instruction publique et des cultes, déposait sur le bureau de la Chambre un projet de loi ainsi conçu : « A compter du 1ᵉʳ janvier 1831, les ministres du culte israélite recevront des traitements du Trésor public. La Commission chargée de l'examen de ce projet de loi désigna comme rapporteur M. Augustin Périer, qui fit son rapport à la séance du jeudi 2 décembre 1830.

L'exposé des motifs du projet du gouvernement contenait ces phrases :

« L'article 5 de la Charte constitutionnelle porte que chacun obtient pour son culte la même protection, et cependant l'article 6 ne met à la charge du Trésor public que les traitements des ministres des cultes chrétiens. Ces deux dispositions sont évidemment contradictoires, puisque l'une détruit l'égalité que l'autre proclame. Il a paru convenable de résoudre ce doute dans le sens le plus libéral. »

____

(1) *Moniteur* du 8 août 1830.

Le rapporteur s'attacha à démontrer que cette contradiction n'était qu'apparente. que l'art. 6 de la charte
n'était nullement exclusif de l'attribution de traitements
au clergé israélite, puisqu'on n'avait modifié cet article
que pour pouvoir atteindre ce résultat.

« Si la Charte. disait-il, n'a mis à la charge du budget que les
cultes chrétiens. n'est-il pas évident qu'en conservant au législateur le droit de prendre pour les autres cultes la même mesure,
elle lui a laissé l'appréciation de toutes les circonstances qui
peuvent motiver sa décision et la rendre convenable et oppor-
tune ?..... C'est là un acte de la plus haute sagesse, car on conçoit facilement qu'il ne doit pas suffire de se constituer en
société religieuse pour avoir un droit acquis à réclamer des allocations aux dépens du Trésor public. En partant du point que
ces sociétés soient sincères ou sérieuses. qu'elles ne soient point
en opposition directe avec la législation civile et les mœurs
publiques, encore faudrait-il qu'elles ne fussent pas concentrées
dans une trop faible fraction de la population. qu'elles offrissent
une organisation régulière, en un mot qu'elles satisfissent
à toutes les conditions générales que peuvent exiger des hommes
de sens et des législateurs éclairés. lorsqu'il s'agit d'admettre un
nouveau culte à l'avantage et à l'honneur de figurer sur le budget de l'État..... C'est parce que le culte israélite nous paraît
réunir toutes les conditions propres à justifier le projet du gouvernement, que nous n'avons pas hésité à vous demander
l'adoption pure et simple du projet de loi présenté par
M. le ministre de l'instruction publique et des cultes (1). »

Le rapporteur répondait ainsi par avance à cette objection que « l'État s'engage ainsi implicitement envers
toutes les sectes religieuses dont chacune voudra
que les frais de son culte soient supportés par l'État.
Où s'arrêtera le gouvernement ? Comment pourra-t-il
refuser aux unes ce qu'il aura donné aux autres ? Se

____

(1) *Moniteur* du 3 décembre 1830.

fera-t-il juge de l'utilité de la doctrine, de la bonté de la morale, de la sincérité des croyances, de la vérité du dogme ? » (1).

Il y eut une opposition assez vive. Les uns firent remarquer que la disposition de la Charte, accordant des traitements aux ministres des cultes chrétiens, n'était que « l'exécution des engagements contractés, au nom de la nation, envers le clergé catholique et la réparation d'une monstrueuse injustice commise dans le dernier siècle envers le clergé dissident » (2) ; les autres, que la loi créerait un précédent dangereux, « qu'on ne pourrait refuser aux grecs, aux quakers, aux anabaptistes, aux saint-simoniens la même faveur qu'aux enfants d'Israël (3), qu'au surplus les Israélites n'étaient rien moins que dignes d'une pareille faveur, qu'ils ne s'étaient point mêlés à la vie de la nation » (4).

Le ministre de l'instruction publique et des cultes, M. Mérilhou, réfuta toutes ces objections et obtint l'approbation de son projet de loi qui fut voté par 211 voix contre 71.

Le projet fut déposé à la Chambre des Pairs le 8 janvier. Pasquier, président de l'Assemblée, désigna, parmi les membres de la commission chargée d'examiner ce projet, Portalis et Molé qui avaient été avec lui commissaires impériaux près l'assemblée générale des juifs réunie en 1806 et qui avaient pris une part active aux travaux de cette assemblée.

Portalis fut chargé du rapport. C'est dans ce rapport, présenté le 29 janvier, qu'on trouve le plus nettement

____

(1) Discours de M. Marchal, dans la séance du 4 décembre 1830 (*Moniteur* du 6 décembre).

(2) Discours de M. de Montigny, même séance.

(3 et 4) Discours de M. le marquis d'Escayrac-Lauture, même séance.

exposées les raisons qui justifient, au point de vue politique, l'allocation d'un traitement aux ministres des cultes.

« Il faut consacrer en principe que le salaire des ministres d'un culte est accordé dans l'intérêt de l'État, plus encore que dans l'intérêt de ce culte même..... Sans examiner une question résolue par la nouvelle Charte et par l'expérience, celle de savoir s'il convient ou non que l'État entretienne les ministres de la religion et subvienne aux frais des cultes, qu'il nous suffise de remarquer que les traitements de ces ministres ont pour objet, en maintenant les institutions religieuses, en assurant le service public des cultes, en accordant à ceux de la grande majorité des Français, l'appui et les secours que réclame leur importance, de mettre l'État mieux à portée d'exercer le droit de surveillance qui lui appartient sur les matières religieuses et la conduite des ministres des cultes. Le salaire public qu'ils reçoivent constitue un contrat synallagmatique entre la société religieuse et la société politique, au moyen duquel cette dernière promet sa tutelle et l'autre sa soumission. L'une obtient sûreté et liberté, l'autre procure le bon ordre et la paix publique. Dans ce contrat, l'indépendance toute spirituelle de l'une peut être gênée par l'intervention toute temporelle de l'autre ; il assure entre elles cette concorde désirable qui prévient tant de troubles et de désordres, en empêchant qu'il n'y ait contradiction entre les divers principes qui gouvernent les hommes.

« Le salaire public ne peut donc être attribué aux ministres d'un culte que lorsque l'État reconnaît l'utilité ou la nécessité de faire en quelque sorte alliance avec la secte religieuse qui le réclame, de la considérer comme un établissement d'utilité publique et de l'élever au rang des religions établies » (1).

Il y aurait beaucoup à dire sur cette idée d'un contrat entre l'État qui « promet sa tutelle » et l'autorité reli-

____

(1) Chambre des pairs, séance du 29 février 1831, *Moniteur* du 30.

gieuse qui « promet sa soumission ». C'est un des motifs qui permettent d'expliquer, comme nous le verrons, le droit qu'a l'État de supprimer les traitements. On peut dire que ce n'est là qu'une idée d'à peu près et que le budget des cultes n'aurait qu'un bien fragile appui s'il n'avait d'autres raisons d'être. C'est la considération pour ainsi dire d'ordre politique ; il y en a d'autres. Aussi Portalis, dans son rapport, reprenait-il toutes les observations du rapporteur de la Chambre des Députés qui, il faut le reconnaître, ont une tout autre importance.

Après ces observations d'ordre général sur la nécessité ou l'utilité qu'il y a pour l'État à allouer des traitements aux ministres des différents cultes reconnus, Portalis concluait que les Juifs méritaient la faveur qu'on proposait de leur accorder.

Ces conclusions ne furent combattues que par l'amiral Verhuell. Après une intervention de Molé, le projet fut adopté par 57 voix contre 32.

La loi fut promulguée le 8 février.

Une ordonnance du 22 mars 1831 fixa le traitement du grand rabbin du consistoire central à 6.000 francs, celui des grands rabbins des consistoires départementaux à 3.000 francs et les frais d'entretien de l'école centrale rabbinique de Metz à 8.500 francs. Une autre ordonnance du 6 août 1831 réglait les traitements des rabbins communaux et des ministres officiants : il variait, suivant la population de la commune de leur résidence, de 300 francs à 1.000 francs ; la synagogue de Paris avait deux ministres officiants aux traitements de 2.000 et de 1.000 francs.

Une ordonnance du 19 octobre 1847 éleva de 200 francs les traitements des rabbins communaux, mais non ceux des ministres officiants qui ne furent augmentés que par la loi de finances de 1850.

Aujourd'hui les traitements sont ainsi fixés :

Grand-rabbin du consistoire central......	12.000 f.	»
Grand-rabbin du consistoire de Paris.....	5.000	»
Grands-rabbins des consistoires départementaux................................	4.000	»
Rabbins communaux......... de 1.750 à	2.500	»
Ministres officiants.......... de 600 à	2.000	»
Grand-rabbin du consistoire d'Alger.....	6.000	»
Grands-rabbins des consistoires d'Oran et de Constantine.......................	5.000	»
Rabbins communaux d'Algérie.........	3.000	»

Le traitement est payé par trimestre (1). La loi du 29 décembre 1876 exige pour le paiement un certificat d'exécution du service et un certificat de résidence. Le premier de ces certificats est délivré par le président du consistoire, et le second par le maire de la commune.

Le jour de l'installation et le jour du décès ou de la cessation des fonctions sont compris dans le montant du traitement (2). En cas de démission, le traitement est compté jusqu'au jour de la cessation des fonctions (3).

L'installation est constatée par un procès-verbal du consistoire ou des administrateurs du temple; une expédition de ce procès-verbal est adressée au préfet par le consistoire départemental ou par les administrateurs du temple en dehors du chef-lieu consistorial (4).

Il n'est opéré aucune retenue sur le traitement pour les absences ayant une cause légitime. Les consistoires peuvent autoriser les ministres du culte à s'absenter

(1) Ordonnance du 31 décembre 1841, art. 160.
(2) Id., art. 164.
(3) Id., art. 165.
(4) Circulaire ministérielle du 29 octobre 1832. — Ordonnance du 31 décembre 1841, art. 221. — Ord. du 25 mai 1844, art. 59.

huit jours, les préfets peuvent accorder la même autorisation s'il s'agit d'une absence d'un mois ; au-delà d'un mois, l'absence doit être autorisée par le ministre des cultes (1).

Les traitements ecclésiastiques sont insaisissables dans leur totalité (2). Mais, comme nous le verrons, le gouvernement peut les supprimer en tout ou en partie.

Depuis la loi du 8 février 1831, la contribution fixée par le décret du 17 mars 1808 a cessé d'être obligatoire (3).

Mentionnons pour mémoire que, aux termes du décret du 27 avril 1881, rendu en exécution de la loi du 8 juillet 1880, en cas de mobilisation, il est attaché un ministre du culte israélite à chaque quartier général de corps d'armée (4). Il est également nommé un ministre du culte israélite dans chaque place dont la garnison est d'au moins 30.000 hommes (5). Ces aumôniers sont nommés par le ministre de la guerre sur la présentation des consistoires, qui font parvenir leurs propositions par l'intermédiaire du ministre des cultes (6). Ils ont droit aux prestations en nature et en deniers ainsi qu'aux pensions et décorations attribuées aux capitaines de 1re classe montés (7).

§ 2. — Secours aux ministres du culte.

Les ministres du culte israélite n'ont droit à aucune

(1) Ordonnance du 13 mars 1832, art. 4. — Circulaire du 29 octobre 1832. — Ord. du 31 décembre 1841, art. 168.
(2) Arrêté du 18 nivôse an XI.
(3) Tribunal de Tarascon, 1er février 1833 (Sir. 1833, II, 174).
(4) Loi du 8 juillet 1880, art. 1er.
(5) Loi du 8 juillet 1886, art. 2.
(6) Loi du 8 juillet 1880, art. 3.
(7) Loi du 8 juillet 1880, art. 4.

pension de retraite. Leur situation est la même à cet égard que celle des ministres des cultes protestants. Un fonds de secours est seulement réservé sur les fonds du budget des cultes pour les ministres du culte israélite âgés ou infirmes ainsi que pour leurs veuves.

Les secours et indemnités sont payés en une seule fois (1). Ils le sont aux héritiers quand le titulaire était en possession du mandat de paiement avant sa mort.

Le consistoire central a fondé en 1861 une caisse de secours pour les rabbins. Les statuts revisés en ont été approuvés en 1895. Cette caisse est administrée par une commission composée du grand-rabbin du consistoire central et du grand-rabbin du consistoire de Paris, membres de droit, de deux autres grands-rabbins et de trois rabbins élus au scrutin de liste tous les trois ans et rééligibles. Le versement de chaque ministre du culte s'élève à 2 0/0 de son traitement.

§ 3. — Logement des ministres du culte.

En dehors du traitement, les ministres du culte israélite ont droit à une indemnité de logement, à défaut de bâtiment affecté à cet usage. Avant la loi du 5 avril 1884, cette indemnité de logement était payée par les communes (2), à la charge desquelles elle était une dépense obligatoire. L'ordonnance du 7 août 1842 indiquait quels ministres avaient droit à cette indemnité. C'étaient les grands-rabbins des consistoires départementaux quand ils remplissaient les fonctions de rabbins communaux, et les

(1) Ord. du 31 décembre 1841, art. 198.
(2) Loi du 18 juillet 1837, art. 30.

rabbins communaux régulièrement institués (1), mais non les ministres officiants qui sont de simples chantres (2). Elle était fixée par le préfet, sur l'avis du conseil municipal et du consistoire (3), et inscrite au budget ordinaire de la commune.

L'article 136-11° de la loi du 5 avril 1884 a modifié cette disposition. L'indemnité de logement n'est plus obligatoire pour les communes que lorsqu'il n'existe pas de bâtiment affecté à cet usage, — il en était de même antérieurement — et lorsque le consistoire ne peut pourvoir au paiement de cette indemnité. En cas de désaccord entre le consistoire et la commune, il est statué par décret sur les propositions des ministres de l'intérieur et des cultes : le ministre de l'intérieur ne peut, sans excès de pouvoir, statuer seul (4).

Le décret par lequel, en cas de désaccord entre une commune et un consistoire sur le point de savoir si la commune est tenue de pourvoir à l'insuffisance des ressources de l'établissement religieux, il est statué sur les propositions des ministres de l'intérieur et des cultes, n'a point le caractère d'un arbitrage définitif ; un recours contentieux devant le Conseil d'État, est toujours ouvert (5).

Ce décret ne peut se fonder, pour refuser d'admettre à la charge de la commune, les frais de logement du ministre du culte, sur ce que le consistoire possède un immeuble où il pourrait le loger, si cet immeuble n'a jamais été affecté à ce logement et si d'autre part le prix de

---

(1) Ord. du 7 août 1842, art. 9.
(2) Instruction ministérielle du 1er octobre 1842.
(3) Ord. du 7 août 1842, art. 2.
(4) Conseil d'État, 23 novembre 1888 (Dall. 1889, III, 113).
(5) Conseil d'État, 5 janv. 1894. (Dall. 1895, III, 117).

location est porté au compte des recettes, ni sur ce que le consistoire ne perçoit pas de taxes à l'occasion des cérémonies religieuses et pour l'usage des chaises (1).

En cas de refus par le conseil municipal d'allouer les fonds exigés pour une dépense obligatoire, l'allocation est inscrite par décret pour les communes ayant un revenu de plus de trois millions, et pour les autres par arrêté du préfet, en conseil de préfecture. Aucune inscription d'office ne peut être opérée sans que le conseil municipal ait été, au préalable, appelé à prendre une délibération spéciale à ce sujet (2).

La loi de 1884 n'est pas applicable à la ville de Paris qui est toujours régie, au point de vue municipal, par la loi du 18 juillet 1837, dont l'art. 30 est toujours en vigueur. Par conséquent l'indemnité de logement aux ministres du culte constitue une dépense obligatoire pour la ville de Paris, lorsque aucun bâtiment n'est affecté à cet usage, alors même qu'il n'est pas justifié de l'insuffisance des ressources des administrations préposées au culte. C'est ce qu'a décidé le Conseil d'État à propos d'une réclamation d'un pasteur protestant. La solution serait évidemment la même pour les rabbins (3). Le grand-rabbin du consistoire de Paris, en tant qu'il remplit les fonctions de rabbin communal, — en fait il les remplit — et les rabbins qui lui sont adjoints ont donc droit à l'indemnité de logement.

(1) Conseil d'État, 5 janvier 1894 (Dall., 1895, III, 117).
(2) Loi du 5 avril 1884, art. 149.
(3) Conseil d'État, 3 février 1893 (Dall. 1894, III, 125); 23 novembre 1894 (Dall. 1895, III, 279).

§ 4. — Allocations diverses.

La dotation du culte israélite ne comprend pas seulement les traitements des ministres du culte. Il faut y joindre diverses allocations.

C'est ainsi que des indemnités sont accordées pour frais d'administration des consistoires. Des subventions sont accordées par le gouvernement pour contribuer aux travaux d'entretien ou de reconstruction des édifices du culte.

Avant la loi du 5 avril 1884, et même depuis le vote de cette loi en ce qui concerne la ville de Paris, les dépenses obligatoires des communes comprenaient encore les secours aux consistoires en cas d'insuffisance de leurs revenus, justifiée par la production de leurs comptes et budgets, ainsi que les grosses réparations aux édifices du culte appartenant à la commune, également en cas d'insuffisance des revenus des consistoires (1). Ces dépenses sont devenues facultatives depuis 1884, sauf en ce qui concerne la ville de Paris. Toutefois sont restées parmi les dépenses obligatoires les grosses réparations aux édifices communaux consacrés au culte, sauf l'application préalable des revenus et ressources disponibles des consistoires à ces réparations. En cas de désaccord entre la commune et le consistoire, il est statué par décret, sur les propositions des ministres de l'intérieur et des cultes (2).

On peut ajouter à la dotation du culte israélite le crédit alloué pour le séminaire et qui s'élève aujourd'hui à 22.000 francs, dont 10.000 pour le personnel et 12.000

(1) Loi du 18 juillet 1837, art. 30, 14° et 16°.
(2) Loi du 5 avril 1884, art. 136, 12°.

pour le matériel. Avant 1884, une somme de 10.000 fr. était en outre allouée pour bourses à des élèves, mais ce crédit a été supprimé au budget de 1884, et n'a pas été rétabli depuis cette époque.

CHAPITRE II

GÉNÉRALITÉS.

Le culte israélite est dans la situation des autres cultes reconnus au point de vue des obligations comme au point de vue des avantages. En retour des privilèges qu'il leur confère, et sans parler des droits que sa souveraineté lui donne sur eux comme sur tous les groupements, l'État impose aux cultes reconnus certaines règles particulières. L'Église est dans l'État, elle doit en respecter les lois fondamentales, elle doit même, autant qu'il est en elle, les faire respecter. « La tranquillité publique, disait Portalis, n'est point assurée si on néglige de savoir ce que sont les ministres d'un culte, ce qui les caractérise, ce qui les distingue des simples citoyens et des ministres des autres cultes ; si l'on ignore sous quelle discipline ils entendent vivre et quels règlements ils promettent d'observer. L'État est menacé si ces règlements peuvent être faits ou changés sans son concours, s'il demeure étranger à la forme et à la constitution du gouvernement qui se propose de régir les âmes, et s'il n'a dans des supérieurs connus et avoués des garants de la fidélité des inférieurs. »

De là le droit pour l'État, d'une part de régler la police extérieure des cultes et leurs rapports avec lui, d'autre part, d'intervenir dans leur organisation.

A certains égards, c'est encore une forme de la protection que l'État assure aux cultes reconnus. Il les protège quand il astreint les établissements religieux à l'observation de certaines formalités protectrices de leur patrimoine, quand il garantit l'observation des règles de discipline, quand il use du droit de suspension et de révocation sur la provocation des autorités religieuses. Quelquefois la juridiction disciplinaire de l'État, sous la forme ou recours pour abus, intervient dans l'intérêt même du culte.

Mais le plus souvent la surveillance de l'État s'exerce dans l'intérêt, soit du pouvoir civil, soit des particuliers, et c'est en ce sens que les obligations qui sont imposées aux cultes reconnus sont la contre-partie de leurs privilèges.

Plusieurs de ces obligations ne concernent que le culte catholique. Il en est ainsi de celles qui sont relatives : au port d'un costume en dehors de l'exercice des fonctions sacerdotales (1) : l'arrêté du 7 nivôse an XII qui permet le port de ce costume n'est applicable qu'au culte catholique ; à la violation du secret professionnel (2) : il n'y a de secrets de cette nature, au sens que la loi attache aux mots « dépositaires par état », que dans la religion catholique, la seule qui admette la confession ; au mariage des prêtres, du moins si l'on admet la théorie de la Chambre des requêtes de la Cour de cassation, qui fait de l'engagement dans les ordres majeurs un empêchement dirimant, alors que la Chambre civile de la même Cour, n'y voit pas

(1) Code pénal, art. 259.
(2) Code pénal, art. 378.

même un empêchement prohibitif (1). Toutes ces règles sont inapplicables aux cultes protestants et israélite.

Mais le plus grand nombre des obligations imposées aux cultes reconnus sont communes à tous. Ces règles sont édictées, soit dans l'intérêt des particuliers, soit dans l'intérêt du culte même, soit enfin dans l'intérêt de l'État, ou, pour parler plus exactement, dans l'intérêt du pouvoir civil.

SECTION 1. — OBLIGATIONS IMPOSÉES AU CULTE ISRAÉLITE DANS L'INTÉRÊT DES PARTICULIERS

§ 1er. — Dispositions relatives à l'état-civil des personnes.

Parmi les obligations imposées aux cultes reconnus dans l'intérêt des particuliers et qui sont applicables au culte israélite, on peut ranger : l'article 333 du Code pénal qui aggrave la pénalité au cas de viol ou d'attentat à la pudeur, si le coupable est ministre du culte ; l'art. 909 du Code civil qui dispose que les docteurs en médecine..... etc., qui auront traité une personne pendant la maladie dont elle meurt, ne pourront profiter des dispositions entre vifs ou testamentaires qu'elle aurait faites en leur faveur pendant le cours de cette maladie, et qui étend cette règle aux ministres du culte ; l'article 910 qui exige l'autorisation par décret, pour l'acceptation des dons et legs faits aux établissements publics ou d'utilité publique, et toute la législation relative aux dons et legs faits aux fabriques et consistoires, enfin les dispositions inscrites au Code pénal

______

(1) Ch. Beudant, *Cours de droit civil français, L'État et la capacité des personnes*, t. 1er, p. 346 et suiv.

et qui ont pour but de réprimer les infractions propres à compromettre l'état-civil des personnes.

I. — Mariage.

L'article 54 de la loi de germinal an X dispose que « les curés ne donneront la bénédiction nuptiale qu'à ceux qui justifieront en bonne et due forme avoir contracté mariage devant l'officier civil. » L'arrêté des consuls du 1er prairial an X étend cette disposition aux rabbins. L'article 21-6° du décret du 17 mars 1808, et l'article 53-2° de l'ordonnance du 25 mai 1844 la renouvellent.

La sanction est organisée par l'article 199 du Code pénal qui punit la contravention d'une amende de 16 à 100 francs et par l'article 200 qui punit la première récidive d'un emprisonnement de deux à cinq ans et la seconde de la détention.

On décide généralement qu'il ne suffit pas que le ministre du culte n'ait pas préalablement requis la justification du mariage civil, qu'il faut de plus que ce mariage civil n'ait pas été effectivement contracté (1). Le législateur n'a en effet voulu punir la négligence du ministre du culte que si elle a été dommageable. Cette solution est de plus conforme aux travaux préparatoires. Le Conseil d'État écarta une disposition tendant à graduer la peine suivant que le mariage civil aurait ou n'aurait pas été célébré (2), repoussant ainsi toute distinction.

Dès lors, il n'est pas besoin que le ministre du culte se fasse représenter l'acte même; malgré les termes formels de l'article 199, il peut se contenter de preuves équivalentes. En fait, ce n'est pas un acte de mariage au sens

(1) Chauveau et Hélie.
(2) Locré, XXX, p. 188.

strict du mot, c'est-à-dire un extrait du registre, qui est remis par l'officier de l'état-civil aux parties pour être produit au ministre du culte, c'est un simple certificat attestant la célébration du mariage civil.

Les articles 199 et 200 sont applicables même aux mariages célébrés en France par un ministre du culte entre étrangers appartenant à un pays où le mariage civil se confond avec le mariage religieux (1). Il en serait ainsi, même si le ministre du culte appartenait à la même nationalité que les époux (2). Les dispositions des articles 199 et 200 sont en effet d'ordre public.

Mais il n'est pas nécessaire que le mariage civil soit inattaquable, et le ministre du culte peut procéder à la cérémonie religieuse, dès que le mariage civil a été célébré, et encore qu'il soit affecté d'un vice qui le rend annulable (3).

Bien entendu, le mariage religieux n'aurait pas alors pour effet de purger le vice dont le mariage civil est atteint, puisqu'il ne suffirait pas à le remplacer ; mais le ministre du culte ne serait pas punissable, malgré la rétroactivité de l'annulation survenue, car en réalité il n'aurait pas procédé à la cérémonie religieuse « sans qu'il lui ait été justifié d'un acte préalablement reçu par l'officier de l'état-civil. »

II. — Inhumations.

On peut placer dans la même catégorie les règles relatives aux inhumations.

---

(1) Cass. belge, 19 janvier 1852. (Béquet, *Répertoire de droit administratif*, v° Cultes, n° 586, note).

(2) Lettre du garde des sceaux, du 24 avril 1879, au procureur général près la cour de Pau.

(3) Cass. belge, 5 juillet 1880. (Béquet, *Répertoire*, n° 588, note),

Aux termes de l'art. 77 du Code civil « Aucune inhumation ne sera faite sans une autorisation, sur papier libre et sans frais, de l'officier de l'état-civil qui ne pourra la délivrer qu'après s'être transporté auprès de la personne décédée pour s'assurer du décès et que vingt-quatre heures après le décès, hors les cas prévus par les règlements de police ».

Le décret du 4 thermidor an XIII, art. 1er, défend aux ministres des cultes « de lever les corps et de les accompagner avant qu'on ait justifié de l'autorisation donnée par l'officier de l'état-civil. » L'art. 356 du Code pénal sanctionne cette disposition et prononce « contre ceux qui, sans l'autorisation de l'officier public, auront fait inhumer un individu décédé », une peine de six jours à deux mois d'emprisonnement et de 16 à 50 francs d'amende. Ces dispositions sont analogues à celles des art. 199 et 200 en cas de mariage.

Cependant la Cour de cassation a décidé, par un arrêt du 29 janvier 1832 (1) que l'art. 358 n'était pas applicable aux curés, desservants et pasteurs « qui ne font que lever les corps et les accompagner hors des églises et des temples ».

Cette solution est étrange. La Cour de cassation, imaginant une distinction que ne révèle pas le texte de l'art. 358, déclare que « cet article prévoit des faits différents de ceux prévus par le décret du 4 thermidor an XIII et qu'il n'a en vue que ceux qui ont quelque intérêt à l'inhumation, que dès lors le décret de l'an XIII n'a pas de sanction spéciale, mais qu'il rentre dans les pouvoirs donnés par la loi à l'autorité administrative et trouve une sanction dans les dispositions générales des art. 600 et 606 du Code de brumaire an IV, lesquels s'appliquent à toutes

____

(1) Sirey, 1832, 1, 386.

les contraventions de police qui ne sont pas textuelle-
ment punies par les lois pénales » (1). Il est singulier dès
lors que le ministre du culte dont le concours est indispensable, qui ne peut ignorer les formalités prescrites par
la loi, soit impuni, quand on frappe ceux qui le plus souvent ne connaissent point ces formalités. Que le ministre
du culte ne soit pas passible des peines édictées par
l'art 358, par ce seul fait qu'il ne se sera point fait représenter l'autorisation de l'officier de l'état-civil, si d'ailleurs
elle a été régulièrement donnée, et que sa responsabilité
ne soit engagée que si l'autorisation n'a point été effectivement donnée, rien de mieux ; c'est la théorie qui
est admise à propos de l'art. 199 relativement au mariage. Mais que l'art. 358 reste lettre morte sous le prétexte
que celui qui a violé la loi l'a violée sans intérêt, c'est
une théorie inadmissible.

La Cour de Montpellier en a jugé ainsi, et par arrêt du
12 juillet 1841 (2), elle a décidé que l'art. 358 du Code
pénal sert effectivement de sanction à l'art. 77 du Code
civil et du décret du 4 thermidor an XIII. Elle a bien fait
cette concession à la théorie de la Cour de cassation que
le ministre du culte, dans la circonstance, avait été intéressé à faire l'inhumation illégale, puisque, si elle avait
été faite sans son concours, il aurait été privé du salaire
auquel il a droit; mais dans beaucoup de cas cette explication serait insuffisante, puisque les ministres du culte
catholique ne sont pas toujours salariés pour l'accomplissement des cérémonies religieuses qui accompagnent les
inhumations, et qu'en tout cas les ministres des cultes

____

(1) La loi du 28 avril 1832 a ajouté un n° 15 à l'art. 471 du Code
pénal et a inséré dans cet article la disposition de l'art. 600 du Code
de brumaire an IV.

(2) Béquet, *Répertoire*, v° cultes, n° 590, note.

protestants et israélite ne le sont presque jamais. La Cour de Montpellier a, mieux que la Cour suprême, dégagé les principes quand elle a dit que la loi n'admet pas la distinction que la Cour de cassation avait imaginée.

La Cour de cassation a cependant maintenu sa jurisprudence. Elle l'a rappelée incidemment dans un arrêt du 12 octobre 1850 (1) : « Attendu qu'il est constant que...... a procédé à l'enterrement du corps d'une femme décédée sans être pourvu de l'autorisation exigée par le décret du 4 thermidor an XIII, qu'il a dès lors encouru les peines édictées par l'art. 471 n° 15 du Code pénal. » La Cour ne parle pas ici encore de l'art. 358.

Telles sont les dispositions qui protègent l'état civil des personnes contre le zèle des ministres du culte.

III. — Propositions relatives aux déclarations de naissance.

Des gens amoureux de la symétrie ont demandé que des règles analogues aux précédentes fussent édictées pour les naissances, et que les ministres du culte n'eussent pas le droit de baptiser ou de circoncire un enfant nouveau-né, sans la production d'une attestation constatant que cet enfant a déjà été présenté à l'officier de l'état-civil. Ils oubliaient qu'aucune assimilation n'est possible entre l'administration du baptême ou la circoncision d'une part, et la célébration du mariage religieux ou les funérailles religieuses, d'autre part. Dans les deux derniers cas, l'action ecclésiastique se lie à une action civile déterminée par la loi, dans le premier cas elle est isolée. Le mariage est un contrat civil qui ne tire ses effets que de l'accomplissement des formalités légales, et le ministre du culte ne fait que le sanctionner au point de vue religieux sans y rien

____

(1) Béquet, *Répertoire*, n° 591.

ajouter au point de vue civil. Il y a donc là une distinction qui doit être respectée. En ce qui concerne l'inhumation, l'autorité civile a le devoir d'éviter les inhumations
précipitées, et dès lors il faut qu'avant l'enterrement il
soit constaté légalement qu'aucune erreur n'est à redouter. Il n'y a aucun lien de cette nature entre la déclaration de naissance et l'administration du baptême ou la
circoncision. S'il est évident que le permis d'inhumer
délivré par l'officier de l'état-civil doit précéder l'inhumation, s'il est également nécessaire que le mariage civil
précède le mariage religieux qui pourrait paraître suffisant à certaines personnes, de sorte que les précautions
de la loi seraient déjouées, aucune nécessité semblable
n'exige que la déclaration de naissance soit préalable à
l'administration du baptême ou à la circoncision ; il
pourra même arriver que ce dernier acte soit de toute
urgence, alors qu'il est possible d'ajourner, dans les
limites légales, la déclaration de naissance qu'il sera toujours temps de faire. Il n'y a donc aucune utilité, et il
pourrait y avoir danger à insérer une pareille disposition
dans nos lois. Il faut d'ailleurs remarquer que, si elle
était dirigée exclusivement contre les ministres du culte,
elle serait souvent dépourvue de sanction, car le baptême
peut être administré par un autre que par le prêtre, et la
circoncision n'est jamais faite que par un individu qui
n'est nullement ministre du culte, sauf dans le cas où le
rabbin ou le ministre officiant circoncit lui-même son
enfant.

Ajoutons enfin qu'une disposition de cette nature ne
toucherait guère le culte israélite, car la circoncision est
faite en général huit jours après la naissance de l'enfant,
alors que la déclaration de naissance doit être faite dans
les trois jours de l'accouchement (1). Le seul effet qu'elle

____
(1) C. civ., art. 55.

aurait, en ce qui concerne ce culte, serait d'obliger les officiers de l'état-civil à fournir un certificat de plus, puisqu'en fait la situation qu'on désire obtenir existe déjà. L'avantage n'est pas considérable.

§ 2. — Noms et prénoms des Juifs.

En ce qui concerne le culte israélite, on peut ajouter quelques dispositions qui sont également édictées dans l'intérêt des particuliers. C'est ainsi que le décret du 20 juillet 1808, qui enjoignait aux Juifs de prendre des noms et prénoms fixes, chargeait les consistoires de vérifier et de faire connaître à l'autorité si les Juifs de leur circonscription avaient individuellement rempli cette obligation, ainsi que de surveiller ceux qui auraient changé de nom sans se conformer aux dispositions de la loi du 11 germinal an IX.

§ 3. — Circoncision et abatage des bestiaux.

Une préoccupation de même nature a inspiré l'article 10 du décret du 29 août 1862 qui porte :

« Nul ne peut exercer les fonctions de *mohel* (1) et de *schohet* (1), s'il n'a obtenu une autorisation spéciale du consistoire de la circonscription, accordée sur l'avis conforme du grand rabbin. En outre, le *mohel* doit être pourvu d'un certificat délivré par un docteur en médecine ou en chirurgie, désigné par le préfet, et

---

(1) Le *mohel* est l'individu chargé de la circoncision.
(2) Le *schohet* est l'individu qui égorge, suivant le rite consacré, les bestiaux destinés à la nourriture des Israélites.

constatant que l'impétrant offre, au point de vue de la santé publique, toutes les garanties nécessaires. Le *schohet* doit, dans toutes les communes où il veut exercer ses fonctions, faire viser par le maire l'autorisation à lui donnée par le consistoire départemental. »

Enfin on peut citer encore, comme édictées dans l'intérêt des particuliers, les dispositions, que nous retrouverons plus loin, de l'article 6 de la loi organique du 18 germinal an X. Cet article range parmi les cas d'abus « toute entreprise ou tout procédé qui, dans l'exercice du culte, peut compromettre l'honneur des citoyens, troubler arbitrairement leur conscience, dégénérer contre eux en oppression ou injure ou en scandale public ».

SECTION II. — OBLIGATIONS ÉTABLIES DANS L'INTÉRÊT DU CULTE.

§ 1er. — Incompatibilités.

Parmi les règles édictées dans l'intérêt même du culte, de la dignité des membres du clergé, du souci exclusif qu'ils doivent avoir de leur mission, figure l'article 333 du Code pénal déjà cité, relatif à l'aggravation de la pénalité au cas de viol et d'attentat à la pudeur commis par un ministre du culte.

On peut en dire autant des incompatibilités prononcées par différentes lois. La loi du 30 novembre 1875, sur l'élection des membres de la Chambre des députés, déclare, dans son article 8, que l'exercice des fonctions publiques rétribuées sur les fonds de l'État est incompatible avec le mandat de député, sauf exception, en ce qui concerne le culte israélite, pour les fonctions de grand-rabbin du consistoire central et de grand-rabbin du consistoire de Paris. En conséquence, tout fonctionnaire élu député sera remplacé dans ses fonctions si, dans les huit jours qui suivront la vérification des pouvoirs, il n'a pas fait connaître qu'il n'accepte pas le mandat de député. La loi du 26 décembre 1887 a étendu cette incompatibilité au mandat de sénateur.

L'article 8-12° de la loi du 10 août 1871 sur les conseils généraux déclare que les ministres des différents cultes ne peuvent être élus membres du conseil général dans le canton où ils exercent leurs fonctions. Il en est de même pour les conseils d'arrondissement. Ils ne peuvent être élus conseillers municipaux dans la commune où ils exercent leurs fonctions (1). Mais ils peuvent être élus conseillers municipaux dans la commune où ils ont leur domicile légal ou politique, si elle est distincte de celle où ils sont tenus à résidence (2).

Il y a incompatibilitété entre les fonctions ecclésiastiques et les fonctions judiciaires. Les fonctions de juré sont incompatibles avec celles de ministre d'un culte reconnu par l'État (4). L'article 1er de la même loi déclare que les déclarations de culpabilité auxquelles ils auraient concouru seraient nulles.

Les fonctions de rabbin sont également incompatibles avec l'exercice de toute profession industrielle ou commerciale (5) D'ailleurs la sanction ne pourrait être que disciplinaire, mais au point de vue civil, les actes faits par les

---

(1) Loi du 5 avril 1884, art. 33-9°.

(2) Affre, *Traité de l'administration des paroisses*, supplément.

(3) Loi des 25 août-2 septembre 1790. — Avis du Conseil d'État du 4 germinal an XI.

(4) Loi du 21 novembre 1872, art. 3.

(5) Ordonnance du 25 mai 1844, art. 57.

rabbins seraient valables. Il paraît bien qu'il y ait également incompatibilité entre les fonctions ecclésiastiques et la profession d'avocat (1).

Cette série d'incompatibilités, le traitement que les ministres des cultes reconnus par l'État reçoivent du Trésor public, la protection particulière dont la loi les couvre, ont amené autrefois la question de savoir si ces ministres sont fonctionnaires, publics et si, en cette qualité, ils pouvaient invoquer la garantie constitutionnelle instituée en faveur des agents du gouvernement par l'article 75 de la constitution du 22 frimaire an VIII, c'est-à-dire s'ils ne pouvaient être poursuivis qu'avec l'autorisation du Conseil d'État. Un arrêt du Conseil d'État du 18 janvier 1845 (2) tranche la question négativement à propos des rabbins, sans d'ailleurs donner aucun motif à l'appui de cette désision. Cette doctrine était généralement admise : les ministres des cultes ne tiennent aucune mission spéciale de la loi, ils ne sont dépositaires d'aucune portion de l'autorité publique, ils ne sont ni institués par le gouvernement ni révocables à sa volonté, leurs fonctions sont purement religieuses, en un mot, ils ne sont nullement agents du gouvernement.

La question n'a plus d'intérêt depuis que le décret du 19 septembre 1870 a abrogé l'article 75 de la constitution de l'an VIII. Les règles communes aux ministres du culte et aux fonctionnaires publics, l'obligation de résidence, les diverses incompatibités, l'allocation d'un traitement sur les fonds de l'État, les mesures de protection prises par la loi en faveur des ministres du culte, etc., s'expliquent par la nécessité de faire respecter les membres du

____

(1) Argument de l'arrêté du conseil de l'ordre des avocats du 15 mars 1831 rejetant la candidature du P. Lacordaire.

(2) Dall., 1846, III, 49.

clergé, en tant que représentants de la religion et chargés, à ce titre, d'une mission d'intérêt social, sans qu'il soit besoin de faire intervenir l'idée d'une fonction publique que ne révèle aucune disposition légale, et que ne justifie nullement le rôle du clergé, exclusivement moral.

§ 2. — Dispositions relatives aux cérémonies extérieures du culte.

C'est également dans l'intérêt du culte qu'a été édicté l'article 45 des articles organiques du culte catholique, qui interdit les cérémonies religieuses hors des édifices consacrés à ce culte, dans les villes où il y a des temples destinés aux différents cultes. C'est la contre-partie du droit de libre exercice du culte. Cette disposition, qui a pour but d'éviter les occasions de conflit, n'est d'ailleurs pas impérative, et la jurisprudence ministérielle (1) a consacré les nombreuses tolérances de fait qui se sont introduites et maintenues au profit du culte catholique, même lorsqu'il y a dans la même ville des temples des autres cultes, si la protection légale n'est pas réclamée par les représentants de ces derniers.

Il appartient au gouvernement d'interdire les cérémonies extérieures d'un culte reconnu, même s'il n'y a pas de temples destinés aux autres cultes, s'il redoute des troubles. Les maires ont le même droit en vertu du pouvoir de police que leur confèrent les articles 94 et 97 de la loi du 5 avril 1884. L'arrêté qui serait pris, soit par le maire, soit par le préfet, pourrait être déféré au Conseil

(1) Circulaires des 28 mai 1872 et 20 mars 1879.

d'État, non par la voie du recours pour excès de pouvoir, mais par la voie du recours pour abus (1). Le tribunal de simple police ne serait pas compétent pour connaître de l'exception tirée de l'illégalité de cet arrêté (2).

L'article 45 de la loi de germinal an X ne vise que le culte catholique, mais il n'est pas douteux qu'il est également applicable aux autres culte par identité de motifs. Ceux-ci doivent d'ailleurs bénéficier de la même tolérance. La question ne peut guère se poser à leur égard qu'en ce qui concerne les inhumations, tandis qu'elle se pose encore pour le culte catholique à propos des processions. Le décret du 23 prairial an XII prescrivait un lieu d'inhumation particulier pour chaque culte dans les communes où on en professe plusieurs, ou tout au moins, s'il n'y a qu'un cimetière, une séparation par des murs, haies ou fossés, en autant de parties qu'il y a de cultes différents, avec entrée particulière pour chacune. La loi du 14 novembre 1881 a abrogé cet article. Aujourd'hui tous les morts sont ensevelis à la suite les uns des autres, sans distinction entre les cultes qu'ils professaient de leur vivant. Le maire a toujours le droit de prendre un arrêté pour assurer le maintien du bon ordre et de la décence dans les cimetières (3), sauf en cas d'abus, le droit de recours au Conseil d'État (4).

§ 3. — Dispositions diverses.

On peut citer comme édictées également dans l'intérêt du culte toutes les règles en vertu desquelles les fabriques

(1) Conseil d'État, 23 mai 1879 (Dall., 1879, III, 102).
(2) Cass., 5 décembre 1878 (Dall., 1879, I, 185).
(3) Loi du 5 avril 1884, art. 97-4°.
(4) Conseil d'État, 3 mars 1894 (Dall., 1895, III, 74).

et consistoires sont soumis au droit commun des établissements publics. La protection que l'État assure aux cultes ne doit pas avoir pour conséquence de les soustraire à ces règles, qui sont une garantie à la fois pour les établissements qu'elles visent et pour l'État, à qui son droit de tutelle et de surveillance donne la mission d'intervenir dans l'administration de ces établissements. C'est ainsi, en particulier, que la loi du 27 janvier 1892 et les décrets du 27 mars 1893 soumettent les comptes et budgets des fabriques et consistoires aux règles de la comptabilité publique. Nous aurons à revenir sur toutes ces règles à propos de l'administration des consistoires.

On peut enfin ranger dans cette même catégorie les mesures disciplinaires prises contre les ministres des cultes sur la provocation des autorités religieuses, le recours pour abus en cas d'usurpation d'un pouvoir ecclésiastique sur les attributions d'un autre pouvoir ecclésiastique, ou en cas d'infraction aux canons reçus en France, ou aux coutumes, franchises et libertés de l'Église gallicane, ou en cas d'atteinte à la liberté garantie aux ministres du culte (1), ou en cas de dissensions entre les ministres des cultes protestants et israélite (2).

Toutes ces règles sont édictées dans l'intérêt même du culte. Elles sont toutes applicables au culte israélite.

(1) Art. org. du culte catholique, art. 6 et 7. — Ordonn. du 25 mai 1844, art. 55.

(2) Art. org. des cultes protestants, art. 6. — Ordonn. du 25 mai 1844, art. 55.

Section III. — Obligations imposées au culte dans l'intérêt de l'État

Nous arrivons aux mesures prises par l'État contre les cultes et qui sont édictées dans son intérêt. Ce sont, à proprement parler, les règles que l'État impose aux cultes reconnus en échange de la protection qu'il leur assure ; ce sont celles surtout que nécessite l'obligation pour l'État de faire respecter sa souveraineté.

Il intervient dans l'organisation du culte, dans l'administration, soit des intérêts temporels, soit même des intérêts spirituels ; il surveille les actes des membres du clergé ; en dehors des dispositions pénales qu'il applique, il exerce une haute juridiction, d'un caractère particulier, sur les ministres du culte. Tout cet ensemble de règles constitue, avec celles que nous avons déjà vues, la surveillance de l'État.

L'État intervient dans l'organisation et l'administration du culte. Ses droits à cet égard sont fixés par le Concordat pour le culte catholique. Il règle, par des lois ordinaires, la situation des autres cultes. En ce qui concerne le culte israélite, de nombreux décrets et ordonnances ont organisé cette réglementation, qui comprend, entre autres matières, le mode de nomination des ministres du culte et de ceux qui sont appelés à faire partie des établissements et administrations relatifs au culte, la désignation du corps électoral, le mode de suspension ou de révocation de ceux qui concourent à l'autorité religieuse, leurs attributions et fonctions, la division des circonscriptions du culte. Nous étudierons plus loin, en nous restreignant au culte israélite, cette réglementation qui est spéciale à chaque culte.

Il est d'autres règles qui sont, ici encore, communes à tous les cultes reconnus. Les unes ont pour but d'empêcher une trop grande extension de leur influence ou de leur appliquer le droit commun des établissements publics ; d'autres régissent les rapports de l'autorité ecclésiastique avec l'autorité civile, soit pour prévenir tout conflit, soit pour assurer l'ordre public ; quelques-unes ont pour base le droit qui appartient à l'État de connaître l'organisation intérieure du culte, afin que cette organisation ne subisse aucun changement sans son consentement ; il en est enfin qui ont pour but de faire respecter l'autorité publique par les ministres du culte, et d'interdire toute correspondance avec les puissances étrangères sur des matières de religion.

On peut rattacher au même ordre d'idées les sanctions diverses par lesquelles l'État assure sa suprématie et sa surveillance, les diverses dispositions prévues par les lois pénales, le recours pour abus et le droit qui appartient à l'Etat de supprimer les traitements des ministres du culte, mesures dont plusieurs sont prises, soit dans l'intérêt des particuliers, soit dans l'intérêt du culte même, mais dont le plus grand nombre a pour but d'assurer à l'Etat l'obéissance à laquelle il a droit.

§ 1er. — Mesures prises pour empêcher l'extension de l'influence des cultes reconnus.

Il en est ainsi à certains égards des incompatibilités nombreuses prévues par différentes lois. C'est en tout cas ce qui explique l'interdiction d'acquérir à titre gratuit, interdiction qui est absolue pour les ministres du culte;

mais qui peut, en ce qui concerne les établissements du culte, être levée par l'autorisation gouvernementale.

C'est d'une idée analogue et en même temps du souci de rétablir, au point de vue fiscal, l'égalité entre les particuliers et les établissements publics, que s'est inspiré le législateur quand il a établi la taxe des biens de mainmorte.

Depuis la loi du 18 avril 1831, article 17, les établissements publics, parmi lesquels figurent les consistoires, sont assujettis à tous les droits proportionnels d'enregistrement et de transcription, dont l'article 7 de la loi du 16 juin 1824 les avait dispensés. Mais les biens possédés par les consistoires ne pouvaient donner lieu à la perception des droits de mutation par décès. Une loi du 20 février 1849 a établi sur les biens immeubles passibles de la contribution foncière appartenant aux consistoires. comme sur ceux appartenant aux autres établissements publics, une taxe annuelle représentative des droits de transmission entre vifs et par décès. Cette taxe, fixée d'abord à 62 centimes 1/2 par franc du principal de la contribution foncière, a été élevée par la loi du 30 mars 1872 à 70 centimes par franc. Il faut y joindre le double décime par franc fixé par la loi du 23 août 1871, article 2, et les 5 0/0 du principal établis par la loi du 30 décembre 1873, article 2, de sorte que l'impôt est de 87 centimes 1 2 par franc. Si les propriétés deviennent imposables à la taxe dans le cours de l'année, elles y sont assujetties à partir du premier du mois pendant lequel elles en sont devenues passibles et cotisées par voie de rôle supplémentaire (1).

La taxe des biens de mainmorte n'est payée que pour les biens appartenant aux établissements. S'ils n'en ont

____

(1) Loi du 29 décembre 1884, art. 2.

que l'usufruit, elle n'est pas due. S'ils n'en ont que la nue
propriété, doivent-ils la taxe ? On avait prétendu que
cette taxe, comme les autres impôts directs, doit être pré-
levée sur les fruits et revenus, et que, là où il n'y a pas
encore de fruits, il ne peut y avoir d'impôt, que d'ailleurs
la taxe étant assise sur les mêmes biens que la contribution foncière, et celle-ci étant payée par l'usufruitier et non
par le nu propriétaire, les immeubles dont les établissements n'ont encore que la nue propriété doivent, jusqu'à
l'extinction de l'usufruit, être considérés comme n'étant
pas à leur égard passibles de l'impôt foncier. Mais la loi
ne fait aucune distinction et n'a point créé d'exemption
dans ce cas (1). Mais la taxe n'est alors calculée qu'à
raison de 70 centimes par franc, plus les décimes, de la
moitié du principal de la contribution foncière (2).

Si l'immeuble est affermé par bail emphytéotique, le
Conseil d'État décide que la taxe est à la charge de l'établissement bailleur, d'après la totalité de la contribution
foncière établie sur l'immeuble (3). Mais la Cour de cassation (4) décide que le bail emphytéotique opère la division de la propriété en deux parties égales, dont l'une
demeure en propre au bailleur, tandis que l'autre appartient au preneur. La décision du Conseil d'État est évidemment inspirée par la préoccupation des difficultés qui
se présenteraient en cas de contestation sur le caractère
du bail, mais elle est contradictoire avec la solution que
la haute assemblée a elle-même acceptée en matière d'usufruit, et elle est assurément injuste, car elle fait peser une
lourde charge sur des établissements dignes d'intérêt, et

(1) Cons. d'État, 28 décembre 1850 (Dall., 1851, III, 50).
(2) Cons. d'État, 14 décembre 1868 (Dall., 1890, III, 94).
(3) Cons. d'État, 3 février 1853 (Dall., 1853, III, 39).
(4) 6 mars 1850 (Dall., 1850, I, 129).

elle exonère de tout impôt foncier le preneur emphytéotique qui a cependant la plupart des avantages de la propriété.

On peut encore ranger dans cette catégorie celles des dispositions légales qui sont ordonnées dans l'intérêt du culte sans doute, ainsi que nous l'avons dit, mais qui tendent aussi à permettre l'intervention de l'État, comme les règles qui régissent les acquisitions à titre onéreux, les aliénations, les actions, et d'une façon générale l'administration des biens, spécialement les règles relatives à la comptabilité (1), qui assurent la bonne gestion des deniers des fabriques et des consistoires, mais qui sont également inspirées par le désir de faciliter la surveillance de l'État.

§ 2. — Dispositions relatives aux rapports des autorités ecclésiastiques avec l'autorité civile.

1. — Usage des cloches.

Il est d'autres dispositions qui ont pour but de prévenir les conflits entre les autorités ecclésiastiques et l'autorité civile. Telles sont celles relatives à l'usage des cloches. L'art. 100 de la loi du 5 avril 1884 dispose qu'elles sont affectées spécialement aux cérémonies du culte :

« Néanmoins, elles peuvent être employées dans les cas de péril commun qui exigent un prompt secours, et dans les circonstances où cet emploi est prescrit par des dispositions de loi ou règlements ou autorisé par les usages locaux. Les sonneries religieuses comme les sonneries civiles feront l'objet d'un règlement

______

(1) Loi du 27 janvier 1892. — Décrets du 27 mars 1893.

concerté entre l'évêque et le préfet ou entre le préfet et les consistoires et arrêté en cas de désaccord par le ministre des cultes ».

L'article 101 ajoute :

« Une clef du clocher sera déposée entre les mains des titulaires ecclésiastiques, une autre entre les mains du maire qui ne, pourra en faire usage que dans les circonstances prévues par les lois ou règlements. Si l'entrée du clocher n'est pas indépendante de celle de l'église. une clef de la porte sera déposée entre les mains du maire. »

Un projet de règlement émané du ministère des cultes, en date du 17 août 1884, prévoit les diverses circonstances qui permettent au maire de faire sonner les cloches, par exemple pour annoncer le passage officiel du Président de la République, ou bien la veille et le jour des fêtes nationales ou locales, ou encore lorsqu'il sera nécessaire de réunir les habitants pour prévenir ou arrêter quelque accident de nature à exiger leur concours, comme dans les cas d'incendie, d'inondation, d'invasion ou d'émeute (1), ou pour annoncer l'heure de la fermeture des cabarets ou les heures d'ouverture et de fermeture du scrutin les jours d'élection lorsque les traditions locales auront conservé cet usage (2). Le même projet fixe, dans l'article 7, la durée des sonneries. interdit la sonnerie des cloches en volée pendant les orages (3), et permet au maire, en cas de danger résultant de ce que le clocher n'est pas solide, d'interdire provisoirement les sonneries, sur l'avis conforme d'un architecte et après en avoir référé au préfet.

---

(1) Art. 4.
(2) Art. 5, 2° et 5°.
(3) Art. 8.

Il y a d'ailleurs lieu de remarquer qu'aucune sanction n'est prévue par l'article 100 de la loi du 5 avril 1884, que dès lors l'article 471, n° 15 du Code pénal, qui punit les contraventions aux règlements légalement faits par l'autorité administrative, n'est pas applicable aux arrêtés de ce genre, qui sont concertés entre l'autorité ecclésiastique et l'autorité administrative (1).

II. — Pavoisement et illuminations.

Lorsque les édifices du culte sont des propriétés communales, les municipalités peuvent exiger que la façade en soit pavoisée et illuminée les jours de fêtes nationales, à condition de prendre la dépense à leur charge (2).

III. — Prières publiques.

Le Gouvernement peut ordonner des prières publiques extraordinaires (3). A chaque messe paroissiale, il doit être adressé une prière pour le Gouvernement (4). Les prières publiques ordonnées par l'article 1er de la loi constitutionnelle du 16 juillet 1875 ont été supprimées par la loi du 14 août 1884 portant revision des lois constitutionnelles.

IV. — Fêtes.

Aucune fête ne peut être établie sans la permission du

(1) Cass., 13 mai 1887 (Rir. 1887, I, 336).
(2) Circulaire ministérielle du 13 juin 1882.
(3) Art. org. du culte catholique, art. 49.
(4) Art. org. du culte catholique, art. 51. — Art. org. des cultes protestants, art. 3. — Décret du 17 mars 1808 relatif aux Israélites, art. 24-5°.

Gouvernement. Une autorisation par décret suffit pour l'établissement d'une fête religieuse, mais s'il s'agit de l'établissement d'un jour férié légal, une loi est nécessaire; c'est du moins ce qu'on peut inférer du précédent créé par la loi du 8 mars 1886 déclarant jours fériés légaux les lundis de Pâques et de la Pentecôte. Ces fêtes n'ont d'ailleurs qu'un caractère civil.

V. — Registres de l'état-civil

Les registres tenus par les ministres du culte n'ont aucune valeur légale. Ils ne peuvent suppléer les registres de l'état-civil. Néanmoins ils ne sont pas prohibés. Ils peuvent même, dans certaines circonstances exceptionnelles, remplacer, dans une certaine mesure, les registres de l'état-civil détruits. A la suite des événements de 1871, les lois des 10 juillet 1871 et 12 février 1872 ordonnèrent la reconstitution des actes de l'état-civil détruits pendant l'insurrection. Lors de la réunion à Paris, en 1860, des communes suburbaines, les doubles des registres conservés dans les mairies avaient été déposés à l'Hôtel de Ville. L'incendie simultané du Palais de Justice et de l'Hôtel de Ville détruisit les doubles conservés au greffe et ceux antérieurs à 1860 centralisés au dépôt de l'Hôtel de Ville. La loi du 12 février 1872 ordonne que les actes détruits seront rétablis au moyen de tous documents, notamment des registres tenus par les ministres des différents cultes.

§ 3. — Mesures tendant à faciliter l'intervention et la surveillance de l'État.

L'État exige que les cultes reconnus lui fassent connaître leur organisation intérieure et ne la modifient pas sans son consentement. C'est en effet une condition toute naturelle de la protection qu'il leur accorde.

« Si la désobéissance aux lois, le mépris des magistrats et des autorités constituées, si le refus du service militaire, si la transgression des règles qui constituent la famille et l'union conjugale faisaient partie de leur symbole, pense-t-on que ces sectes fussent autorisées sans examen préalable au public exercice de leur culte ? » (1).

Cet examen préalable est aussi nécessaire lorsqu'il s'agit de modifications ultérieures, qu'elles viennent d'une autorité ecclésiastique supérieure établie hors de France, ou qu'elles soient ordonnées par une assemblée siégeant en France.

C'est pour ce motif que l'article 54 de l'ordonnance du 25 mai 1844 dispose :

« Aucune assemblée délibérante ne pourra être formée, aucune décision doctrinale ou dogmatique ne pourra être publiée ou devenir la matière de l'enseignement sans une autorisation expresse du gouvernement. »

Les articles organiques des cultes protestants ont précisé les formalités à remplir pour la tenue des assemblées délibérantes (2). Il doit être préalablement donné connaissance au ministre des cultes des matières qui y seront traitées ; le préfet ou le sous-préfet doivent être présents ; le préfet adresse une expédition du procès-verbal des délibérations au ministre des cultes. Ces formalités seraient sans doute imposées, bien que la loi n'ait rien

____

(1) Portalis, Rapport sur le projet de loi tendant à allouer des traitements aux ministres du culte israélite sur les fonds du Trésor public. (Chambre des pairs, séance du 29 janvier 1831. *Moniteur* du 30). ·

(2) Art. 30 et 42.

prévu, aux assemblées délibérantes du culte israélite, si le gouvernement venait à en autoriser la tenue.

L'article 56 de l'ordonnance du 25 mai 1844 interdit aux ministres du culte israélite de donner aucune instruction ou explication de la loi qui ne soit conforme aux décisions des assemblées· synodales qui seraient autorisées. C'est toujours la même pensée : interdire toute modification, soit au dogme, soit à la discipline, dont le gouvernement n'ait pas eu connaissance et qu'il n'ait pas approuvée. L'ordonnance va même plus loin. Les consistoires sont chargés de veiller à ce qu'il ne se forme, sans autorisation, aucune assemblée de prières (1).

Ces dispositions ont pour sanction la déclaration d'abus contre les ministres du culte coupables de les avoir enfreintes, la suppression de l'acte s'il est possible de le détruire, sans préjudice du droit pour le gouvernement de supprimer le traitement du ministre du culte.

Néanmoins la disposition de l'article 20 *in fine* de l'ordonnance du 25 mai 1844, relative à l'interdiction des assemblées de prières est dépourvue de toute sanction. En effet, la matière réglementée par l'ordonnance, c'est-à-dire l'organisation du culte israélite, ne rentre pas dans la catégorie des objets de police confiés à la vigilance de l'autorité administrative ou de l'autorité municipale, soit par la loi des 16-24 août 1790, soit par la loi des 19-22 juillet 1791, soit par d'autres dispositions législatives, d'où il suit que les infractions aux prohibitions de cette ordonnance ne trouvent pas de sanction dans la pénalité de l'article 471-15° du Code pénal (2). Cependant si cette assemblée de prières avait été provoquée ou présidée par un rabbin, le recours pour abus serait ouvert contre ce rabbin.

(1) Art. 20 *in fine*.
(2) Cass. crim., 23 août 1851 (Dall., 1851, I, 339).

§ 4. — Mesures tendant à assurer le respect de l'autorité publique.

I. — Critiques, censures ou provocations dirigées contre l'autorité publique dans un discours ou écrit pastoral.

D'autres dispositions légales tendent à assurer le respect de l'autorité publique par les ministres du culte. L'État a le droit d'exiger d'eux, comme de tous les autres citoyens, qu'ils se conforment aux lois et règlements, ils n'ont et ne sauraient avoir aucun privilège à cet égard. Mais comme il peut craindre l'influence que leur donne leur autorité morale lorsqu'ils agissent dans l'exercice de leur ministère, il leur interdit de plus de critiquer les actes du gouvernement et de provoquer les citoyens à la désobéissance aux lois. Tel est le but des articles 201 à 206 du Code pénal.

Les articles 201 à 203 prévoient le cas de discours prononcés publiquement par les ministres du culte dans l'exercice du ministère. S'il s'agit de la critique ou censure du gouvernement, d'une loi, d'un décret ou de tout acte de l'autorité publique, la peine est de trois mois à deux ans d'emprisonnement (1). S'il y a provocation directe à la désobéissance aux lois ou excitation, même indirecte, à la guerre civile, le ministre du culte est puni de deux à cinq ans d'emprisonnement si la provocation n'a été suivie d'aucun effet, et du bannissement si elle a donné lieu à une désobéissance, autre toutefois que celle qui aurait dégénéré en sédition ou révolte (2). S'il y a eu

(1) Art. 201.
(2) Art. 202.

sédition ou révolte, la peine est la même que celle prononcée contre les coupables (1).

Les articles 204 à 206 punissent les critiques, censures ou provocations dirigées contre l'autorité publique dans un écrit pastoral. Les peines sont plus fortes : l'acte est plus réfléchi et il a une plus grande portée. La critique simple est punie du bannissement (2) ; la provocation à la désobéissance aux lois ou à la guerre civile est punie de la détention si elle n'a pas été suivie d'effet (3), de la même peine que celle prononcée contre les coupables en cas de sédition ou de révolte (4).

Ici la loi n'exige pas la publicité ; il suffit que l'écrit soit sorti des mains de son auteur, fût-ce clandestinement, mais elle parle d'écrit contenant des instructions pastorales. Qu'est-ce à dire ? On a soutenu qu'il ne peut s'agir que des écrits émanés des hautes autorités ecclésiastiques, comme les évêques, qui seuls ont le droit de publier des instructions pastorales (5). Cependant la loi parle d'instructions pastorales, *en quelque forme que ce soit*, sans préciser autrement. De plus la rubrique de la section III est conçue dans les mêmes termes que celle de la section II. Celle-ci porte : « Critiques, censures ou provocations dirigées contre l'autorité publique dans un discours prononcé publiquement. » La rubrique de la section III est ainsi conçue : « Critiques, censures ou provocations dirigées contre l'autorité publique dans un écrit pastoral. » On ne voit pas pourquoi ce qui est interdit aux ministres

(1) Art. 203.
(2) Art. 204.
(3) Art. 205.
(4) Art. 206.
(5) Rapport de M. Suin au Conseil d'État, décret du 30 mars 1861. (Béquet, *Répertoire*, vᵒ cultes, nᵒ 600).

du culte lorsqu'ils prêchent leur serait permis lorsqu'il s'agit d'un écrit, ou tout au moins ne serait plus alors puni que comme si l'écrit émanait d'un autre citoyen, dépourvu de l'influence morale que donnent aux ministres du culte les fonctions sacerdotales. En l'absence de toute précision dans le texte de l'article 204, il semble bien qu'on doive l'entendre, comme l'article 201, d'un écrit pastoral émané de tout ministre du culte. Si d'ailleurs on acceptait la solution restrictive proposée par certains auteurs, les articles 204 à 206 ne s'appliqueraient pas aux cultes protestants et israélite. Dans les cultes protestants il n'y a aucune hiérarchie entre les pasteurs, dans le culte israélite les grands-rabbins n'ont aucunement le pouvoir de publier des instructions pastorales ; ils n'ont qu'un droit de surveillance et d'admonition sur les rabbins et ministres officiants de leur circonscription (1). Or les motifs qui expliquent les articles 204 à 206 s'appliquent à tous les cultes reconnus.

Il faut en conclure qu'il s'agit, dans ces articles, de tout écrit émané d'un ministre du culte agissant en cette qualité, dans l'exercice de son ministère, comme dit l'article 201 ; par exemple d'une affiche apposée dans l'église, dans le temple ou dans la synagogue ; d'une lettre ou circulaire distribuée aux fidèles pendant les offices religieux ou au cours d'une cérémonie religieuse. Il en serait autrement d'une lettre ou circulaire dans laquelle le ministre du culte aurait fait suivre son nom de sa qualité, si d'ailleurs il n'agissait pas dans l'exercice de son ministère, car la liberté de la presse existe pour lui comme pour tous les citoyens. On ne peut entendre un écrit pastoral que dans le sens d'écrit émané du ministre du culte agissant dans

____

(1) Ord. du 25 mai 1844, art. 38 et 43.

ses fonctions. Il est nécessaire de faire la distinction, pour subtile qu'elle soit.

II. — Correspondances avec l'étranger.

Les dispositions qui interdisent aux ministres du culte de correspondre avec des puissances étrangères sur des matières de religion, sont inspirées par le même besoin de maintenir la tranquillité publique et d'assurer la souveraineté de l'État. L'autorisation préalable du ministre des cultes est nécessaire. Les infractions à cette règle sont punies d'une amende de 100 à 500 francs et d'un emprisonnement d'un mois à deux ans (1). Si la correspondance a été accompagnée ou suivie d'autres faits contraires aux dispositions formelles d'une loi ou d'un décret, la peine est celle du bannissement (2).

S'il s'agit de relations verbales, la loi est encore applicable, bien que le texte de l'article 207 semble exiger un écrit ; sinon il serait trop aisé de l'éluder, d'autant mieux que les ministres des cultes reconnus sont astreints à la résidence ; il y aurait toutefois lieu de faire exception pour le cas où l'autorisation de s'absenter aurait été accordée, puisque tout a été régulier.

Ces dispositions ne paraissent pas avoir été jamais appliquées.

D'autre part, on conçoit difficilement que, dirigées contre le culte catholique, dont le chef est à l'étranger, et contre les cultes protestants, dont certaines décisions peuvent être inspirées par des autorités étrangères, elles puissent atteindre le culte israélite, qui ne reçoit aucune inspiration du dehors, dont aucune autorité religieuse

(1) C. pén., art. 207.
(2) C. pén., art. 208.

établie à l'étranger n'a le pouvoir de fixer la doctrine ou le dogme, dont l'organisation disciplinaire ne relève que de la loi française, dont le clergé est essentiellement national. On n'aperçoit pas quelle correspondance pourrait être entretenue par les ministres de ce culte, avec une cour ou puissance étrangère sur des matières de religion. Il ne pourrait s'agir que de demandes de renseignements relatives à ces matières, et ce serait entendre bien étroitement l'article 207 que de l'appliquer en cette circonstance.

Cependant, bien que les termes de l'article 207 soient très précis et bien qu'il ne vise que les correspondances avec les cours ou puissances étrangères, il y aurait lieu de l'étendre, par analogie de motifs, aux correspondances avec les synodes ou assemblées tenues à l'étranger. En effet, les décisions de ces assemblées ne peuvent être publiées ou devenir la matière de l'enseignement sans l'autorisation gouvernementale (1).

Il y a donc lieu d'interdire les correspondances qui seraient de nature à amener cette publication. En conséquence si un congrès de rabbins délibérait à l'étranger sur des questions de dogme ou de discipline, si une réunion d'Israélites tenue à l'étranger traitait de questions d'administration religieuse, de même que les décisions prises n'auraient aucune autorité en France, si le Gouvernement ne donnait pas son assentiment, de même les ministres du culte ne pourraient recevoir ces décisions par correspondance officielle. Sans doute les lois pénales ne peuvent être étendues au delà de leurs termes exprès ; néanmoins il faut bien, si l'on veut donner un sens à l'article 207 du Code pénal, en tant qu'il s'applique au culte israélite, adopter cette interprétation.

(1) Ord. du 25 mai 1844, art. 54 et 56.

Section IV. — Sanctions

Les dispositions légales édictées contre les ministres des cultes reconnus ont des sanctions diverses. Les unes sont des pénalités prévues par les lois qui édictent la disposition. D'autres ont un caractère tout différent. Elles constituent ce qu'on appelle la juridiction gouvernementale de l'État : ce sont la déclaration d'abus et la suppression de traitement.

§ 1er. — Sanctions pénales.

Nous avons vu, au fur et à mesure que nous rencontrions les prescriptions ou prohibitions de la loi, les sanctions pénales qui sont attachées à chacune d'elles; nous n'avons pas y revenir.

Il nous reste à parler de l'abus et de la suppression de traitement.

§ 2. — Recours pour abus.

I. — Cas d'abus prévus par l'article 6 de la loi du 18 germinal an X.

Le recours pour abus, qui tend à faire respecter le principe de la séparation de la religion et de l'ordre civil, s'applique tout naturellement au culte israélite. Il est prévu par l'article 55 de l'ordonnance du 25 mai 1844 :

« Toutes entreprises des ministres du culte israélite, toutes discussions qui pourront s'élever entre eux, toute atteinte à l'exercice du culte et à la liberté garantie à ces ministres, nous seront déférées en notre Conseil d'État, sur le rapport de notre ministre des cultes, pour être par nous statué ce qu'il appartiendra. »

Il n'est pas ici question, comme dans l'article 6 des articles organiques du culte catholique, « d'usurpation, d'excès de pouvoir, de contravention aux lois et règlements de la République, d'entreprises ou procédés pouvant, dans l'exercice du culte, compromettre l'honneur des citoyens, troubler arbitrairement leur conscience, dégénérer contre eux en oppression, injures ou scandale public. » Mais il n'est pas douteux que ces cas d'abus, qui peuvent se rencontrer dans tous les cultes, ne soient compris sous les mots « toutes entreprises des ministres du culte israélite. » Il en est ainsi sans contestation pour les cultes protestants ; or l'article 6 des articles organiques des cultes protestants est conçu à peu près dans les mêmes termes que l'article 55 de l'ordonnance du 25 mai 1844. Déjà, en 1804, le Conseil d'État a déclaré qu'il y a abus dans l'exclusion injustifiée des cérémonies du culte, prononcée par un rabbin et dans le refus de sacrements (1).

C'est également en se référant aux dispositions des articles organiques du culte catholique qu'on a pu former un recours pour abus contre un rabbin qui avait refusé de recevoir un serment *more judaïco* (2). Il s'agissait évidemment d'entreprise pouvant dégénérer en oppression contre les citoyens. C'est encore de ces dispositions qu'on s'est inspiré en déférant au Conseil d'État pour abus

___

(1) Conseil d'État, 9 frimaire an XIII, affaire Lévy-Bloch. (Lebon, *Recueil des arrêts du Conseil d'État, 1800-1816*, p. 30).
(2) Cons. d'État, 27 août 1845. (D. 1846, III, 34).

un rabbin qui avait excommunié certaines personnes et défendu au *schohet* de leur vendre de la viande (1).

On est d'accord pour admettre que l'article 55 de l'ordonnance du 25 mai 1844 doit être complété par l'article 6 des articles organiques du culte catholique.

II. — Cas d'abus prévus par l'ordonnance du 25 mai 1844.

Les cas d'abus spéciaux au culte catholique — infraction aux règles des canons reçus en France, et attentat aux libertés, franchises et coutumes de l'Eglise gallicane — sont évidemment inapplicables au culte israélite. L'article 56 de l'ordonnance du 25 mai 1844 interdit aux ministres du culte israélite « de donner aucune instruction ou explication de la loi qui ne soit conforme aux décisions du grand sanhédrin ou aux décisions des assemblées synodales qui seraient ultérieurement autorisées. »

C'est la même pensée. Il faut toutefois remarquer que les décisions du grand sanhédrin, réuni en 1807, n'ont nullement trait à des matières d'ordre religieux. Cette assemblée, instituée par Napoléon Ier comme étant la plus haute représentation des adhérents du culte israélite, a pris plusieurs décisions doctrinales enjoignant aux Juifs récemment émancipés de pratiquer toutes les lois françaises, dont quelques-unes semblaient contraires aux habitudes des Juifs établis en France, notamment celles relatives aux devoirs politiques, comme le service militaire (2), à l'exercice des professions utiles (3), et au

(1) Cons. d'État, 22 janvier 1867, affaire Sébaoun. (Lebon, 1867, p. 1013).
(2) Décision 6.
(3) Décision 7.

prêt à intérêt (1). Il ne faut donc pas, comme on le fait quelquefois (2), dire que l'article 56 de l'ordonnance remplace la disposition des articles organiques du culte catholique relative aux libertés de l'Église gallicane, ainsi qu'aux canons reçus en France. C'est exact pour les décisions des assemblées synodales, mais non pour les décisions doctrinales du grand sanhédrin. Celles-ci ne représentent nullement ce qu'on pourrait appeler les canons du culte israélite, ou les coutumes de ce culte, qui n'en avait pas, puisqu'il n'avait aucune existence légale, et le grand sanhédrin n'a pas été un synode ou concile général appelé à délibérer sur des matières religieuses. Ce cas d'abus est en réalité un cas spécial qui n'a d'équivalent dans aucun autre des cultes reconnus.

Cependant, s'il n'y a pas dans le culte israélite de « canons reçus en France », il y a un ensemble de règles qui fixent l'organisation de ce culte. Les consistoires ont certains pouvoirs disciplinaires qu'ils exercent, soit sous le contrôle du ministre des cultes, soit en dernier ressort et sans appel possible à ce ministre, puisque les ordonnances et décrets n'ont pas prévu ce recours. Lorsqu'un acte du consistoire est soumis à l'approbation du gouvernement, il devient un acte administratif et ne peut être attaqué que par la voie du recours pour excès de pouvoir et non par la voie du recours pour abus. Si au contraire cet acte est définitif et non susceptible d'un recours devant le ministre des cultes, il y aurait lieu au recours pour abus, par analogie de ce que décide le 6me des articles organiques du culte catholique, quand il prévoit l'infraction aux règles consacrées par les canons reçus en France. Mais le Conseil d'État n'examinerait pas la question

(1) Décisions 8 et 9.
(2) Gaudry, *Traité de la législation des cultes*, III, n° 1343.

au fond, car il y aurait alors empiètement du pouvoir temporel sur le pouvoir spirituel ; il se conten-
terait de voir si les règles prescrites par la loi ont été
observées.

Parmi les dispositions de l'article 55 de l'ordonnance de
1844 qui prévoient ces cas d'abus applicables au culte
israélite, il en est une qui est obscure et qui a soulevé
quelques difficultés, d'ailleurs d'intérêt purement théorique. « Toutes discussions qui pourront s'élever entre
ces ministres », dit le texte. On s'est demandé de quelles
discussions il peut s'agir. Il ne peut être question des difficultés relatives aux intérêts civils qui sont du ressort des
tribunaux, pas davantage des questions de dogme et de
discipline qui sont tranchées par le consistoire central,
armé du droit de censure, de suspension et de révocation
sous certaines distinctions. On a prétendu qu'il s'agit des
discussions qui peuvent naître entre les ministres du culte
sur leur compétence et sur leurs droits. Soit ! mais on ne
conçoit guère que des difficultés de cette nature puissent
s'élever. L'ordonnance de 1844 est très précise et ne peut
laisser aucun doute sur la compétence respective des
ministres du culte israélite ; il faut ajouter que ces ministres sont peu nombreux et que les empiètements sont dès
lors presque impossibles : enfin le pouvoir disciplinaire qui
appartient au consistoire central suffit à empêcher tout
différend sur la compétence. On ne peut guère supposer
qu'un abus de pouvoir du grand-rabbin du consistoire central vis-à-vis des autres ministres du culte ou des grands
rabbins des consistoires départementaux vis-à-vis des rabbins communaux et des ministres officiants. Aux termes de
l'article 38, le grand rabbin du consistoire central a le
droit de surveillance et d'admonition à l'égard de tous
les ministres du culte ; le même droit de surveillance
(et non d'admonition) appartient aux grands rabbins

des consistoires départementaux sur les rabbins communaux et ministres officiants de leur circonscription (1). Il y a donc dans le culte israélite une hiérarchie, mais dont tout l'effet se borne à un pur droit de surveillance. Les pouvoirs disciplinaires sont réservés aux consistoires. Or les membres des consistoires ne sont pas ministres du culte, et ce n'est pas d'eux qu'il s'agit dans l'article 55. La seule application du recours pour abus dans ce cas ne peut donc viser que les actes des grands rabbins et le cas où ils ont excédé leur droit de surveillance ou d'admonition, par exemple si l'un d'eux a prononcé une peine contre un rabbin ou un ministre officiant. C'est une des formes du recours pour abus fondé sur l'usurpation de pouvoir. On n'aperçoit pas d'autre application possible de ce cas d'abus.

Nous avons déjà dit que les décisions des consistoires ne donnent pas, en général, ouverture au recours pour abus. Aucune question de cette nature ne peut se poser dans l'examen de l'organisation du culte catholique, dans lequel les ministres du culte sont seuls chargés des intérêts religieux, les fabriques ne s'occupant que des intérêts temporels, de l'administration. Elle est, au contraire, toute naturelle dans l'étude des autres cultes reconnus. Pour ne parler que du culte israélite, le consistoire central et les consistoires départementaux ont, à côté de leurs attributions administratives, de nombreuses attributions religieuses, ainsi que nous le verrons : notamment ils concourent à la nomination des ministres du culte et ont à leur égard des pouvoirs disciplinaires, — ils font les règlements relatifs à l'exercice du culte, — ils exercent un contrôle sur la doctrine. Ils s'occupent donc des intérêts spirituels. Leurs décisions à cet égard sont-elles susceptibles d'être attaquées par la voie du recours pour abus ?

(1) Art. 43.

Cette voie de recours a pour but de faire respecter le principe de la séparation de la religion et de l'ordre civil. Elle est instituée, soit dans l'intérêt du culte, soit dans l'intérêt des particuliers, soit dans l'intérêt du pouvoir civil. Dans l'une et l'autre de ces hypothèses, on peut concevoir que les décisions des consistoires puissent violer les droits ou des ministres du culte, ou de l'autorité civile, ou des particuliers. C'est ainsi qu'on peut supposer un excès de pouvoir commis à l'encontre des rabbins, ou une infraction aux dispositions des décrets et ordonnances relatifs au culte israélite, — contravention aux lois et réglements de la République, — ou bien encore une violation des droits des membres des communautés, par exemple le refus injustifié d'inscription sur les listes électorales ou la violation des droits appartenant aux fidèles en ce qui concerne leurs places dans les synagogues. Dans quelques-uns de ces cas, le consistoire agit comme autorité administrative ; mais lorsqu'il agit comme autorité religieuse, à l'occasion de l'exercice du culte, on peut se demander s'il y a lieu au recours pour abus.

La raison de douter, c'est que les membres des consistoires ne sont pas ministres du culte. Ils ne sont protégés par aucune des dispositions édictées dans l'intérêt des membres du clergé, ni par les articles 222 et suivants, ni par les articles 262 et 263 du Code pénal. En effet, le titre II de l'ordonnance du 25 mai 1844 ne comprend sous la rubrique « ministres du culte » que les rabbins et les ministres officiants et non les membres des consistoires. Or l'article 6 de la loi du 18 germinal an X, qui forme le principal texte de la législation relative à l'abus, ne parle que des « personnes ecclésiastiques. » De même l'article 55 de l'ordonnance de 1844 ne parle également que des entreprises des ministres du culte israélite, et, quand il parle des « atteintes à l'exercice du culte et à la liberté garantie à ses ministres » il vise manifestement les cas d'abus de la part des autorités civiles.

De plus, les attributions des consistoires sont ou administratives, — et le recours pour abus ne saurait s'appliquer aux actes qu'ils accomplissent en vertu de ces attributions, — ou disciplinaires, auquel cas ils agissent comme représentant l'État et sous son contrôle.

Cependant quand les consistoires exercent des attributions purement religieuses, il faut bien admettre que le recours pour abus est possible, sinon il serait inapplicable dans ces cas. Ainsi nous avons vu que, dans les cas où les consistoires statuent sans recours possible devant le ministre des cultes, le recours pour abus serait ouvert au rabbin frappé d'une peine disciplinaire. Il en serait de même en cas de contravention aux lois et règlements, par exemple si une publication non autorisée par le gouvernement était faite par un consistoire (art. 56 de l'ordonnance.) Le fait est d'ailleurs de nature à se produire rarement : les consistoires sont en effet composés d'hommes qui, n'appartenant pas au sacerdoce, se rendent mieux compte que les ministres du culte des nécessités de la vie civile et politique.

Si l'on excepte ces cas, les décisions des consistoires ne peuvent donner lieu qu'au recours pour excès de pouvoir, quand elles ont un caractère administratif, et ne sont pas susceptibles d'un recours devant le ministre des cultes.

A plus forte raison en serait-il de même des décisions des divers collèges électoraux appelés à nommer les ministres du culte. C'est là un acte purement administratif, accompli par une autorité qui n'a rien d'ecclésiastique et qui agit sous le contrôle de l'État.

C'est donc par une méprise singulière qu'un auteur (1)

(1) Labbé, *Du recours pour abus au XIXᵉ siècle*, p. 304.

admet le recours pour abus lorsque, dans l'élection des grands-rabbins des consistoires départementaux et des rabbins communaux, les formes prescrites par la loi n'ont pas été observées. Il fait remarquer que, alors que l'article 34 de l'ordonnance de 1844 confère au ministre des cultes le droit de prononcer définitivement sur les réclamations en matière d'élections consistoriales, le même droit ne lui est pas conféré par l'article 45 en matière d'élections des grands-rabbins départementaux, ni par l'article 48 en matière d'élections des rabbins communaux. Il en conclut que les réclamations relatives à ces élections ne sont pas du ressort du ministre des cultes, ce qui est évident, et qu'elles doivent être portées devant le Conseil d'État par la voie du recours pour abus, ce qui est fort contestable. Tout d'abord lorsqu'il s'agit d'élections de rabbins communaux, on ne voit pas comment le candidat aux fonctions de rabbin, qui souvent n'est pas encore ministre du culte, pourrait former un recours qui n'est ouvert précisément qu'aux ministres du culte ou contre eux ; et s'il en est ainsi dans ce cas, il doit en être de même dans les autres. Quelle que soit la valeur de cette observation, c'est se méprendre sur le but du recours pour abus que de l'appliquer dans des circonstances où il s'agit, non pas de faire respecter le principe de la séparation de la religion et de l'ordre civil, ou les droits et la liberté des ministres du culte, mais de statuer sur la validité d'actes purement administratifs, bien qu'ils aient trait à des matières religieuses, accomplis par des autorités qui ne sont pas ecclésiastiques.

Il faut en conclure que ce n'est pas par la voie du recours pour abus, mais par la voie du recours pour excès de pouvoir que les réclamations peuvent se produire.

La distinction n'est pas indifférente. Le recours pour

abus est un acte gouvernemental et non un acte contentieux ; il en est autrement du recours pour excès de pouvoir. Le recours pour abus est introduit devant le
ministre des cultes, qui le porte à l'assemblée générale du
Conseil d'État ; aucun délai n'est imparti ; la déclaration
d'abus est prononcée par décret. Au contraire, le recours
pour excès de pouvoir est introduit directement devant la
section du contentieux ; il doit être formé dans les trois
mois ; il est admis, s'il y a lieu, par un arrêt du Conseil
d'État, et non par une décision gouvernementale. De plus
l'acte abusif n'est pas toujours supprimé ; en cas d'excès
de pouvoir, l'acte est toujours annulé.

III. — Réciprocité du recours pour abus.

Le droit de recours pour abus est réciproque. C'est ce
qu'expriment ces mots de l'article 55 de l'ordonnance
de 1844 : « Toute atteinte à l'exercice du culte et à la
liberté garantie à ses ministres... » Alors que, dans les cas
précédemment signalés, le recours est ouvert, soit à l'État,
soit aux particuliers, ici il appartient aux ministres du
culte.

On peut citer, comme cas d'abus de ce genre, l'interdiction des cérémonies extérieures du culte, en dehors des
cas prévus par l'article 45 des articles organiques du culte
catholique, c'est-à-dire lorsqu'il n'y a pas, dans la commune, de temples affectés à un autre culte, ou bien, même
dans le cas contraire, si l'ordre et la tranquillité publique ne
sont pas menacés.

IV. — Procédure et effets du recours pour abus.

La procédure du recours pour abus est la même lorsqu'il
s'agit du culte israélite que lorsqu'il s'agit des autres

cultes. Le recours compète soit à l'intéressé, à ses héritiers ou à sa famille, ou au préfet d'office, soit au ministre des cultes. Un mémoire détaillé est présenté au ministre des cultes qui en donne connaissance à l'autorité ou à la partie intéressée, et le transmet ensuite, avec son rapport, au président du Conseil d'État. Aucun délai n'est imparti ; le recours peut toujours être présenté. L'intermédiaire d'un avocat au Conseil d'État n'est pas obligatoire. Il est nommé un rapporteur, et la section de l'intérieur et des cultes prépare un projet de décret qui est soumis à l'assemblée générale.

Le décret portant déclaration d'abus est notifié au délinquant et inséré au *Bulletin des Lois* : il peut être affiché.

L'acte est annulé si cela est possible. Il l'est toujours s'il s'agit d'abus civil ou d'empiètement de l'autorité spirituelle sur le pouvoir civil ; il ne l'est pas au contraire si le pouvoir spirituel n'est pas sorti de sa sphère.

En cas de délit connexe à un abus, le Conseil d'État ne peut déclarer d'office qu'il y a lieu à poursuite pénale (1). Dans le même cas, les tribunaux ne sont pas obligés de surseoir jusqu'à ce que le Conseil d'État ait déclaré que le fait incriminé constitue un abus. Après une longue controverse, la question a été tranchée en ce sens par le Conseil d'État (2) et par la Cour de cassation (3).

---

(1) Décret du 9 juin 1883, rapport de M. le président Collet (Lebon, 1883, p. 994).

(2) Décrets des 17 août 1880 (Lebon, 1880, p. 1100), 17 mars 1884 (Dall., 1884, III, 65, en note) et 3 août 1884. (Dall. 1886, III, 20).

(3) 2 juin 1888 (Dall., 1888, I, 441).

V. — Causes de la rareté des déclarations d'abus contre les
ministres du culte israélite.

Les déclarations d'abus contre les ministres du culte
israélite sont pour ainsi dire introuvables. On n'en peut
citer qu'une de 1804 (voir plus haut). Les rares arrêts du
Conseil d'État concernant les abus relatifs au culte israélite
sont des arrêts de rejet. Il y en a plusieurs raisons.

Tout d'abord il est une série de cas d'abus qui ne peuvent guère se présenter en fait : ce sont ceux, — et ils sont
fréquents dans le culte catholique —, qui visent les déclarations d'ordre politique et doctrinal, en opposition avec les
principes du droit public français. Les consistoires se composent presque exclusivement de membres laïques, moins
imbus que les ecclésiastiques de l'esprit clérical, et qui se
rendent mieux compte des nécessités de la vie civile et
politique. Les rabbins eux-mêmes se laissent entraîner
moins facilement que les prêtres catholiques à des déclarations de cette nature. Les Juifs ont longtemps vécu
dans l'oppression ; ils ont appris à redouter et à respecter
le pouvoir civil ; l'esprit de domination qui a été longtemps
celui de l'Église catholique, a depuis de longs siècles cessé
d'être celui des rabbins, de sorte qu'il n'est point dans
leurs habitudes d'enfreindre les lois du pays où ils vivent,
dussent-elles gêner leur conscience.

D'autre part les recours pour abus introduits par les
parties sont très rares. L'esprit de discipline religieuse
est très développé chez les adhérents du culte israélite ;
leurs rabbins, moins nombreux que les prêtres catholiques,
choisis dès lors plus attentivement, plus éclairés, se
livrent moins à l'intempérance de langage qui caractérise quelquefois certains desservants des campagnes,
rudes et violents dans l'expression de leur foi. Ils

ont ainsi une autorité morale très grande, fortifiée encore par le souvenir du passé, de l'oppression séculaire que la nation juive a subie et dont les rabbins ont toujours été les premières victimes.

On s'explique ainsi que les conflits entre les fidèles et leurs pasteurs ne soient point soumis au jugement du Conseil d'État ; les Israélites préfèrent les résoudre et les terminer entre eux, sans faire appel à l'intervention de l'État dont ils ont jadis eu tant à se plaindre.

§ 3. — Suppression de traitement.

Le recours pour abus est une des formes de la juridiction du gouvernement sur les membres du clergé. Le gouvernement est armé d'un autre droit vis-à-vis des ministres des cultes reconnus : il peut supprimer leur traitement en tout ou en partie.

Sous l'ancien régime, le roi avait le droit de saisie du temporel. Plusieurs lois de la période révolutionnaire ont édicté la peine de la suppression du traitement (1). Ce droit appartient toujours à l'État.

On l'explique de plusieurs manières. Les uns (2) appliquent ici les règles de la condition. Le traitement n'est accordé qu'à la condition que le ministre du culte n'exercera pas son mandat d'une manière contraire à l'intérêt de l'État ; si cette condition n'est pas remplie, l'État peut refuser de payer le traitement. Mais, outre la singularité qu'il y a à appliquer les règles du droit civil dans une matière qui comporte par ailleurs tant d'exceptions à

(1) Lois des 4-6 avril 1791, 19-20-28 juin 1791, 29 septembre 1791.
(2) Dupin, séance de la Chambre des Députés du 15 février 1832.

ces règles, on peut dire qu'il n'y a là qu'une idée d'à peu près. Où donc est le contrat affecté de cette condition, passé entre l'État et les ministres du culte ? Il y a bien un contrat pour le culte catholique, un Concordat. mais l'article 14 qui parle des traitements ne contient nullement cette condition. Sans doute l'article 16 confère au gouvernement de la République les droits dont l'ancien gouvernement jouissait près de Sa Sainteté, mais la saisie du temporel n'était certainement pas au nombre de ces droits, car ce n'était pas une prérogative de la monarchie vis-à-vis du Souverain Pontife. En tout cas cette explication ne peut s'appliquer aux cultes protestants et israélite. Aucun contrat de cette nature n'a été passé entre eux et l'État.

Les décrets du 17 novembre 1811 et du 6 novembre 1813 ont permis de tenter une autre explication. Le premier, relatif au remplacement des titulaires des cures en cas d'absence ou de maladie, distingue deux cas : l'éloignement pour maladie, auquel cas une portion déterminée du traitement est conservée au titulaire, et l'éloignement pour mauvaise conduite, auquel cas rien de semblable n'est stipulé, ce qui donne au gouvernement le droit de supprimer le traitement en totalité. Et le décret du 6 novembre 1813, précisant les cas dans lesquels un titulaire ecclésiastique peut être éloigné du service, prévoit l'éloignement par suspension, par maladie ou par voie de police (1). On raisonne ainsi : l'éloignement par voie de police, c'est la suppression du traitement par le gouvernement. Mais il est facile de répondre que, si les décrets en question statuent sur l'indemnité à allouer au remplaçant, ils ne permettent nullement à l'État de retenir le traitement du titulaire au profit du Trésor. De plus, le décret du 6 novembre 1813, qui parle d'éloignement par voie de

(1) Art. 27.

police, ne reçoit plus aucune application ; en effet le ministre du culte reste dans sa circonscription. Enfin est-il bien certain que ces décrets qui appartiennent à la période dictatoriale de l'Empire soient encore en vigueur et qu'ils aient pu valablement modifier la loi organique de l'an X ? Au surplus ces décrets ne visent que le culte catholique et non les cultes protestants, dont les ministres étaient également salariés par l'État en 1813 ; à plus forte raison ne s'appliquent-ils pas au culte israélite, puisque les traitements des ministres de ce culte n'étaient pas encore à cette époque à la charge de l'État.

Actuellement on explique d'une façon plus simple et plus exacte le droit de suppression du traitement. C'est une mesure de police, de juridiction disciplinaire si l'on veut. L'État possède sur l'ensemble des services publics un droit supérieur de direction et de surveillance qui dérive de sa souveraineté (1). Les membres du clergé ne relèvent que de leurs supérieurs ecclésiastiques dans les questions d'ordre purement religieux ; mais ils sont soumis à la haute discipline du gouvernement en ce qui touche leurs rapports avec le pouvoir civil et l'observation des lois de l'État (2). Cette explication s'applique à coup sûr à tous les cultes reconnus.

Ce droit n'est plus sérieusement contesté aujourd'hui. C'est le ministre des cultes qui l'exerce. Il lui appartient d'apprécier les actes qui donnent lieu à cette suppression de traitement ; aucune disposition législative ne règle son action à cet égard. En général, dans la pratique, il invite l'autorité ecclésiastique supérieure à punir le ministre du culte coupable d'infractions pouvant motiver l'exercice du droit de suppression, et c'est dans le cas seulement où

(1) Conseil d'État, avis du 26 avril 1883 (Dall., 1889, III, 17, note 4).
(2) Conseil d'État, avis du 1er février 1889 (Dall., 1889, III, 17).

ses observations ne sont pas suivies d'effet qu'il intervient. D'ordinaire cette peine complète la déclaration d'abus, qui n'est qu'une sanction platonique lorsque l'acte abusif ne peut pas ou ne peut plus être supprimé.

Le droit de suppression du traitement doit s'exercer à l'encontre du titulaire, il ne peut affecter la fonction même. Il n'est pas possible au ministre des cultes de supprimer le traitement attaché à tel emploi ecclésiastique par une loi ou par un décret, il peut simplement en priver le titulaire actuel aussi longtemps qu'il lui semble nécessaire, sans que la peine puisse, au cas de démission, décès ou déplacement, frapper le successeur. Seuls une loi ou un décret pourraient supprimer le traitement attaché à telle fonction désignée, à l'exception toutefois, pour le culte catholique, des traitements dits concordataires, au moins tant que le Concordat sera maintenu. Mais les traitements attachés, soit aux fonctions non concordataires, soit aux fonctions des ministres des cultes protestants et israélite, pourraient être supprimés par un acte législatif de même nature que celui qui les a créés. Pour le culte israélite, les traitements ont été fixés par différentes lois de finances; une autre loi pourrait les supprimer. Mais un amendement portant réduction ou suppression ne suffirait pas ; tous les traitements sont inscrits, en effet, au même chapitre, et comme la spécialité ne s'applique qu'aux chapitres du budget, le ministre des cultes peut, sous sa responsabilité, faire des virements dans l'intérieur des chapitres, de sorte que l'adoption d'un amendement de cette nature, n'aurait que la valeur d'un vœu, d'un vote d'indication comme on dit souvent, si elle n'était complétée par une disposition conforme de la loi de finances.

Ces principes semblent avoir été oubliés dans la séance de la Chambre des Députés du 24 janvier 1898. M. de Beauregard avait déposé un amendement, tendant à réduire de 50 francs, à titre d'indication, le traitement du grand-rabbin du consistoire central. Le ministre des cultes repoussa cet amendement par les considérations suivantes :

« Le traitement inscrit au budget n'est pas un traitement affecté à la personne, c'est un traitement affecté à la fonction. Si le titulaire de la fonction manque à ses devoirs, nous avons vis-à-vis de lui les mêmes droits que nous avons vis-à-vis des représentants des autres cultes, nous pouvons le déférer pour abus au Conseil d'État, nous pouvons supprimer son traitement. Ces principes posés, vous comprenez à merveille que la diminution qui est demandée par M. de Beauregard ne saurait être acceptée par la Chambre » (1).

Cette théorie n'est exacte qu'en partie. Assurément, dans la forme où se présentait l'amendement, le ministre des cultes pouvait le repousser comme illégal ; mais si cet amendement avait consisté en une addition à la loi de finances, portant réduction du traitement alloué au grand rabbin du consistoire central, tel qu'il était fixé par une loi de finances antérieure, celle de 1872, la Chambre pouvait l'adopter et modifier la loi.

Telles sont les sanctions pénales et juridictionnelles qui appartiennent à l'État. Elles complètent l'ensemble des dispositions légales communes à tous les cultes reconnus, qui sont édictées soit dans l'intérêt des particuliers, soit dans l'intérêt du culte, soit dans l'intérêt du pouvoir civil, et qui sont la contre-partie des privilèges accordés à ces cultes.

Il est d'autres règles qui constituent l'organisation particulière de chacun des cultes reconnus. Elles sont relatives au recrutement et aux attributions des ministres du

____

(1) Chambre des Députés, séance du 21 janvier 1898 (*Journal Officiel* du 22).

culte et des administrations religieuses. Là encore nous en retrouverons un certain nombre qui sont communes à tous les cultes reconnus, notamment celles qui visent l'administration des biens; mais la plupart des autres sont spéciales à chacun des cultes. Nous arrivons à ce qu'on peut appeler la législation propre du culte israélite.

DEUXIÈME PARTIE

LÉGISLATION PROPRE DU CULTE ISRAÉLITE

CHAPITRE PREMIER

GÉNÉRALITÉS

I. — Caractères généraux de l'organisation du culte israélite.

L'organisation du culte israélite comprend, comme celle de tous les cultes reconnus, des ministres chargés des intérêts spirituels et des administrations chargées des intérêts matériels. Mais deux faits dominent cette organisation qui diffère profondément de celle du culte catholique.

Dans la religion catholique, le prêtre est revêtu d'un caractère sacré et investi d'une fonction particulière : il est l'intermédiaire entre la divinité et les fidèles pour tout ce qui constitue le culte extérieur, qui réside essentiellement dans l'administration des sacrements et dans la prière en commun. Sauf dans quelques rares exceptions, par exemple quand il s'agit d'administrer le baptême en cas d'urgence, les fidèles ont besoin de l'intervention du prêtre. Dans la religion juive au contraire, le croyant est en relation directe avec la divinité ; en aucune circonstance il n'est besoin d'un intermédiaire ; il n'y a pas de sacrements, à moins qu'on ne veuille donner ce nom à l'initiation religieuse, à la bénédiction des mariages ou aux prières prononcées sur la dépouille mortelle des fidèles. Tout Juif est docteur de la loi, tout Juif peut bénir les mariages ou dire les dernières prières sur le corps des morts.

Aussi la qualification de rabbin ne se trouve nulle part dans la loi de Moïse. Il n'en est fait mention que vers la fin du IIe siècle de l'ère chrétienne. Et encore n'est-ce que dans un sens particulier : le rabbin, dans la Mischna et le Talmud, n'est pas un prêtre au sens que la religion catholique attache à ce mot, ce n'est pas un intermédiaire obligé entre le croyant et la divinité, mais un docteur de la loi dont les attributions se bornent à prêcher la morale dans le temple, à bénir les mariages et à dire les dernières prières sur la dépouille mortelle des fidèles, sans que ces fonctions lui soient d'ailleurs exclusivement réservées, puisque tout Juif instruit dans la loi possède les mêmes droits. Il en résulte qu'il n'y a aucune hiérarchie parmi les rabbins, puisque leur mission est la même. La seule différence entre eux, — et ce n'est qu'une différence de fait sans aucune conséquence au point de vue religieux —, provient des avantages qu'ils peuvent retirer de leur nomination à telle ou telle résidence ou des difficultés plus ou moins grandes qu'ils peuvent trouver dans l'exercice de leurs fonctions, suivant les rapports qu'ils sont exposés à avoir avec les autorités civiles ou les représentants des autres cultes.

Il ne faut pas d'ailleurs exagérer les conséquences de ce principe. Bien que les rabbins ne soient que des docteurs de la loi sans autre mission que celle qu'ils tiennent de l'usage, par le fait même qu'ils se consacrent exclusivement à cette mission, ils acquièrent une autorité morale

qui leur confère des pouvoirs bien autrement étendus que
ceux que nous venons de signaler ; et l'on a pu voir des
recours pour abus formés devant le Conseil d'État pour
exclusion des cérémonies religieuses, pour excommunica-
tion prononcée par un rabbin. De même cette autorité
morale peut être plus ou moins grande suivant qu'ils sont
appelés à tel ou tel poste et investis par suite d'une plus
ou moins grande confiance ; de là une sorte de hiérarchie
que la loi consacre en conférant un droit de surveillance
et d'admonition à certains rabbins sur certains autres.
Mais il n'y a là que des résultats de fait, non une nécessité de principe, et l'on peut concevoir une organisation
du culte israélite dans laquelle les rabbins ne conserveraient que le pouvoir de prêcher, de bénir les mariages
et de présider aux inhumations. C'est du reste ainsi que
l'entendait l'article 21 du règlement du 30 décembre 1806
approuvé par le décret du 17 mars 1808, qui n'accordait aucun droit de surveillance et d'admonition aux
grands-rabbins.

Ce qu'il faut constater en tout cas, c'est que la mission
des rabbins est beaucoup moins étendue que celle des
prêtres catholiques, et que leur hiérarchie ne comporte pas,
il s'en faut, les conséquences qu'on trouve dans la religion catholique.

Le second fait qui différencie profondément l'organisation du culte israélite de celle du culte catholique, est la
conséquence du premier. Puisque le prêtre est investi
d'une mission sacrée, seul, Dieu ou son représentant sur
la terre, peut lui conférer cette mission ; il n'appartient
qu'au pape de nommer les évêques ou d'ordonner les
ecclésiastiques. Ce droit, il l'exerce soit par lui-même, au
moyen de l'institution canonique des évêques, soit par
délégation, quand il s'agit de l'ordination des autres
ecclésiastiques. Sans doute. en France, le pouvoir civil

intervient dans cette nomination, et la théorie catholique n'y reste guère qu'à l'état d'aspiration idéale, surtout pour ce qui concerne la nomination des évêques qui sont les principales autorités ecclésiastiques (1), mais c'est à la suite d'un accord intervenu entre l'État et l'Église qu'il en est ainsi ; et celle-ci peut prétendre qu'elle a fait une concession, donné une délégation, de sorte que ce serait toujours l'autorité ecclésiastique qui nomme les ministres du culte catholique.

Dans la religion juive au contraire, le rabbin n'est qu'un docteur de la loi qui n'a aucune attribution particulière, si ce n'est celles qu'il tient de l'usage, usage relativement récent dans l'histoire des Israélites, et qui concernent la prédication, la bénédiction des mariages, l'initiation religieuse, enfin la sépulture des morts. Tout Juif est prêtre dans le sens large du mot, c'est-à-dire que tout Juif est en relation avec Dieu. Dès lors, il appartient à la réunion des fidèles de désigner ceux d'entre les docteurs de la loi qui se consacreront exclusivement à la mission d'enseigner la religion. Si l'État intervient ici aussi, ce n'est qu'en vertu d'un pouvoir de police et de haute discipline, pour confirmer la nomination, et non pour y procéder.

Il en résulte qu'on trouve dans le culte israélite une institution qu'on ne trouve pas dans le culte catholique. L'organisation de ce dernier comprend des ministres du culte chargés des intérêts spirituels, et des administrations chargées de pourvoir aux besoins matériels des établissements religieux. Ni pour la nomination des ministres du culte qui sont soit désignés, soit confirmés dans leurs pouvoirs par les autorités ecclésiastiques supérieures, ni même pour la désignation des membres des conseils de fabrique,

____

(1) Art. 4, 5 et 10 du Concordat.

les fidèles ne sont consultés. Au contraire, l'élection par
les fidèles est à la base de toute l'organisation israélite,
sauf, dans presque tous les cas, le droit de confirmation
du gouvernement. Par conséquent l'institution fondamentale, pour ainsi dire, dans le culte israélite, c'est le collège
électoral, l'assemblée des fidèles, qui désigne directement certaines autorités et indirectement toutes les
autres.

Une autre conséquence du même fait, c'est que les
autorités émanées du suffrage direct des fidèles, en même
temps qu'elles sont proposées à l'administration temporelle
du culte, ont, dans une certaine mesure, des pouvoirs religieux ; elles forment des assemblées d'un degré supérieur,
chargées à la fois de nommer les ministres du culte et de
surveiller leurs actes.

Cette différence dans le caractère des ministres du culté
et dans leur désignation ne se produit pas seulement
entre le culte catholique et le culte israélite ; on la retrouve
dans l'étude des cultes protestants, quoiqu'à un moindre
degré pour ce qui concerne la mission du prêtre. Ce n'est
pas dans le cadre restreint de cette étude que nous pouvons étudier les raisons historiques de cette différence.
Ce qu'on peut constater en passant, c'est qu'elle n'influe
en rien sur la valeur et la moralité du clergé des divers
cultes reconnus en France ; tous les ministres des différents cultes possèdent à un haut degré le sentiment de leur
devoir et des nécessités que leur impose leur situation ;
tous, à de bien rares exceptions près, sont modestes,
consciencieux, dévoués, d'une haute moralité ; le plus
grand nombre joint à ces qualités une vaste culture intel-
lectuelle qui fait d'eux des hommes considérables. Pour
ne parler que des Israélites, beaucoup parmi les rabbins
occupent une place assez importante dans le monde
savant ; c'est parmi eux que s'est conservée naturellement.

la tradition des études bibliques, et les études historiques
et philosophiques sont fort en honneur chez eux. Plus
encore que les membres du clergé catholique, ils ont une
grande autorité morale sur leurs coreligionnaires. Moins
nombreux, ils peuvent être recrutés d'une manière plus
attentive encore ; vivant dans les villes, ils sont plus éclairés que beaucoup de prêtres catholiques, ramenés par
leur séjour dans les campagnes à la rudesse de la vie
rurale ; ils ont, ce qui manque parfois au clergé catholique, un large esprit de tolérance qui n'entame en rien la
vivacité de leur foi religieuse. Leur influence morale est
encore fortifiée par le souvenir de toutes les persécutions
qu'a subies jadis la nation juive, et dont ils étaient les premières victimes.

C'est qu'ils ne tiennent pas seulement leur autorité de
la loi qui leur confère des fonctions bien moins importan-
tantes que celles qui appartiennent aux prêtres catholiques ;
ils la tiennent plus encore des mœurs religieuses qu'a
créées une longue tradition.

II. — Législation du culte israélite.

L'organisation du culte israélite est réglée par divers
décrets et ordonnances. D'abord un décret du 17 mars 1808
a approuvé le règlement adopté par l'assemblée générale
des Juifs le 30 décembre 1806 ; un autre décret du même
jour a complété ce règlement. Des ordonnances des 20 juin
1819, 20 août 1823 et 19 juillet 1841 ont modifié ces deux
décrets dans quelques-unes de leurs parties.

Plusieurs dispositions de ces décrets et ordonnances
sont encore en vigueur. Mais la législation du culte israélite est presque tout entière renfermée dans l'ordonnance
fondamentale des 25 mai - 14 juin 1844, qui est pour ainsi

dire la charte de ce culte, —le décret du 15 juin 1850 sur
les consistoires départementaux, — le décret important du
29 août 1862 portant modification de l'ordonnance du
25 mai 1844, — le décret du 5 février 1867 sur les élections
consistoriales, — le décret du 12 septembre 1872 sur les
élections des grands-rabbins et des rabbins. Il faut y
ajouter diverses dispositions légales relatives à l'administration des biens et à la comptabilité des consistoires,
ainsi qu'aux inhumations et pompes funèbres.

Le défaut général de cette législation est l'absence de
méthode. L'ordonnance de 1844 elle-même, bien qu'elle
appartienne à une époque où la clarté et l'ordre sont les
qualités dominantes des textes législatifs, est loin de réunir
ces mérites. Il y règne une certaine confusion. C'est ainsi
qu'elle fixe dans le titre Ier la composition de la circonscription consistoriale, et établit seulement au titre III
les règles relatives aux créations et modifications
des circonscriptions rabbiniques. De même, après avoir
fixé dans le titre Ier les attributions des consistoires, notamment après avoir décidé qu'ils ont l'administration des
temples et établissements de la circonscription, elle fixe
seulement dans le titre IV, sous la rubrique « Dispositions diverses » les règles de cette administration. Sans
doute les attributions des consistoires sont de nature di-
verse : les unes ont trait à l'administration, les autres au
culte et à la discipline. Mais peut-être était-il possible de
traiter séparément ces deux ordres d'idées ; en tout cas
il eût fallu ne pas scinder l'exposé des règles relatives à
l'administration. Ces règles elles-mêmes, comprises à
l'article 64, sont insuffisantes : au lieu de faire une énumération forcément incomplète, l'ordonnance aurait dû procéder par renvoi aux règles de l'administration des établissements publics. C'est ainsi encore que le même

article 64 qui mentionne la nécessité de l'autorisation préalable, néglige de dire quelle est cette autorisation.

La même absence de méthode se retrouve dans les dispositions relatives aux ministres du culte. Les règles relatives à la nomination des grands-rabbins sont dans le titre I*er* « des consistoires » ; au contraire, celles qui fixent la nomination des rabbins et des ministres officiants figurent dans le titre II « des ministres du culte ».

Il y a aussi quelques négligences et impropriétés de termes. Les règles relatives au *mohel* et au *schohet* sont dans le titre II « des ministres du culte », alors que cette qualité ne leur appartient certainement pas. Or immédiatement après le paragraphe qui fixe leur situation, en vient un autre intitulé « Dispositions communes aux divers ministres du culte », qui contient entre autres les articles relatifs aux cas d'abus, notamment aux dissensions entre les ministres du culte ; or les dissensions entre le *mohel* et le grand rabbin par exemple ne sont pas à coup sûr susceptibles d'être portées devant le Conseil d'État. Ces règles relatives au recours pour abus sont elles-mêmes incomplètes. Nous avons vu plus haut qu'on peut supposer un cas d'abus des consistoires. L'ordonnance pourrait faire croire qu'il ne saurait en exister, puisqu'elle ne traite des cas d'abus que sous la rubrique « Dispositions communes aux divers ministres du culte ».

On peut adresser un autre reproche à l'ordonnance de 1844 ; il vise du reste toute la législation du culte israélite. Les dispositions qui régissent ce culte sont éparses dans divers décrets et ordonnances. Quelques règles des décrets du premier Empire et des ordonnances de la Restauration ont survécu au naufrage qui a emporté le reste des articles. Puisqu'on édictait une ordonnance relative à l'organisation générale du culte, il n'était pas impossible, et il

eût été d'une sage méthode de reprendre les quelques textes
qu'on laissait en vigueur et de les fondre dans la législation nouvelle.

A côté de ces critiques qui visent la forme, nous aurons,
à la fin de cette étude, l'occasion d'examiner si on ne
pourrait pas adresser d'autres reproches à l'organisation
du culte, telle que l'ont comprise les rédacteurs de l'ordonnance de 1844 et des décrets de 1862 et 1872. Cet
examen sera plus facile lorsque nous aurons étudié les
dispositions de ces textes.

Pour essayer de mettre un peu de méthode dans l'étude
de cette organisation, nous adopterons un ordre sans
doute quelque peu artificiel, mais auquel nous nous conformerons le plus rigoureusement possible. Nous avons
dit qu'à raison de la variété des attributions des consistoires, il était difficile, sans quelque confusion, d'exposer
d'ensemble les règles qui y sont relatives. Nous devrons
donc traiter à part les règles relatives aux attributions
d'ordre religieux et disciplinaire et les règles relatives à
l'administration des biens. Nous parlerons : 1° de ce
qu'on pourrait appeler les personnes, c'est-à-dire des
corps administratifs, de leur désignation et de leurs attributions d'ordre religieux et disciplinaire, et des ministres
du culte, de leur recrutement et de leurs fonctions ; 2° des
choses, c'est-à-dire des biens et de l'administration des
biens.

Il nous faut auparavant étudier la répartition sur le
territoire français des adhérents du culte israélite.

CHAPITRE II

DES CIRCONSCRIPTIONS DU CULTE ISRAÉLITE

Le décret du 17 mars 1808 approuvant le projet de règlement préparé par l'assemblée générale des Juifs, portait dans son article 1er :

« Il sera établi une synagogue et un consistoire israélite dans chaque département renfermant deux mille individus professant la religion de Moïse. »

L'article 2 ajoutait :

« Dans le cas où il ne se trouvera pas deux mille Israélites dans un seul département, la circonscription de la synagogue consistoriale embrassera autant de départements, de proche en proche, qu'il en faudra pour les réunir. Le siège de la synagogue sera toujours dans la ville dont la population israélite sera la plus nombreuse. »

Enfin l'article 3 complétait ces dispositions en décidant que, dans aucun cas, il ne pourrait y avoir plus d'une synagogue consistoriale par département.

Le second décret du 17 mars 1808, prescrivant des mesures pour l'exécution du règlement, chargeait le ministre des cultes de préparer, avec l'avis du consistoire central, le tableau des synagogues à établir, leur circonscription et le lieu de leur établissement. La fin de l'article 1er de ce décret est ainsi conçue :

« Les départements de l'Empire qui n'ont pas actuellement de population israélite seront classés, par un tableau supplémentaire, dans les arrondissements des synagogues consistoriales, pour le cas où, des Israélites venant à s'y établir, ils auraient besoin de recourir à un consistoire. »

Le décret du 11 décembre 1808, daté de Madrid, fut rendu en exécution des décrets du 17 mars. Il fixait le nombre des synagogues à treize. Elles étaient établies à Paris, Strasbourg, Wintzenheim, Mayence, Metz, Nancy, Trèves, Coblentz, Creveld, Bordeaux, Marseille, Turin et Casal. Plusieurs de ces synagogues disparurent à la suite des désastres de 1815 : ce furent celles de Mayence, Trèves, Coblentz, Creveld, Turin et Casal. Wintzenheim fut remplacé par Colmar, de sorte qu'au moment de la réorganisation du culte, en 1844, il y avait sept consistoires départementaux : Paris, Strasbourg, Colmar, Metz, Nancy, Bordeaux et Marseille. Le consistoire de Bordeaux fut dédoublé, et une synagogue fut établie par ordonnance du 7 janvier 1846, à Saint-Esprit (Landes). Le chef-lieu de cette circonscription fut plus tard transféré à Bayonne. Un décret du 24 août 1857 dédoubla la circonscription de Marseille et établit un consistoire à Lyon.

Après la guerre de 1870-1871, qui réduisit de près de moitié la population israélite de France, les consistoires de Metz, Strasbourg et Colmar disparurent. Un décret du 12 septembre 1872 créa deux nouveaux consistoires, l'un à Vesoul, l'autre à Lille. L'article 2 de ce décret fixait les circonscriptions des huit consistoires de Paris, Lille, Nancy, Vesoul, Lyon, Bordeaux, Bayonne et Marseille. Un neuvième consistoire fut créé à Besançon en 1883.

Dans le cas où il y a lieu de former un consistoire, l'avis du consistoire central, des communes intéressées (1), des préfets des départements faisant partie de la circonscription à créer doit être donné (2). La décision est prise par décret sur le rapport du ministre des cultes. Le décret désigne la ville où le consistoire est établi (3).

Le chef-lieu de chaque circonscription est le siège d'une synagogue consistoriale et de la résidence du grand-rabbin. C'est en même temps le centre des opérations électorales que nécessitent la nomination des membres du consistoire central, des deux délégués pour l'élection du grand-rabbin du consistoire central et la nomination des membres du consistoire départemental. C'est l'unité administrative en même temps que l'unité de culte.

Mais on conçoit que ce chef-lieu ne suffise pas aux besoins du culte. Les circonscriptions consistoriales sont très étendues ; un grand-rabbin, fût-il aidé de plusieurs rabbins, ne saurait les desservir. D'autre part le droit électoral risquerait fort d'être illusoire, s'il ne pouvait être exercé qu'au chef-lieu de la circonscription consistoriale. On aperçoit, en effet, la difficulté qu'aurait un électeur résidant à Saint-Malo à se rendre à Bordeaux, ou un électeur de Narbonne à aller voter à Bayonne. De là l'existence de synagogues communales, desservies par un rabbin communal et administrées par une commission administrative ou un commissaire administrateur Ces synagogues ne peuvent être établies que par autorisation donnée en décret rendu en Conseil d'État (4), et de l'avis du consistoire départemental, du consistoire central, du

---

(1) Loi du 5 avril 1884, art. 70,
(2) Ord. de 1844, art. 60.
(3) Ord., art. 4.
(4) Deuxième décret du 17 mars 1808, art. 2.

préfet du département (1), du conseil municipal ou des
conseils municipaux des communes intéressées (2), et sur le
vu de l'état de la population israélite que comprendra la
synagogue nouvelle. Il est singulier qu'une synagogue communale ne puisse être établie que par décret rendu en
Conseil d'État, alors qu'un décret simple peut établir une
synagogue consistoriale. Ce n'est cependant pas douteux.
L'article 60 de l'ordonnance du 25 mai 1844 n'est relatif
qu'aux synagogues consistoriales, et non aux synagogues
communales. En effet l'article 60 n'exige pas l'avis du consistoire départemental, tandis que l'article 63 l'exige pour
l'établissement des oratoires particuliers, ce qui prouve
bien qu'il s'agit des synagogues consistoriales. C'est une
bizarrerie de plus à ajouter à plusieurs autres.

Le chef-lieu de la synagogue communale sert de centre
électoral à ceux qui sont dans le ressort de cette synagogue.

Ces mesures peuvent n'être pas suffisantes. Aussi, pour
faciliter les opérations électorales, une instruction du
ministre des cultes, en date du 17 avril 1850, a autorisé les
consistoires départementaux, avec l'agrément des préfets,
à déléguer des commissions électorales dans les communes où ne siège aucun ministre du culte rétribué par
l'État, et où il se trouverait cependant une population
israélite assez nombreuse pour motiver cette création. Ces
délégations ne sont que temporaires : elles ne sont faites
qu'en vue des élections.

Enfin l'ordonnance du 25 mai 1844, article 63, a prévu
la nécessité où pourrait être un chef de famille d'ouvrir
un oratoire particulier. Il faut alors l'avis du consistoire
départemental et l'autorisation est donnée par décret sur

(1) Même article.
(2) Ord. de 1844, art. 60. Loi du 5 avril 1884, art. 70.

le rapport du ministre des cultes. Mais un oratoire de cette nature ne rentre plus dans l'organisation générale du culte israélite. Aussi l'érection et l'entretien de l'immeuble, ainsi que le salaire du ministre qui est attaché à l'oratoire, sont aux frais du demandeur. On peut remarquer en passant que ce ministre ne bénéficierait pas de la réduction de service militaire. En effet le décret du 23 novembre 1889, article 34 *in fine*, ne parle que des membres du clergé « rétribués soit par l'État, le département ou la commune, soit par l'établissement public ou d'utilité publique, laïque, ecclésiastique ou religieux, légalement reconnu, auquel ils sont régulièrement attachés. » Or les oratoires particuliers ne rentrent dans aucune des catégories visées par cet article.

En résumé, il y a en France neuf consistoires et un certain nombre de communautés analogues aux paroisses des autres cultes, et, dominant toute cette organisation, un consistoire central.

Voyons maintenant comment sont constituées les autorités religieuses, et quelles sont leurs fonctions. Avant d'aborder l'étude des règles relatives aux consistoires et aux ministres du culte, il nous faut parler de l'assemblée des électeurs qui forme la base de toute cette organisation.

CHAPITRE III

DE L'ASSEMBLÉE DES ÉLECTEURS

SECTION I. — ATTRIBUTIONS DE L'ASSEMBLÉE DES ÉLECTEURS

La base de l'organisation religieuse du culte israélite
est, avons-nous dit, l'assemblée des fidèles. Il ne faut pas
entendre cette expression dans un sens trop large et dire
que tous les fidèles, ou même tous les chefs de famille
qui sont électeurs politiques, soient membres du collège
électoral. Ce collège a été pendant longtemps fort restreint ; aujourd'hui encore, des règles précises qui en
déterminent la composition, il résulte que les élections
israélites ne se font nullement au suffrage universel. Mais
l'assemblée des fidèles joue le rôle le plus important
dans la constitution des pouvoirs, en ce sens que beaucoup
de ceux qui participent au culte sont chargés de nommer
les autorités qui ont les attributions les plus étendues
et qui, à leur tour, désignent les autres autorités religieuses.

Si l'on recherche quels corps et quelles personnes
composent l'organisation du culte israélite, on trouve,
comme dans tous les cultes reconnus, deux grandes
catégories : d'une part les ministres du culte chargés des
intérêts spirituels, d'autre part les administrations chargées

des intérêts matériels. Nous avons déjà eu l'occasion de dire que ces deux grandes catégories sont loin d'être absolument tranchées, et que les consistoires, chargés du temporel, ont de nombreuses et importantes attributions religieuses ; d'un autre côté certains ministres du culte font de droit partie des consistoires, et contribuent ainsi à l'administration des biens. Mais, sauf cette précision qu'il y aura lieu de compléter, la division, dans ses termes généraux, est exacte.

Les ministres du culte sont : le grand-rabbin du consistoire central, les grands-rabbins des consistoires départementaux, les rabbins communaux, les sous-rabbins et les ministres officiants. Nous avons vu qu'en réalité cette hiérarchie n'est qu'apparente, et que les pouvoirs des autorités supérieures ecclésiastiques se réduisent à un droit de surveillance et quelquefois d'admonition.

Les administrations sont : le consistoire central, les consistoires départementaux et les commissions administratives.

Aucun ministre du culte n'est plus actuellement élu par le collège électoral composé des fidèles. Il en a été longtemps autrement. Jusqu'en 1844, le collège des notables, qui représentait ce que nous appelons l'assemblée des fidèles, mais qui était fort restreint, comme il convenait à l'époque du suffrage censitaire, désignait les grands-rabbins des consistoires départementaux (1) et les rabbins membres des mêmes consistoires (2). Ce collège des notables fut augmenté par l'ordonnance du 25 mai 1844, et en 1848, il comprit même tous les Israélites électeurs politiques âgés de 25 ans accomplis. Il continua de désigner les grands-rabbins des consistoires départementaux,

(1) Règlement, art. 18.
(2) Règlement, art. 6 et 9.

mais n'eut plus à nommer aucun des autres rabbins, dont la nomination fut confiée à un corps électoral particulier, composé par le consistoire départemental. En 1862 la désignation des grands rabbins des consistoires départementaux lui fut retirée, et, depuis lors, il n'a plus à nommer aucun ministre du culte.

Mais il est toujours resté le corps électoral du premier degré, chargé d'élire les assemblées auxquelles est confié le soin de choisir tous les ministres du culte suivant des procédés différents. En effet c'est au collège des notables de chaque circonscription qu'il appartient d'élire :

1° Les membres laïques du consistoire départemental;

2° Le membre laïque du consistoire central;

3° Deux délégués pour l'élection du grand rabbin du consistoire central (1).

A son tour chaque consistoire départemental nomme :

1° Les sous-rabbins et le ministre officiant du chef-lieu consistorial. (2);

2° Les rabbins et les ministres officiants. Il est assisté d'une commission composée de plusieurs notables (3);

3° Les commissions administratives des synagogues communales (4).

Enfin le consistoire central désigne :

1° Le grand-rabbin du consistoire central. Il est complété, à cet effet, par l'adjonction de deux délégués élus dans chaque circonscription consistoriale par l'assemblée des électeurs (5);

2° Les grands-rabbins des consistoires départementaux,

---

(1) Décret du 29 août 1862, art. 5,
(2) Décret du 29 août 1862, art. 2. — Ord. 1844, art. 51.
(3) Décret du 12 septembre 1872, art. 2. — Ord. 1844, art. 48.
(4) Ord. 1844, art. 21.
(5) Ord. 1844, art. 40.

sur une liste dressée par le consistoire départemental auquel on adjoint une commission composée d'un certain nombre de notables (1).

On peut donc dire que, soit directement, soit indirectement c'est l'assemblée des électeurs, le collège des notables, la réunion des fidèles, si l'on veut, qui nomme à toutes les fonctions du culte israélite.

Comment est composée cette assemblée ?

SECTION II. — COMPOSITION DE L'ASSEMBLÉE DES ÉLECTEURS

§ 1er. — Historique.

Si les attributions de l'assemblée des électeurs ont varié, sa composition n'a pas subi moins de modifications. Très restreinte à l'origine, elle s'est augmentée jusqu'à comprendre, de 1848 à 1862, la presque totalité des Israélites qui étaient électeurs politiques. Si, en apparence, elle a été ramenée, par le décret du 29 août 1862, à des proportions plus modestes, il est facile de s'apercevoir qu'en fait elle comprend encore la plupart des chefs de famille qui participent au culte.

Le premier Empire, qui organisa le premier le culte israélite, n'était pas par nature très disposé à étendre l'électorat. Par défiance du nombre autant que par désir de peser de toute l'influence du pouvoir sur les résultats électoraux, il restreignait volontiers les assemblées d'électeurs. Fidèle à ce système, il l'appliqua dans l'organisation des collèges de notables israélites. En apparence, ce reproche

(1) Décret du 12 septembre 1872, art. 1er.

devrait être adressé à l'assemblée générale qui dressa le projet de règlement, mais il est vraisemblable que, soucieuse d'élaborer un projet de règlement qui eût quelques chances d'être accueilli par l'Empereur, elle eut soin de l'accommoder au goût du jour ; elle dut d'ailleurs y être fortement poussée par la présence des trois commissaires impériaux, Portalis, Molé et Pasquier.

Aux termes de l'article 8 du règlement, les notables n'étaient que 25 dans chaque circonscription consistoriale; ils étaient choisis, comme il convient à tout régime autoritaire, parmi les plus imposés et les plus recommandables des Israélites. Par surcroît de garantie, la désignation de ces notables fut confiée à « l'autorité compétente », expression qui revient souvent sous la plume des rédacteurs des décrets de 1808 (articles 4, 8, 9, 16, 17). Il semblait que cette « autorité compétente » dût être le ministre des cultes. Mais, alors que le ministre des cultes était chargé d'appliquer la plupart des dispositions du décret, la désignation des notables était remise au ministre de l'intérieur sur l'avis des préfets. Cette précision indique suffisamment les motifs qui inspiraient la disposition. On ne peut douter que ce ne fût le désir de choisir les plus recommandables, dans le sens où on l'entendait à l'époque, c'est-à-dire les plus dévoués à l'Empire, car s'il ne s'était agi que de désigner les vingt-cinq Israélites les plus imposés, le ministre des cultes aurait suffi. Il faut dire, à la décharge de l'administration impériale, que cette désignation était délicate. Les Juifs étaient à peine émancipés : si les collèges de notables pouvaient être constitués facilement dans quelques régions où les Juifs jouissaient depuis déjà longtemps d'une complète liberté, il en était autrement dans beaucoup d'autres régions, en Alsace par exemple, où l'habitude de l'oppression avait, il faut bien le dire, abaissé leurs caractères et, dans une certaine mesure, avili leurs mœurs, où ils se livraient, par nécessité, à des professions déconsidérées comme le commerce sordide et le prêt à la petite semaine. Il paraissait dès lors nécessaire de surveiller les notables, afin d'appliquer dans les régions représentées par des consistoires mal disposés et peu dévoués les dispositions du troisième décret de 1808.

Ajoutons aussi que, si l'on ne peut interpréter autrement les sentiments qui inspirèrent la rédaction de l'article 8 du décret du 17 mars 1808, le gouvernement impérial s'en tint à la menace. Il n'avait guère besoin d'aller plus loin. Si personne, en 1808, ne songeait à combattre l'Empire, cette pensée pouvait encore moins venir aux Juifs. Ne devaient-ils pas tout à l'Empereur qui confirmait leur émancipation, qui ratifiait le projet de règlement de l'assemblée générale? Qu'importait dès lors l'autre décret qui édictait des mesures si vexatoires? Plus on serait soumis, moins longtemps il serait maintenu.

Enfin les notables étaient en grande partie déjà désignés; les cent onze membres de l'assemblée générale choisis par les préfets, étaient tout indiqués pour composer les collèges.

La situation resta telle quelle jusqu'en 1823. Les notables décédés ou démissionnaires étaient remplacés purement et simplement. Aucune règle ne présidait à ce remplacement. L'institution était par là entièrement détournée de son but : la notabilité devait représenter, de si loin que ce fût, l'assemblée des fidèles; elle n'était plus qu'une réunion de délégués du gouvernement.

Louis XVIII, dans l'ordonnance du 20 août 1823, en modifia la composition. L'article premier de l'ordonnance prescrivit le renouvellement intégral des collèges de notables, l'article 2 fixa le mode de renouvellement partiel. Tous les deux ans, cinq membres étaient renouvelés. Cette sortie, disait l'article 2, se fera par la voie du sort. De

plus, la majorité des notables devait avoir sa résidence
dans la commune où était établie la synagogue consisto-
toriale. Du reste, leur nomination appartenait toujours au
ministre de l'intérieur, alors chargé des cultes, mais par
euphémisme, l'article 5 *in fine* portait : « Les membres
laïques des consistoires et les notables pourront être *réélus*
indéfiniment ». S'il s'agit des membres des consistoires,
soit ! mais c'était inexact pour les notables. La concision
ici nuit à l'exactitude.

L'ordonnance du 25 mai 1844 a changé complètement
la composition du corps des notables. Tout d'abord il n'y
a plus lieu à la nomination par le ministre de l'intérieur ;
il n'y a que des notables, des électeurs de droit. De plus,
ce corps est considérablement étendu. Au lieu d'être restreint à vingt-cinq électeurs, il comprend un très grand
nombre de personnes ; il réunit tous ceux qui, âgés de plus
de vingt-cinq ans, sont fonctionnaires de l'ordre administratif et de l'ordre judiciaire, membres des conseils généraux, d'arrondissement ou municipaux, officiers en activité ou en retraite, commerçants notables, professeurs des
facultés ou collèges (1). L'innovation la plus importante a
consisté à accorder le droit électoral à tous les citoyens
qui étaient électeurs politiques (2) et aux grands-rabbins
et rabbins communaux. Il était singulier en effet que ceux-
ci, qui jouent un rôle important dans le culte, ne fussent
pas électeurs ; il l'était plus encore que les grands-rabbins,
qui faisaient partie des consistoires, n'eussent pas qualité
pour prendre part à l'élection des autres membres du consistoire. Sans doute, en fait, ils étaient inscrits sur la liste
des notables, mais le fait n'est pas le droit ; la mauvaise
volonté d'un préfet pouvait les priver du droit électoral

(1) Art. 26.
(2) Art. 26-4°.

en les faisant exclure de la liste. L'ordonnance de 1844 leur a donné le droit. L'article 27 portait en outre :

« A cette liste pourront être adjoints, par notre ministre des cultes, sur la proposition du consistoire central et les avis du consistoire départemental et du préfet, et ce, jusqu'à concurrence du sixième de la liste totale, les Israélites qui ne seraient pas compris dans ces catégories et qui, par leurs services, se seraient rendus dignes de cette distinction. »

Une lettre du ministre des cultes au consistoire central, en date du 7 juin 1848, vint augmenter encore ce collège électoral. L'article 26-4° de l'ordonnance portait que les citoyens inscrits sur la liste électorale, font partie de droit du corps des notables. On s'était demandé si le décret du gouvernement provisoire du 7 mars 1848 établissant le suffrage universel, pouvait être appliqué aux élections israélites. Le ministre répond par l'affirmative :

« La disposition, dit-il, se prête naturellement à l'interprétation la plus large ; c'est au surplus dans cet esprit que l'ordonnance a été conçue..... L'extension du droit électoral en matière politique, implique donc une extension analogue pour la notabilité israélite. »

La seule restriction résultait de l'âge : seuls pouvaient être électeurs les Israélites âgés de vingt-cinq ans accomplis. Une instruction ministérielle du 15 décembre 1849 confirma cette lettre et prescrivit certaines mesures d'exécution.

§ 2. — Composition actuelle.

La composition du collège des notables fut encore

une fois modifiée par le décret du 29 août 1862 qui règle aujourd'hui la matière. L'article 5 de ce décret porte :

« Dans chaque circonscription consistoriale, les membres laïques du consistoire départemental, le membre laïque du consistoire central et les deux délégués pour l'élection du grand-rabbin du consistoire central sont élus par tous les Israélites âgés de 25 ans accomplis, et qui appartiennent à l'une des catégories suivantes : 1º ceux qui exercent des fonctions relatives au culte, ou qui sont attachés, soit à titre d'administrateurs, soit à titre de souscripteurs annuels, aux établissements placés sous l'autorité des consistoires ; 2º les fonctionnaires de l'ordre administratif, ceux de l'ordre judiciaire, les professeurs ou instituteurs dans les établissements fondés par l'État, par les communes ou par les consistoires, et tout israélite pourvu d'un diplôme obtenu dans les formes établies par les lois et règlements ; 3º les membres des conseils généraux, des conseils d'arrondissement et des conseils municipaux ; 4º les officiers de terre et de mer en activité et en retraite ; 5º les sous-officiers, les soldats et les marins membres de la Légion d'honneur ou décorés de la médaille militaire ; 6º les membres des chambres de commerce et ceux qui font partie de la liste des notables commerçants ; 7º les titulaires d'offices ministériels ; 8º les étrangers résidant dans la circonscription depuis trois ans et compris dans l'une des catégories ci-dessus, sans que, toutefois, la qualité d'électeur leur confère l'éligibilité. »

Il faut entendre l'expression « fonctionnaires de l'ordre administratif et judiciaire » dans un sens large. Au sens strict du mot, le fonctionnaire est celui qui est investi d'un pouvoir de décision propre, soit qu'il l'exerce seul, soit qu'il l'exerce de concert avec d'autres, comme les magistrats dans la plupart des cas : c'est celui qui dispose d'une part de la puissance publique, comme les ministres et les préfets. Il faut entendre ici le mot dans un sens beaucoup plus large, et comprendre, dans le deuxième alinéa de l'article 4, tous les employés de l'État, des départements, des communes et des établissements publics.

On peut remarquer également qu'il n'est pas question dans ce texte des sénateurs et députés. Il y a lieu évidemment de les inscrire sur la liste au même titre que les membres des autres corps électifs.

Que signifient les mots : tout Israélite pourvu d'un diplôme obtenu dans les formes établies par les lois et règlements? S'agit-il seulement de ceux qui ont un diplôme leur permettant d'obtenir les fonctions de professeur ou d'instituteur? On pourrait le croire, puisque la première de ces deux expressions vient immédiatement après la seconde. Dans cette opinion, les docteurs en médecine et les avocats par exemple, tous ceux en un mot qui ont un diplôme n'ouvrant pas l'accès aux fonctions universitaires, lorsque d'ailleurs ils ne figurent pas sur la liste des notables commerçants, ne seraient pas électeurs. Il est difficile de l'admettre. D'autre part, l'esprit du décret ne semble pas être d'admettre tous les diplômés, même ceux qui sont pourvus du plus modeste des titres, le certificat d'études primaires. Il semble que, dans le doute, il y ait lieu d'inscrire ceux qui sont pourvus d'un diplôme équivalent au brevet de capacité élémentaire, exigé des instituteurs primaires. Le certificat d'études ne suffira pas, non plus que le certificat de grammaire, exigé des pharmaciens de deuxième classe et jadis des officiers de santé, mais l'un des baccalauréats sera suffisant. Au surplus la solution de ces difficultés se trouve dans les circulaires du consistoire central des 13 octobre et 10 novembre 1862, que nous allons voir dans un instant.

En apparence le système électoral est changé. Plus de suffrage universel, mais un mode de suffrage s'appuyant sur les capacités, sur les fonctions, sur le concours pécuniaire donné au culte. Un certain nombre d'électeurs peu fortunés risquaient ainsi d'être rayés de la liste. Le consistoire central ne crut pas qu'on pût priver du droit électoral des hommes dévoués, religieux, que leur situation modeste excluait des catégories indiquées par l'article 5 du décret du 29 août 1862, et, dans une instruction du 13 octobre, il étendit les dispositions du premier paragraphe, de façon à les appliquer à la plupart de ceux qui participent au culte.

Aux termes de cette circulaire sont admis dans le corps électoral :

« A titre de fonctionnaires du culte : les rabbins communaux, los sous-rabbins et mêmes les élèves sortis du séminaire israélite avec leur diplôme et qui ne sont pas encore placés, les ministres salariés ou non salariés par l'État, les chefs de chœur et tous les employés des temples qui ont été chargés ou autorisés, par l'administration de ces temples, d'officier les jours de la semaine, ou temporairement pendant les jours de fête ;

« A titre d'administrateurs : les membres des commissions administratives des temples, les membres de la commission administrative du séminaire israélite, ceux des commissions des sociétés de bienfaisance et établissements religieux relevant directement des consistoires, les secrétaires desdites administrations, des sociétés de bienfaisance et des établissements religieux.

« A titre de contribuables : les souscripteurs annuels aux établissements religieux ou de bienfaisance placés sous l'autorité des consistoires, à l'exclusion des sociétés de secours mutuels. »

Une autre circulaire, du 10 novembre 1862, compléta les dispositions de la précédente. D'après cette circulaire, les locataires des places dans les temples sont inscrits sur la liste électorale comme souscripteurs à un établissement religieux. Les membres des confréries ou « Hebroth » jouissent du droit électoral, quand ces Hebroth ont un but religieux ou de bienfaisance et sont approuvées par les consistoires, mais non quand elles sont uniquement des sociétés de secours mutuels, sauf encore, dans ce dernier cas, si elles versent une somme annuelle à la caisse de la communauté pour les besoins généraux du culte.

D'une manière générale, on peut dire que, en dehors de ceux auxquels leurs fonctions confèrent le droit électoral, tous ceux qui participent au culte, soit moralement, soit pécuniairement, sont inscrits sur la liste. Ceux-là seuls n'y figurent pas, qui ne prennent aucune part aux affaires de la communauté, qui ne font pas acte de judaïsme, ou ceux qui sont indigents et secourus par les comités de bienfaisance.

Aux termes de l'article 29 de l'ordonnance de 1844, nul n'est électeur s'il n'est Français, s'il a subi une condamnation criminelle ou une des condamnations correctionnelles portées aux articles 401, 406 et 408 du Code pénal (c'est-à-dire pour vol, escroquerie ou abus de confiance), s'il est failli non réhabilité, et s'il n'est pas domicilié depuis deux ans au moins dans la circonscription consistoriale. L'ordonnance de 1844 exigeait une résidence de deux ans bien qu'elle admît déjà des électeurs de droit. Il faut en conclure par analogie que le décret de 1862 qui n'a pas supprimé cette condition, l'a également maintenue pour les électeurs de droit.

Telle est la composition du corps électoral. Comment la liste est-elle formée et arrêtée ?

§ 3. — Formation de la liste électorale.

L'article 29 de l'ordonnance de 1844 disposait :

« Les listes seront dressées par les consistoires ; elles demeureront exposées, à partir du 1er mars de chaque année, pendant deux mois, au parvis du temple consistorial.

Pendant ce délai, toutes réclamations seront admises. Il y sera statué par le préfet, sur l'avis du consistoire, sauf recours à notre ministre des cultes par la voie administrative. Le ministre prononcera définitivement, sur l'avis du consistoire central.

Les listes arrêtées par le préfet serviront pour un an. »

L'article 30 était ainsi conçu :

« Chaque année, les consistoires feront les additions et radiations nécessaires, conformément aux dispositions de l'article précédent, de façon que la liste définitive soit publiée dans le temple du chef-lieu consistorial au 1er juillet de chaque année. »

Ce système a été modifié par le décret du 29 août 1862, articles 7 et 8.

La liste continue d'être dressée par le consistoire départemental et arrêtée par le préfet (1), mais elle est formée de la réunion des listes partielles établies dans chaque communauté par les soins du commissaire-administrateur ou de la commission administrative. L'article 7 du décret s'exprime en effet en ces termes :

« Dans chaque communauté, il est procédé, par les soins du commissaire administrateur ou de la commission administrative, à la formation de la liste partielle comprenant tous les électeurs israélites de la circonscription. Les électeurs israélites habitant dans des communes qui ne feraient point partie du ressort d'un rabbin ou d'un ministre officiant, se font inscrire sur la liste dressée dans la communauté la plus voisine de leur domicile. Les listes partielles sont affichées pendant un mois au parvis du temple. A l'expiration du délai porté au paragraphe précédent,

____

(1) Art. 6.

les listes partielles et les réclamations auxquelles elles ont donné lieu, sont adressées au consistoire départemental. Il est procédé sur le tout selon ce qui est prescrit dans l'article 29 de l'ordonnance du 25 mai 1844. »

Pour l'inscription sur les listes partielles, les Israélites qui ne sont pas dans le ressort d'un ministre du culte rétribué par l'État doivent, dit le décret, se faire inscrire dans la communauté la plus voisine de leur domicile. Aucune règle précise n'est édictée à cet égard. En effet, il est assez rare qu'un électeur israélite puisse se trouver dans ce cas ; les Israélites sont généralement groupés. Il appartiendrait à l'électeur de provoquer son inscription, et il y aurait lieu, en cas de contestation, de faire statuer par l'autorité administrative (1). Cette autorité serait le préfet, sauf recours au ministre des cultes.

L'article 8 du décret, réalisant une innovation importante, déclare que la liste est permanente. Il était en effet bien inutile de remettre en train tout l'appareil de la revision des listes, alors que le plus souvent il n'y a pas d'élection dans l'année. L'article ajoute : « Elle est revisée tous les quatre ans ». Les consistoires sont renouvelés par moitié tous les quatre ans.

L'exposition des listes partielles pendant un mois au parvis de chaque synagogue communale, dispense-t-elle de l'exposition de la liste générale au parvis du temple consistorial ? Non, dit l'instruction du consistoire central du 21 janvier 1867. L'article 29 de l'ordonnance de 1844 n'est pas modifié par l'article 7 du décret de 1862, qui dit expressément : « Il est procédé sur le tout selon ce qui est prescrit à l'article 29 de l'ordonnance du 25 mai 1844. » Dès lors, la liste générale dressée par le consistoire doit

____

(1) Cass., 2 juillet 1887, pour les protestants (Dall., 1888, 1, 457).

être exposée pendant un mois, à compter du 1er mars, au chef-lieu du temple consistorial.

La liste définitive est publiée dans le temple du chef-lieu consistorial le 1er juillet (1).

Voici, par conséquent, l'ordre suivi pour la formation de la liste. Dans chaque communauté, la commission administrative dresse la liste partielle qui est affichée pendant un mois. Le consistoire départemental statue sur les réclamations, de façon que la liste générale puisse être affichée du 1er mars au 1er mai, au chef-lieu consistorial ; les réclamations doivent être formées, dans les dix jours après l'affichage, devant le préfet qui statue par arrêté, sur l'avis du consistoire, et porte sa décision à la connaissance de l'intéressé en cas de rejet, du consistoire en cas d'admission. Le recours devant le ministre des cultes doit être formé dans les dix jours par l'intermédiaire du préfet (2). La décision du ministre des cultes est définitive, dès lors sans recours possible devant le Conseil d'État (3). La liste définitive est publiée le 1er juillet, au parvis du temple du chef-lieu consistorial.

Si, dans l'intervalle d'une revision à l'autre, il y a lieu à élection, la procédure est plus rapide. Le consistoire fait les additions et radiations, dont le tableau est affiché un mois avant la convocation des électeurs et adressé au préfet ; les réclamations doivent être formées dans les dix jours (4). Les électeurs omis peuvent être inscrits à l'approche des élections ou même pendant les élections ; le droit qui, dans ce cas, appartient au juge de paix pour les élections politiques, passe au président du consistoire dépar-

___

(1) Ord. 1844, art. 30.
(2) Circulaire ministérielle du 15 novembre 1844.
(3) Ord. 1844, art. 29.
(4) Décret de 1862, art. 8.

temental. Mais les nouvelles inscriptions doivent être cons-
tatées par un procès-verbal à soumettre au préfet (1).

Telles sont les dispositions qui règle la formation de la
liste électorale.

Arrivons aux opérations électorales.

§ 4. — Opérations électorales.

Les électeurs sont convoqués par le consistoire départemental. sur l'autorisation du préfet (2). Ils votent, soit
au chef-lieu consistorial, soit au chef-lieu de la communauté, c'est-à-dire au siège de la synagogue communale ;
ceux qui sont disséminés hors des communes où
siège un ministre du culte rétribué par l'État votent au
bureau électoral le plus rapproché (3). Toutefois les consistoires départementaux peuvent, avec l'agrément des préfets, déléguer d'autres commissions électorales dans les
communes où se trouverait un nombre d'électeurs
suffisant pour motiver la constitution des commissions (4).

Le bureau est formé, au chef-lieu du consistoire départemental, des membres de ce consistoire, présidés par le
président du consistoire, et, à leur défaut, de l'administrateur et des plus anciens membres de la commission administrative du temple ; au chef-lieu de chaque communauté,

(1) Lettre du ministre des cultes du 12 septembre 1872.
(2) Ord. 1844, art. 38.
(3) Instruction du 15 décembre 1849-8'.
(4) Instr. minist. du 27 avril 1850.

il est formé des membres de la commission administrative,
et, à leur défaut, des électeurs les plus âgés, sachant lire et
écrire (1); enfin, dans les autres bureaux électoraux qui
peuvent être constitués spécialement, le personnel de ces
bureaux est désigné par le préfet sur l'avis du consistoire
départemental.

Les élections ont lieu au scrutin secret et à la majorité
absolue des suffrages. Le nombre des votants doit être au
moins du tiers des électeurs inscrits. Si la majorité n'est
pas acquise, les électeurs sont convoqués pour un second
tour de scrutin, et, dans ce cas, la majorité relative suffit,
quel que soit le nombre des votants (2).

Toutes les fois qu'il y a lieu de nommer plusieurs
membres d'un même consistoire, les élections se font au
scrutin de liste. Il en est de même pour les élections des
deux délégués adjoints au consistoire central pour l'élection du grand-rabbin du consistoire central et des délégués adjoints au consistoire départemental pour la nomination des grands-rabbins consistoriaux et des rabbins
communaux.

Le scrutin doit rester ouvert pendant au moins cinq
heures. Le dépouillement se fait publiquement et séance
tenante dans chaque bureau électoral. Il en est dressé
procès-verbal par le bureau qui le transmet immédiatement au consistoire départemental avec les bulletins con-
testés (3). Il est procédé publiquement au recensement
général des votes par le consistoire départemental et par
les délégués des bureaux électoraux (4); mais la présence

____

(1) Instr. 15 décembre 1849-10°.

(2) Circulaire ministérielle du 4 janvier 1867 et décret du 5 février 1867.

(3) Instr. du 15 décembre 1849-11°.

(4) Instr. du 15 décembre 1849-12°.

B. — 9

de ces derniers n'est que facultative et leur absence n'autorise pas à surseoir au dépouillement (1).

Le bureau se prononce sur toutes les difficultés qui s'élèvent touchant les opérations. En cas de partage, la voix du président est prépondérante. Les réclamations contre les décisions du bureau ne sont pas suspensives. Elles sont portées par la voie administrative devant le ministre des cultes qui statue définitivement (2). Qu'il s'agisse de questions concernant la validité de l'élection elle-même ou d'autres questions, comme de celles relatives à l'inscription, la décision du ministre est souveraine et ne peut être l'objet d'un recours devant le Conseil d'État (3).

Le Conseil d'État a décidé, à propos d'élections protestées, que le fait qu'un électeur a reçu, dans la salle du scrutin, un bulletin d'un des membres du bureau n'entraîne pas l'annulation des opérations (4). Il y aurait pourtant lieu d'annuler le vote de l'électeur, s'il résultait des circonstances de la cause qu'en fait ce vote n'a pas été secret; sinon le décret du 5 février 1867 serait à cet égard lettre morte.

Le procès-verbal signé des membres du bureau fait mention de toutes les opérations et des incidents survenus. Il est dressé en double expédition dont l'une est transmise au préfet et l'autre au consistoire central (5).

Telles sont les principales règles relatives à la formation des listes et aux opérations électorales.

L'assemblée des électeurs de chaque circonscription

----

(1) Instr. du 13 mars 1850.
(2) Ordonnance de 1844, art. 34.
(3) Conseil d'État, 10 janvier 1867 (Dall., 1867, III, 92).
(4) 22 janvier 1892 (Dall., 1893, III, 49).
(5) Ordonnance de 1844, art. 35.

nomme, ainsi que nous l'avons dit : les membres laïques du consistoire départemental, le membre laïque du consistoire central, et les deux délégués adjoints au consistoire central pour l'élection du grand-rabbin du consistoire central.

Voyons maintenant quelles sont les conditions requises pour être éligible, et comment sont constituées les autorités religieuses, c'est-à-dire comment sont désignés les membres des consistoires et les ministres des cultes, et quelles sont leurs attributions. Nous ne nous occuperons pour le moment, nous l'avons déjà dit, que du culte, et non de l'administration des biens.

CHAPITRE IV

SECTION Iʳᵉ. — DES CONSISTOIRES

§ 1ᵉʳ. — Composition des consistoires.

D'après le décret de 1808, le consistoire central se composait de trois rabbins et de deux membres laïques, nommés la première fois par décret. Chaque année, un membre sortait du consistoire ; il était pourvu à son remplacement par les membres restants, sauf approbation du chef de l'État. L'ordonnance du 29 juin 1819 restreignit aux membres laïques l'application de l'article 15 du décret de 1808 concernant la sortie annuelle d'un membre du consistoire central. L'ordonnance du 20 août 1823 porta à neuf le nombre des membres du consistoire, savoir : deux rabbins et sept membres laïques, à raison d'un par circonscription consistoriale, ces derniers nommés par décret sur une liste de deux candidats désignés par le collège des notables de chaque circonscription. Tous les deux ans, un membre laïque devait sortir du consistoire central ; il était pourvu à son remplacement comme pour la nomination.

L'ordonnance de 1844 modifia ce système. Aux termes de l'article 5, le consistoire central se compose d'un grand rabbin et d'autant de membres laïques qu'il y a de consistoires départementaux, soit 12, dont 9 pour la France et 3 pour l'Algérie. Les membres laïques sont élus par l'assemblée des électeurs ; le grand-rabbin est élu par le consistoire central assisté de deux délégués élus au nombre de deux par l'assemblée des électeurs de chaque circonscription consistoriale.

Les consistoires départementaux comprenaient, aux termes du décret de 1808 : un grand-rabbin, un autre rabbin, autant que possible, et trois membres laïques. Tous les membres du consistoire étaient élus par les notables et agréés par le chef de l'État. L'ordonnance de 1819 décida qu'il y aurait toujours cinq membres dans chaque consistoire, même dans le cas où il n'y aurait pas de second rabbin. L'ordonnance de 1823 établit un roulement : tous les deux ans, un des membres laïques devait sortir du consistoire.

D'après l'ordonnance de 1844, chaque consistoire se compose du grand-rabbin et de quatre membres laïques (1). Le décret du 15 juin 1850 a élevé à six le nombre des membres laïques. Ceux-ci sont élus par l'assemblée des électeurs. Le grand-rabbin est nommé par le consistoire central sur une liste de trois candidats présentés par le consistoire départemental, assisté d'une commission spéciale (2).

Il ne s'agit ici que des membres laïques.

____

(1) Art. 14.
(2) Décret du 12 septembre 1872, art. 1er.

§ 2. — Organisation des consistoires.

I. — Conditions requises.

Le règlement approuvé par le décret du 17 mars 1808 exigeait trois conditions des membres des consistoires.

« Nul ne pourra être membre du consistoire, disait l'article 10 : 1° s'il n'a 30 ans; 2° s'il a fait faillite, à moins qu'il ne soit honorablement réhabilité; 3° s'il est connu pour avoir fait l'usure. » L'article 14 exigeait les mêmes conditions des membres du consistoire central.

L'ordonnance de 1844 exige que les membres des consistoires soient choisis parmi les notables, c'est-à-dire parmi les électeurs (1). Ils doivent donc être Français, n'avoir encouru aucune condamnation criminelle, ni aucune des condamnations correctionnelles prévues par les articles 401, 406 et 408 du Code pénal, n'être pas faillis ou être réhabilités. On peut regretter que l'ordonnance n'ait pas dit purement et simplement « aucune condamnation criminelle ou aucune condamnation correctionnelle pour un délit de droit commun, quel qu'il soit ». En fait, il est évident que cette lacune de la législation n'a pas grande importance, à cause du droit de confirmation du gouvernement.

Les conditions de résidence sont particulières. Sur les six membres des consistoires départementaux, quatre doivent être choisis parmi les habitants de la ville où siège le consistoire (2). Le décret ne parle pas de domicile, il dit simplement « parmi les habitants ».

(1) Art. 6 et 16.
(2) Décret du 15 juin 1850.

Il faut en conclure qu'une simple résidence suffit.

Les membres du consistoire central doivent être choisis parmi les électeurs résidant à Paris.

La condition de résidence n'est exigée qu'au moment de l'élection. En effet, l'article 6 de l'ordonnance de 1844 et le décret du 15 juin 1850 disent seulement : « ils doivent être choisis parmi, etc... »

On a fait observer (1) « qu'une simple résidence ne donne pas toujours la consistance nécessaire pour remplir des fonctions importantes, et n'attache pas un citoyen à la synagogue par des liens assez puissants. Mais il était difficile qu'il en fût autrement, car ces fonctions sont temporaires ; elles sont conférées par les consistoires chacun pour leur part ; ils peuvent donc avoir intérêt à choisir un personnage de leur localité, même non domicilié à Paris, pourvu qu'il y ait sa résidence au moment de l'élection. » Il y a lieu d'ajouter que les inconvénients ne sont pas très graves en ce qui concerne le consistoire central, car il ne s'agit pas alors de l'administration spéciale de tel ou tel temple, mais de la direction générale du culte. Or, on ne voit pas pourquoi, dans ces conditions, il serait nécessaire que les membres du consistoire central fussent domiciliés à Paris. Mais il serait, à coup sûr, fort utile d'insérer dans la législation une disposition exigeant, dans la mesure du possible, l'assistance aux séances du consistoire, et permettant de déclarer démissionnaire celui qui, sans motif plausible, manquerait un nombre déterminé de séances.

L'inconvénient est plus grave en ce qui concerne les consistoires départementaux, car ces consistoires remplissent des fonctions d'administration beaucoup plus spéciales, et c'est le cas de dire « qu'une simple résidence n'attache pas assez à la synagogue ». Cependant la généra-

---

(1) Gaudry, *Traité de l'administration des cultes*, III, n° 1349.

lité des termes du décret du 15 juin 1850 ne permet pas d'exiger autre chose qu'une simple résidence, et encore seulement au moment de l'élection.

Quant aux deux autres membres laïques, ils peuvent ne pas être habitants de la ville où siège le consistoire. On a voulu, autant que possible, assurer à chaque communauté une part de l'administration; mais comme aucune disposition impérative ne fixe le nombre de membres nécessaire pour la validité des délibérations, il en résulte que, dans le cas d'urgence, les décisions peuvent être prises par la minorité. Nous retrouverons la question. Signalons seulement l'insuffisance de la législation.

Le père, le fils ou les petits-fils, les gendres et les frères ou beaux-frères ne peuvent être ensemble membres d'un même consistoire (1).

Pourrait-on être à la fois membre du consistoire central et d'un consistoire départemental? Rien dans les textes ne s'y oppose, sinon les conditions de résidence. Par conséquent, rien n'empêcherait un Israélite de faire partie à la fois du consistoire central et du consistoire de Paris, ou même d'un autre consistoire, à la condition que quatre autres membres de ce dernier fussent habitants du chef-lieu consistorial. Il ne semble pas qu'en fait il y ait cumul de fonctions.

II. — Approbation du Gouvernement.

La nomination des membres des consistoires est soumise à l'agrément du Gouvernement (2). C'est par décret que cette confirmation est donnée. Aucune règle n'enchaîne à cet égard le pouvoir du chef de l'État; ce pouvoir

(1) Ordonnance de 1844, art. 24, al. 3.
(2) Ordonnance de 1844, art. 24.

est discrétionnaire. Le décret qu'il rend n'est pas susceptible d'un recours devant le Conseil d'État. D'ordinaire, il homologue purement et simplement l'élection; il ne pourrait, bien entendu, substituer d'autres personnes aux élus; il ne peut que refuser de confirmer l'élection, auquel cas elle est renouvelée dans le délai de trois mois fixé par l'article 24 en cas de dissolution. L'ordonnance ne le dit pas, mais il y a là un sérieux argument d'analogie. Pour le même motif, l'administration serait maintenue aux commissions qui en sont chargées, s'il s'agissait d'un renouvellement total à la suite d'une dissolution; mais s'il ne s'agissait que d'un renouvellement partiel, les membres restants dans le consistoire conserveraient cette administration. Si les élections intervenaient à la suite de la création d'un consistoire départemental, en cas de non-approbation, les choses devraient-elles rester en l'état, comme si le consistoire n'existait pas encore, ou y aurait-il lieu de confier l'administration à une commission? Nous adopterions cette dernière solution. Le refus de confirmation équivaut à une dissolution : de plus le décret qui ordonne la création d'un consistoire a pour effet de distraire de la circonscription du ou des consistoires voisins un certain nombre de communautés. On ne saurait considérer cette distraction comme ordonnée sous la condition suspensive de la confirmation de l'élection des membres laïques? et ballotter ainsi ces communautés de l'ancien au nouveau consistoire. Il n'est d'ailleurs pas vraisemblable qu'un refus en bloc soit susceptible d'intervenir, et, dès lors, les membres agréés pourraient administrer.

Le Président de la République peut, bien entendu, refuser son agrément autant de fois qu'il lui plaît. La réélection de ceux dont les pouvoirs ne sont pas confirmés n'entraînerait nullement l'approbation de plein droit.

Aucun délai n'est fixé. L'approbation peut intervenir

soit immédiatement, soit longtemps après l'élection. Cependant elle ne peut être donnée qu'après que les opérations électorales ont été déclarées valables. Il y aurait lieu d'admettre le recours dirigé pour excès de pouvoir contre le décret qui, en présence de réclamations élevées contre les opérations électorales, aurait agréé la nomination des membres élus sans que le ministre des cultes, seul compétent, ait statué préalablement sur ces protestations. Le Conseil d'État en a ainsi décidé le 5 juin 1862 (1), malgré les observations du ministre des cultes qui soutenait qu'en soumettant à l'approbation du chef de l'État les nominations faites, il avait implicitement rejeté les protestations, La décision du ministre doit être, non pas implicite, mais formelle.

Tant que l'approbation n'est pas intervenue, les membres élus ne peuvent siéger. En effet, l'élection ne suffit pas pour donner le droit d'être membre d'un consistoire ; si les élus pouvaient prendre part immédiatement aux délibérations, il serait inutile d'exiger l'agrément du chef de l'État ; des difficultés pourraient se produire, si une décision avait été prise avec le concours de membres non encore agréés. L'ordonnance de 1844, article 24, alinéa 2, dit bien que l'époque de l'entrée en fonctions est fixée au 1er janvier ; mais il va de soi que cet alinéa se lie au précédent, qui exige l'agrément du chef de l'État. Il n'est d'ailleurs pas applicable au cas d'élection destinée à remplacer un membre démissionnaire, ou décédé, ou sorti du consistoire pour toute autre cause ; il ne l'est qu'au cas de renouvellement d'une série sortante.

(1) Lebon, 1862, p. 457.

III. — Installation.

Une fois élus, les membres du consistoire central et des consistoires départementaux doivent être installés. Cette installation est faite par le préfet du département où siège le consistoire, celle du consistoire central est faite, par conséquent, par le préfet de la Seine (1).

L'ordonnance du 25 mai 1844 obligeait les membres des consistoires à prêter serment, et, statuant sur la forme de ce serment, décidait qu'il serait prêté en levant la main sans autre formalité. Cette précision était importante à l'époque où certaines Cours de l'Est maintenaient avec rigueur le serment *more judaïco*. Le serment politique a été aboli le 4 septembre 1870. Cette disposition n'est dès lors plus en vigueur.

Le procès-verbal de l'installation est adressé par le préfet au ministre des cultes.

IV. — Durée des pouvoirs des membres des consistoires.

Les membres du consistoire central et des consistoires départementaux sont élus pour huit ans (2). Ils sont renouvelés par moitié tous les quatre ans et indéfiniment rééligibles. Pour assurer ce renouvellement, lors de la constitution des consistoires, la série des membres sortants au premier renouvellement a été désignée par le sort, de sorte que ceux qui étaient dans cette série n'ont été élus que pour quatre ans.

En cas de décès, de démission ou de sortie d'un consis-

(1) Ord. 1844, art. 36.
(2) Ord. 1844, art. 8. — Décret de 1862, art. 6.

toire pour toute autre cause, le remplaçant prend place dans la série dont faisait partie son prédécesseur. C'est tout naturel pour le consistoire central, puisque chaque circonscription consistoriale n'y envoie qu'un délégué; les séries sont donc établies à l'avance, et on a pu y faire figurer, non pas les noms des membres du consistoire, mais les noms des circonscriptions qu'ils représentent. . Mais, s'il n'en avait été décidé ainsi, il aurait pu y avoir quelque difficulté pour les consistoires départementaux. On peut supposer, en effet, qu'un membre dont le mandat expire le 31 décembre, hésite à se représenter dans la crainte de n'être pas réélu, et qu'un de ses collègues, sûr au contraire d'obtenir les suffrages des électeurs, démissionne pour permettre au premier de rester dans le consistoire, en le remplaçant dans la série sortante. On aurait pu ainsi créer artificiellement une inamovibilité que n'a point voulue l'ordonnance. Lorsqu'elle a dit (1) que, pour le premier renouvellement, la série des membres sortants est désignée par la voie du sort, elle a entendu dire que ce tirage au sort déterminerait une fois pour toutes les deux séries, et qu'à l'avenir les membres élus au cours du mandat de leurs collègues, c'est-à-dire en dehors des élections destinées à renouveler une série, prendraient place dans la série dont faisait partie celui qu'ils remplacent. C'est ce qu'avait ordonné l'article 6 de l'arrêté ministériel du 18 juin 1848. C'est, du reste, manifestement l'esprit de l'ordonnance, qui n'a entendu accorder l'inamovibilité à personne, pas même à ceux qui auraient rendu les plus grands services, en dehors des grands-rabbins du consistoire central et des consistoires départementaux.

(1) Art. **24**, al. **4**.

V. — Réunions.

Jusqu'au décret du 27 mars 1893 portant règlement d'administration publique pour l'exécution de la loi de finances du 28 janvier 1892 sur la comptabilité des fabriques et des consistoires, aucune disposition légale ne fixait les réunions des consistoires israélites. L'article 7 de ce décret porte :

« Le budget est présenté au consistoire dans la seconde quinzaine de mars. Dans la quinzaine suivante, il est transmis au consistoire central, qui statue avant le 1er mai. À la même session sont votés les chapitres additionnels concernant l'exercice en cours. »

Pour les autres réunions, il appartient au président de convoquer l'assemblée.

Non seulement les consistoires sont des assemblées permanentes, mais de plus ils ne sont pas soumis au régime des sessions. Dès lors, ils peuvent se réunir à toute époque, et continuer leurs réunions pendant plusieurs jours sans autorisation.

Où doit se réunir le consistoire ? L'article 24 de l'ordonnance de 1844 dit que le consistoire central siège à Paris. C'est tout. Aucune disposition analogue à l'article 10 du décret du 30 décembre 1809 sur les fabriques n'enjoint aux consistoires de se réunir à la synagogue ou dans le logement du grand-rabbin. Il faut en conclure qu'ils peuvent se réunir soit à la synagogue, soit chez leur président, soit chez le grand-rabbin, soit en tout autre lieu.

VI. — Délibérations.

Le nombre des membres nécessaire à la validité des délibérations n'est nulle part indiqué. L'article 12, al. 2 de l'ordonnance du 20 août 1823 disposait que le consistoire central ne peut jamais délibérer en nombre moindre que cinq. Mais, à ce moment, le consistoire central ne comprenait que neuf membres. Il semblerait en résulter qu'il fallait la présence de la majorité absolue des membres du consistoire central pour que les délibérations fussent valables. Faut-il en conclure que, depuis que le consistoire central se compose de douze membres laïques et du grand rabbin, c'est-à-dire de treize membres, la présence de sept de ces membres est nécessaire pour la validité des délibérations ?

D'autre part, l'ordonnance de 1823 ne contenait aucune disposition sur les délibérations des consistoires départementaux. Faut-il exiger, par analogie, que sur sept membres, c'est-à-dire sur six membres laïques et le grand rabbin, quatre au moins soient présents ?

L'ordonnance de 1823 n'a pas été abrogée sur ce point par celle de 1844. Or, comme l'esprit de la première est manifestement de ne permettre aucune délibération sans la présence de la moitié plus un des membres du consistoire central, il faut en tirer les conséquences logiques et exiger la présence de sept membres aux délibérations du consistoire central, et de quatre aux délibérations des consistoires départementaux. C'est ce que décide l'article 2 du décret du 16 septembre 1867 sur les consistoires d'Algérie. C'est d'ailleurs une règle assez générale en matière de délibérations d'assemblées (1).

(1) Règlement de la Chambre des Députés, art. 95. — Loi du

Les délibérations sont prises à la majorité des membres présents. L'ordonnance du 20 août 1823, article 12-3°, portait, à propos du consistoire central, qu'en cas d'égalité des suffrages, la voix du président est prépondérante. Cette disposition doit être considérée comme étant encore en vigueur, et appliquée aux consistoires départementaux, puisque l'article 34 de l'ordonnance du 25 mai 1844 l'a étendue au cas de délibérations relatives aux opérations électorales.

Quelques délibérations du consistoire central — nous les verrons plus loin — ne sont valables que si elles sont prises avec l'assentiment du grand-rabbin.

VII. — Nomination du président et du vice-président.

Chaque consistoire nomme son président et son vice-président pour quatre ans (1). Ils sont rééligibles.

Ils sont élus à la majorité des voix. Cette majorité n'étant nulle part indiquée, on doit admettre qu'au premier tour, il faut la majorité absolue des votants, et qu'au second tour la majorité relative suffit. C'est ce qui est généralement décidé.

Aucun texte n'a prévu le cas de partage des voix. L'ordonnance de 1823 prescrivait d'appeler, dans ce cas, le plus ancien d'âge ou de nomination parmi les notables, pour

10 août 1871, art. 30. — Loi du 5 avril 1884, art. 50. — Décret du 30 décembre 1809 sur les fabriques, art. 9, art. 20. — Arrêté du 10 septembre 1853 portant règlement pour la formation des conseils presbytéraux et des consistoires dans les églises réformées et dans les églises de la confession d'Augsbourg, art. 8. — Décret du 12 mars 1880 portant règlement d'administration publique pour l'exécution de la loi du 1er août 1879 sur l'organisation de l'église de la confession d'Augsbourg, art. 9.

(1) Ord. 1844, art. 9. — Décret de 1862, art. 4.

former la majorité. Cette disposition était fort vague. Était-ce le plus ancien d'âge ou le plus ancien de nomination parmi ceux qui étaient nés le même jour? Elle n'est plus en vigueur depuis qu'il n'y a plus que des électeurs de droit. Elle serait inapplicable en cas d'égalité d'âge. Il faut, dès lors, décider qu'en cas de partage des voix, le plus âgé est élu.

Le grand-rabbin peut-il être président? Aucun texte ne s'y oppose. Cependant sa situation est toute différente de celle des autres membres du consistoire : ceux-ci concourent à son élection, ainsi que nous le verrons. De plus il est inamovible. Enfin l'élément laïque domine dans chaque consistoire, et le grand-rabbin est soumis à la surveillance de cette assemblée. Pour des motifs de convenance autant que de bon sens, il est impossible de confier au grand-rabbin la présidence d'une assemblée appelée à le surveiller, puisque, en cas de blâme, il ne pourrait que se démettre de ses fonctions de président, en gardant ses fonctions religieuses, qui ne peuvent lui être retirées par le consistoire. Toutefois rien ne s'oppose légalement à ce que le grand-rabbin soit président. C'est ainsi que M. Isidor, qui fut longtemps grand-rabbin de Paris, et qui fut plus tard grand-rabbin du consistoire central, a été plusieurs fois président du consistoire de Paris. Aucun grand-rabbin du consistoire central n'a jamais été président de cette assemblée.

VIII. — Dissolution des consistoires.

Les membres des consistoires départementaux peuvent être révoqués pour causes graves, sur la provocation du consistoire central, par arrêté du ministre des cultes. On peut citer, parmi ces causes graves, la perte de l'électorat ou une infraction aux dispositions légales.

Le consistoire central peut être dissous par décret (1), et les consistoires départementaux par arrêté du ministre des cultes (2). On peut s'étonner qu'un décret soit nécessaire pour agréer la nomination des membres des consistoires départementaux, et qu'il suffise d'un arrêté ministériel pour dissoudre ces assemblées. C'est pourtant une règle générale de notre droit public, que seule l'autorité qui confère une fonction a qualité pour la retirer. Si quelque différence devait être faite, il semble que c'est contre une dissolution que les consistoires devraient être le mieux garantis. En effet l'Etat pourrait prendre moins de précautions lorsqu'il y a lieu seulement d'homologuer la décision des électeurs que lorsqu'il doit agir seul; à tout le moins pourrait-il n'en pas prendre de plus grandes. On ne peut expliquer cette différence que par le droit de surveillance de l'Etat, droit qu'il exerce plus sévèrement encore à l'égard des cultes reconnus qu'à l'égard des autres groupements, à raison de leur importance et de leur influence. On peut ajouter, en ce qui concerne le culte israélite, une explication historique. Lors de la première réglementation de ce culte, en 1808, on pouvait craindre que les consistoires ne remplissent pas leurs fonctions au mieux des désirs du gouvernement; on voulait que la dissolution pût en être rapidement exécutée, et que l'absence de l'Empereur ne fût pas une cause de retard à cette mesure. Cette préoccupation a sans doute été également celle des rédacteurs de l'ordonnance de 1844.

En cas de dissolution du consistoire central, l'administration du culte est déléguée, jusqu'à l'installation du nouveau consistoire, à une commission composée du grand rabbin et de quatre notables désignés par le ministre des

____

(1) Ord. 1844, art. 13.
(2)   Id.   art. 23.

cultes (1). S'il s'agit d'un consistoire départemental, la commission est composée du grand rabbin consistorial et de quatre notables désignés par le consistoire central (2).

Les élections ont lieu, dans tous les cas, dans le délai de trois mois (3).

Nous avons vu ainsi les dispositions communes au consistoire central et aux consistoires départementaux. Il nous reste à étudier les attributions de ces assemblées. Nous nous conformerons à l'ordre que nous avons adopté, et après avoir commencé par l'assemblée des fidèles, nous continuerons par le consistoire départemental, pour terminer par le consistoire central.

Comme nous l'avons dit, nous laisserons de côté, pour le moment, les attributions relatives à l'administration des biens. Nous ne nous préoccuperons que de celles relatives à la doctrine et à la discipline, de celles qu'on peut appeler d'ordre religieux, et par lesquelles ils sont, dans une certaine mesure, des ministres du culte.

§ 3. — Attributions des consistoires départementaux.

En dehors de leurs attributions relatives à l'administration des biens, les consistoires départementaux en ont d'autres qu'on peut résumer ainsi : ils sont chargés de surveiller l'exercice du culte, ils prennent une part importante à la nomination des ministres du culte, ils ont sur eux des pouvoirs disciplinaires, ils assurent l'exécution des pratiques de la loi mosaïque.

(1) Ord. de 1844, art. 13.
(2)   Id.   art. 23.
(3)   Id.   art. 24.

I. — Attributions relatives à l'exercice du culte.

Le consistoire départemental intervient activement dans l'exercice du culte. C'est lui qui fait, sous l'approbation du consistoire central, les règlements concernant les cérémonies religieuses relatives aux inhumations et à l'exercice du culte dans tous les temples de son ressort (1).

Il est chargé de veiller : 1° à ce qu'il ne soit donné aucune instruction ou explication de la loi qui ne soit conforme aux réponses de l'assemblée générale des Israélites, converties en décisions doctrinales par le grand sanhédrin ; 2° à ce qu'il ne se forme, sans autorisation, aucune assemblée de prières (2). Nous avons déjà vu qu'en réalité, cette dernière prescription n'est accompagnée d'aucune sanction.

Le règlement du 17 mars 1808 les chargeait en outre d'encourager les Israélites à l'exercice des professions utiles, de faire connaître à l'autorité ceux qui n'ont pas de moyens d'existence avoués, et de donner chaque année à l'autorité connaissance du nombre des conscrits israélites de la circonscription (3). Ces dispositions n'ont été abrogées par aucun texte postérieur, mais elles sont tombées en désuétude ; elles n'ont plus aujourd'hui aucune raison d'être. Cependant rien n'empêcherait l'autorité civile d'en exiger l'application.

Nous avons déjà vu que le consistoire dresse la liste des électeurs. C'est lui qui nomme, pour l'administration de chaque synagogue particulière, la commission admi-

(1) Ord. de 1844, art. 20.
(2)   Id.
(3) Art. 12-3°.

nistrative ou le commissaire administrateur chargé en même temps de dresser la liste partielle des électeurs de chaque communauté.

II. — Attributions relatives à la nomination et à la surveillance des ministres du culte.

Le consistoire départemental présente au consistoire central la liste de trois candidats sur laquelle celui-ci choisit le grand-rabbin consistorial. Il lui est adjoint, à cet effet, une commission composée : 1° d'un délégué nommé par les électeurs inscrits dans chaque communauté ayant un ministre du culte rétribué par l'État. 2° d'un nombre égal de délégués choisis par les électeurs du chef-lieu consistorial (1).

Il nomme les rabbins communaux de la circonscription. Il est assisté, pour cette nomination, d'une commission composée de délégués élus au scrutin de liste, moitié par le chef-lieu de la circonscription rabbinique, moitié par les autres communautés de cette circonscription, sans que le nombre total de ces délégués puisse dépasser six. C'est dire qu'il a toujours la prépondérance dans cette nomination, puisqu'il se compose de sept personnes (2). La nomination des rabbins est soumise, par l'intermédiaire du consistoire central, à l'approbation du ministre des cultes.

Le consistoire départemental nomme seul les sous-rabbins qui peuvent être institués par arrêté du ministre des cultes à la place des ministres officiants (3).

Les ministres officiants sont nommés par une commis-

(1) Décret du 12 septembre 1872, art. 1er.
(2)   Id.   art. 2.
(3) Décret du 29 août 1862, art. 2.

sion locale désignée par le consistoire (1). Celui du chef-lieu consistorial est nommé directement par le consistoire départemental (2).

Le consistoire départemental nomme tous les agents du temple du chef-lieu consistorial (3). Ceux des autres temples sont nommés par la commission administrative.

Le consistoire surveille les ministres du culte de la circonscription consistoriale. Il adresse au consistoire central les plaintes qu'il peut avoir à former contre le grand-rabbin et les rabbins communaux (4). Il peut proposer au consistoire central le changement de résidence des rabbins communaux dans le ressort de la circonscription (5). Il peut suspendre les ministres officiants sur l'avis de la commission administrative, et il propose, s'il y a lieu, leur révocation au consistoire central (6).

III. — Attributions relatives à l'exécution des pratiques de la loi mosaïque. — Du mohel et du schohet.

Le consistoire départemental a la mission d'assurer l'exécution des pratiques de la loi mosaïque qui sont encore de nos jours en usage. Le législateur n'en a prévu que deux : la circoncision et l'abatage des bestiaux selon les rites prescrits.

C'est le *mohel* qui est chargé de circoncire les enfants mâles le huitième jour après leur naissance, sur l'avis conforme du médecin de la famille ou d'un médecin dé-

(1) Ord. 1844, art. 48.
(2)   Id.   art. 51.
(3) Ord. 20 août 1823, art. 6.
(4) Ord. 1844, art. 20.
(5)   Id.   art. 12.
(6)   Id.   art. 20.

signé *ad hoc*. Ses fonctions sont gratuites. Il ne peut les exercer que sur autorisation spéciale du consistoire accordée sur l'avis conforme du grand rabbin. La nomination est révoquée dans les mêmes formes (1). Le *mohel* doit, de plus, être pourvu d'un certificat d'un docteur en médecine ou en chirurgie désigné par le préfet, et constatant qu'il offre, au point de vue de la santé publique, toutes les garanties nécessaires (2).

Les bestiaux destinés à la nourriture des Israélites doivent être égorgés de façon qu'il ne reste plus de sang dans la chair de l'animal. C'est au *schohet* qu'incombe ce soin. Il lui est en même temps interdit d'abattre des animaux dont la chair est défendue, et de se servir d'instruments ayant touché à des viandes impures. Pour rassurer la conscience de l'acheteur, on exige généralement le cachet du *schohet* sur la viande mise en vente.

Le *schohet* ne peut exercer ses fonctions que sur autorisation spéciale du consistoire, délivrée sur l'avis conforme du grand-rabbin et retirée dans les mêmes formes (3). De plus, il doit dans toute commune où il veut exercer ses fonctions, faire viser par le maire l'autorisation à lui donnée par le consistoire départemental (4); mais, bien entendu, le retrait ou le refus de l'autorisation n'interdit nullement à un Israélite d'exercer la profession de boucher dans les conditions ordinaires, c'est-à-dire d'abattre les animaux pour en vendre la viande à tous les consommateurs sans distinction (5).

La Cour de cassation, appliquant ici ne doctrine que

---

(1) Ord. 1844, art. 19.
(2) Décret de 1862, art. 10.
(3) Ord. 1844, art. 19.
(4) Décret de 1862. art. 10.
(5) Cass. 14 août 1845 (Dall., 1845, 1, 375).

nous avons rencontrée plusieurs fois déjà, a décidé qu'aucune sanction n'est attachée à la disposition de l'article 52 de l'ordonnance de 1844 (reproduit par l'article 10 du décret de 1862) qui ordonne au *schohet* d'être pourvu de l'autorisation du consistoire. Elle considère que la matière réglementée par cette ordonnance ne rentre pas dans la catégorie des objets de police confiés aux soins et à la vigilance de l'autorité administrative ou municipale par les lois des 16-24 août 1790 et 19-22 juillet 1791, ni par d'autres dispositions législatives, que, dès lors, elle ne trouve pas sa sanction dans la pénalité de l'article 471, n° 15 du Code pénal (1).

Les consistoires ont qualité pour faire des traités avec les bouchers, à l'effet de procurer aux fidèles la viande préparée suivant le rite hébraïque. La surtaxe fixée dans un traité de cette nature, à raison de la préparation particulière dont cette viande doit être l'objet, ne peut être considérée comme constituant un impôt indirect non autorisé par la loi. Ces traités ne portent non plus aucune atteinte au principe de la liberté de l'industrie, et l'arrêté municipal qui les approuve, s'appliquant aux viandes d'une nature particulière et concernant tous les membres d'une communauté religieuse, a un caractère général et doit être obligatoire (2).

« Attendu, dit la Cour de cassation, que, sans qu'il soit besoin de décider si l'énumération des attributions réservées aux consistoires israélites, par l'article 19 de l'ordonnance du 25 mai 1844, est limitative ou simplement énonciative, il est certain qu'ils ont le droit de prendre toutes les mesures qui, n'étant pas défendues par les lois, fournissent un moyen d'exécution ou sont la

(1) Cass., 20 février 1851 (Dall., 1851, I, 340).
(2) Cass., 27 décembre 1864 (Sir., 1864, I, 170).

conséquence des actes que cet article les autorise expressément à faire ;

« Attendu que les consistoires, à qui l'article 10 confie d'une façon générale la haute surveillance des intérêts du culte israélite, sont chargés spécialement par l'article 19 du choix du *schohet*, c'est-à-dire de l'agent exclusivement chargé d'abattre les bestiaux destinés à la consommation des Israélites et de préparer la viande dite *kascher*, en se conformant aux prescriptions du rite hébraïque ;

« Attendu qu'en se reposant sur les consistoires du soin d'assurer aux Israélites le moyen de satisfaire à un devoir religieux qui, sans cette intervention, serait d'un accomplissement difficile et souvent impossible. l'article 19 les a virtuellement investis de la faculté de passer des marchés à l'effet de concentrer le débit de la viande *kascher* pour la mettre à la portée des consommateurs..... »

IV. — Attributions relatives à l'administration des établissements religieux.

Enfin le consistoire départemental est chargé de l'administration de tous les établissements ou associations pieuses de la circonscription (1). Il doit adresser, chaque année, au préfet un rapport sur la situation morale de tous les établissements de charité, de bienfaisance ou de religion spécialement destinés aux Israélites.

C'est ainsi que le consistoire de Paris est chargé de l'administration du séminaire israélite et des nombreuses œuvres israélites instituées à Paris, et dont les plus connues sont : l'Alliance israélite universelle, l'hôpital et la maison de retraite Rothschild, l'orphelinat israélite, la maison de refuge, le Comité central de secours pour les écoles

____

(1) Ord. 1844, art. 19.

de Jérusalem, l'Œuvre des femmes en couches, et bien d'autres.

Dans la circonscription de chaque consistoire existent des comités de bienfaisance, des sociétés de secours mutuels et des maisons de refuge.

V. — Commissions administratives.

Les consistoires départementaux peuvent instituer, par délégation, auprès de chaque temple et selon les besoins, soit un commissaire administrateur, soit une commission administrative agissant sous sa direction et sous son autorité. Le commissaire ou la commission rend compte annuellement de sa gestion au consistoire départemental (1).

Le règlement de 1808 avait rendu cette création obligatoire. Chaque synagogue particulière était administrée par deux notables et un rabbin désignés par le consistoire départemental, sous l'approbation du consistoire central. L'article 6 de l'ordonnance de 1823 disposait, alinéa 2 :

« Le consistoire nommera près les temples de sa circonscription un ou plusieurs commissaires surveillants qui exerceront sous sa dépendance les fonctions qu'il leur aura déléguées. »

La commission administrative a surtout des attributions relatives aux biens. Elle en a aussi quelques autres. C'est elle qui dresse la liste partielle des électeurs de la communauté (2). Elle forme le bureau électoral quand il y a lieu de convoquer l'assemblée des électeurs (3). Son président préside l'assemblée des notables chargée de désigner les ministres officiants (4). Elle donne son avis au consistoire

---

(1) Ord. 1844, art. 21.
(2) Décret de 1862, art. 7.
(3) Instr. minist. du 15 décembre 1849-10°.
(4) Ord. 1844, art. 48,

départemental sur la suspension des ministres officiants (1). Elle nomme tous les agents du temple de la communauté (2).

§ 4. — Attributions du consistoire central.

Les fonctions du consistoire central sont fort importantes. Il est chargé de la haute surveillance des intérêts du culte israélite ; il est en même temps l'intermédiaire entre le ministre des cultes et les consistoires départementaux (3). Ses attributions sont relatives soit à la surveillance, soit à la doctrine, soit à la discipline.

I. — Attributions relatives à l'exercice du culte.

Le consistoire central approuve les règlements relatifs à l'exercice du culte dans les temples préparés par les consistoires départementaux (4). Il est même chargé de veiller à l'exécution des dispositions du règlement de 1808 restées en vigueur, et de déférer au ministre des cultes toutes les atteintes qui y sont portées (5). On peut citer parmi ces prescriptions encore en vigueur celles qui obligent les consistoires à veiller à ce que les rabbins ne puissent donner soit en public, soit en particulier, aucune instruction ou explication de la loi qui ne soit conforme aux réponses de l'assemblée générale converties en décisions doctrinales par le grand sanhédrin, et à ce que, sous

(1) Ord. 1844, art. 20.
(2) Ord. 20 août 1823, art. 7.
(3) Ord. 1844, art. 10.
(4)   Id.   art. 10.
(5) Décret de 1808, art. 17 (Dalloz, *Répertoire*, supplément, v° cultes, n° 789).

prétexte de religion, il ne se forme sans autorisation expresse aucune assemblée de prières (1) ; à encourager, par tous les moyens possibles, les Israélites à l'exercice des professions utiles et à faire connaître à l'autorité ceux qui n'ont pas de moyens d'existence avoués ; à donner, chaque année, à l'autorité compétente le nombre des conscrits israélites de la circonscription (2); celles qui obligent les rabbins à rappeler en toute circonstance l'obéissance aux lois, notamment à celles relatives à la défense de la patrie, et d'y exhorter plus spécialement encore tous les ans, à l'époque de la conscription, depuis le premier appel de l'autorité jusqu'à la complète exécution de la loi ; à faire considérer aux Israélites le service militaire comme un devoir sacré, et à leur déclarer que, pendant le temps où ils se consacreront à ce service, la loi les dispense des observances qui ne pourraient se concilier avec lui (3). On peut dire que toute cette partie du décret de 1808, bien que toujours en vigueur, est inutile et surannée. En réalité, elle est tombée en désuétude. Mais le ministre des cultes pourrait en exiger l'application, et le consistoire central devrait alors veiller à ce que ces dispositions fussent exécutées.

Toutes les délibérations du consistoire central relatives aux objets religieux et au culte doivent être approuvées par son grand-rabbin. En cas de dissentiment entre le consistoire central et son grand-rabbin, le grand-rabbin de Paris est consulté. Si les deux rabbins diffèrent d'avis, le plus ancien de nomination des grands-rabbins consistoriaux est appelé à les départager (4). Ce qui veut dire que

(1) Décret de 1808, art. 12. — Ord. 1844, art. 20.
(2) Décret de 1808, art. 12.
(3)   Id.   art. 21.
(4) Ord. 1844, art. 38.

si le grand-rabbin du consistoire central et le grand-rabbin du consistoire de Paris sont du même avis, leur opinion l'emporte sur celle du consistoire central.

Aucun ouvrage d'instruction religieuse ne peut être employé dans les écoles israélites, s'il n'a été approuvé par le consistoire central sur l'avis conforme de son grand rabbin (1). L'ordonnance de 1823, article 18, disait même « aucun livre ». Ces dispositions sont toujours applicables aux écoles libres israélites.

En cas de dissentiment, qui doit l'emporter? Il ne s'agit pas ici d'objets religieux ni d'objets relatifs au culte : dès lors, l'article 38 de l'ordonnance de 1844 est inapplicable, et il n'y a pas lieu de consulter le grand-rabbin de Paris.

Gaudry (2) fait une distinction :

« S'il s'agit d'approuver, dit-il, le consistoire central ne peut autoriser un ouvrage que sur l'avis conforme du grand-rabbin, C'est ce que dit l'article 10 de l'ordonnance de 1844. Il serait impossible qu'un ouvrage d'instruction religieuse pût devenir la base de l'enseignememt contre l'opinion du ministre supérieur chargé de cet enseignement et dépositaire principal de la doctrine. Mais s'il s'agit d'interdire, il semble, en cas de dissentiment entre le consistoire central et le grand-rabbin, que l'ouvrage doit demeurer interdit, car l'opinion du grand-rabbin ne peut pas prévaloir sur celle du consistoire chargé par la loi d'apprécier les ouvrages et, dès lors, autorisé à ne pas les approuver. »

Cette opinion est fort sujette à caution. L'art 10 ne fait nullement cette distinction. Il dit simplement : « Aucun ouvrage ne peut être employé s'il n'a été approuvé par le consistoire central sur l'avis conforme du grand-rabbin ». Ou bien l'ordonnance a voulu donner au grand-rabbin, en exigeant son avis « conforme » un pouvoir égal à celui du

(1) Ord. 1844, art. 10.
(2) III, n° 1352.

consistoire central, ou elle a entendu laisser au consistoire central le droit de passer outre ; dans l'une et l'autre hypothèse, on n'aperçoit pas la distinction faite par Gaudry. Il est bien certain que l'opinion du grand-rabbin peut prévaloir sur celle du consistoire central quand il s'agit d'approuver, puisque l'ordonnance exige que son avis soit « conforme » ; dès lors, rien n'empêche qu'il en soit de même quand il s'agit d'interdire. Il faut prendre le texte tel qu'il est, et exiger, et l'approbation du consistoire central et l'avis conforme du grand-rabbin quand il s'agit d'introduire un ouvrage dans l'enseignement. Au contraire, quand il s'agit de retirer un ouvrage de l'enseignement, la décision du consistoire central ne peut prévaloir sur l'avis du grand rabbin si cet avis est contraire.

Le consistoire central délivre seul les diplômes du 1er et du 2e degré pour l'exercice des fonctions rabbiniques, sur le vu des certificats d'aptitude obtenus conformément au règlement du 15 octobre 1832 (1). Avant le décret de 1862, c'étaient les consistoires départementaux qui délivraient les diplômes du 1er degré.

Le consistoire central est chargé de régler, sous l'approbation du ministre des cultes, les conditions d'études pour le titre de sous-rabbin, ainsi que les fonctions et attributions des sous-rabbins (2).

(1) Ord. 1844, art. 12. — Décret de 1862, art. 3.
(2) Décret de 1862, art. 2.

**II. — Attributions relatives à la nomination et à la surveillance
des ministres du culte.**

L'intervention du consistoire central dans la nomination
des ministres du culte est constante. Il nomme le grand
rabbin du consistoire central. Il est, à cet effet, assisté de
délégués nommés à raison de deux par consistoire (1). Il
choisit, sur la liste présentée par le consistoire départemental, les grands-rabbins consistoriaux (2). Il sert
d'intermédiaire entre le consistoire départemental et
le ministre des cultes pour l'approbation par celui-ci de la
nomination des rabbins communaux (3).

Ses pouvoirs disciplinaires sont considérables.

A l'égard des consistoires départementaux, il a le droit
de censure sur les membres laïques. Il peut provoquer leur révocation pour cause grave, et même la dissolution du consistoire (4).

Il n'a aucun droit sur son grand-rabbin. Seul le ministre des cultes peut déférer celui-ci pour abus au Conseil
d'État et supprimer son traitement. Aucune autre peine
disciplinaire ne lui est applicable. Mais tous les autres
ministres du culte relèvent du consistoire central au point
de vue disciplinaire.

Il peut censurer les grands-rabbins consistoriaux sur
la plainte du consistoire départemental. Il peut même provoquer auprès du ministre des cultes leur suspension ou
leur révocation.

Il a directement, sur l'avis du consistoire départemental
et du grand-rabbin consistorial, le droit de censure à

(1) Ord. 1844, art. 40.
(2) Décret de 1862, art. 1er.
(3) Décret de 1872, art. 2.
(4) Ord. 1844, art. 11.

l'égard des rabbins communaux. Il peut, sur la proposition du consistoire départemental et avec l'approbation du ministre des cultes, ordonner leur changement de résidence dans le ressort du consistoire. Il peut les suspendre pour un an au plus. Il peut les révoquer, sauf la confirmation du ministre des cultes. Enfin il révoque les ministres officiants sur la proposition du consistoire départemental.

Tous ces pouvoirs disciplinaires du consistoire central sont réglés par l'article 12 de l'ordonnance de 1844.

III. — Importance des fonctions du consistoire central.

Telles sont les importantes fonctions du consistoire central. Elles lui donnent une situation considérable dans le judaïsme français. La haute valeur de ses membres, qui sont choisis parmi les personnalités les plus éminentes du monde israélite, lui assure une influence sérieuse, et auprès du ministre des cultes et auprès de ses coreligionnaires. Nous avons, au commencement de cette étude, parlé de la suppression des crédits alloués au séminaire israélite. Sur la demande du consistoire central, le gouvernement insista auprès de la Chambre et obtint le rejet de la proposition de la commission du budget. Si le consistoire central fut moins heureux en 1888, son échec ne fut que passager, puisque le crédit fut rétabli en 1889.

Il ne nous appartient pas d'apprécier le rôle que le consistoire central a joué depuis sa création. Qu'il nous suffise de dire que jamais il ne s'est associé aux imprudences et aux passions qui ont parfois agité le judaïsme. C'est à cette attitude correcte qu'il a dû de toujours conserver la haute situation qu'il occupe et qui fait de lui, pour ainsi dire, le grand sanhédrin moderne.

Section II. — Des ministres du culte

§ 1ᵉʳ — Règles communes à tous les ministres du culte.

Les ministres du culte sont : le grand-rabbin du consistoire central, les grands-rabbins des consistoires départementaux, les rabbins communaux, les sous-rabbins et les ministres officiants.

Nous avons vu plusieurs des dispositions qui leur sont applicables, et qui sont communes aux ministres des différents cultes. Ces dispositions concernent, d'une façon générale, la protection accordée par l'État aux membres du clergé et les obligations qu'il leur impose en retour ; nous n'y reviendrons pas. Il nous reste à voir le mode de désignation des ministres du culte israélite et leurs fonctions.

Plusieurs règles sont communes à tous. Elles concernent : la nationalité, l'âge, les conditions d'études et l'interdiction d'exercer certaines professions.

I. — Nationalité.

Nul ne peut être nommé grand-rabbin, rabbin communal, ministre officiant, s'il n'est Français (1). L'article 20 du décret du 17 mars 1808 exigeait déjà que les rabbins fussent Français ou Italiens du royaume d'Italie. L'ordonnance n'exige pas, comme l'article 16 de la loi du 18 germinal an X pour les évêques, que les rabbins soient « ori-

____

(1) Ord. 1844, art. 57.

ginaires Français ». Par conséquent, les Israélites naturalisés peuvent être nommés rabbins.

II. — Age.

Pour être nommé grand rabbin du consistoire central, il faut avoir 40 ans (1) ; pour être nommé grand rabbin du consistoire départemental, il faut avoir 30 ans (2) ; il faut avoir 25 ans pour être nommé rabbin communal ou ministre officiant (3).

Des dispenses d'âge peuvent être accordées par le ministre des cultes sur la proposition du consistoire central (4). On peut renouveler ici une critique déjà faite ailleurs (5) : il est singulier que le ministre des cultes accorde la dispense aux grands rabbins, alors que c'est le chef de l'État qui approuve l'élection. Il est également étrange que la proposition du consistoire central soit nécessaire pour cette dispense, même quand il s'agit du grand-rabbin du consistoire central, sur lequel il n'a aucune autorité. La raison, c'est que le consistoire central paraît, mieux que toute autre autorité, pouvoir éclairer le ministre sur la nécessité des dispenses d'âge. Le chef de l'État, en approuvant l'élection, confirme la dispense. On peut, dès lors, dire *lato sensu* que c'est lui qui l'accorde.

III. — Conditions d'études.

Certaines conditions d'études sont exigées des ministres

(1) Ord. de 1844, art. 39.
(2)   Id.   art. 44.
(3)   Id.   art. 47 et 50.
(4)   Id.   art. 57.
(5) Gaudry, III, n° 1375.

du culte israélite. Pour être grand-rabbin, il faut être pourvu d'un diplôme du second degré, délivré conformément au règlement du 15 octobre 1832. Pour être rabbin communal, il faut être pourvu d'un diplôme du premier degré. Ces deux diplômes sont accordés par le consistoire central (1).

On exige des aspirants au diplôme du premier degré la connaissance de la langue hébraïque, de la Bible, des principes du Talmud, du résumé de différents auteurs juifs parmi lesquels Maïmonide, des éléments du latin et de l'histoire juive, et des décisions doctrinales du grand sanhédrin de France.

Les aspirants au diplôme du second degré doivent, en outre, connaître le latin, le grec, la rhétorique, la philosophie, l'histoire ancienne et moderne. Il n'est pas sans intérêt de remarquer que ce dernier programme était, à peu de chose près, celui du baccalauréat de l'époque. Il n'a pas subi les vicissitudes de ce dernier, mais peut-être pourrait-il, sans inconvénient, être rajeuni. On peut se demander aujourd'hui, par exemple, ce que le règlement de 1832 entend par « la rhétorique », et pourquoi il n'exige la connaissance ni d'aucune langue étrangère, alors que les Juifs ont tant de rapports avec l'Allemagne, où se fait d'ailleurs un si grand mouvement de pensée, ni des éléments des sciences naturelles, pour ne parler que de celles-là, puisque, aux termes de l'avis du Conseil d'État du quatrième jour complémentaire an XIII, approuvé le 8 vendémiaire an XIII, les curés et desservants peuvent donner des soins et des conseils gratuits et remettre des médicaments simples. La situation qu'occupent les grands rabbins, les traitements qui leur sont alloués, permettent d'exiger d'eux autre chose que les connaissances qui suf-

(1) Ord. de 1844, art. 12. — Décret de 1862, art. 3.

fisaient, en 1832, à faire un bachelier. Il est vrai que tous ou presque tous sortent du séminaire israélite, où l'on n'entre que muni du diplôme de bachelier ès lettres, et où les études durent six ans.

Le consistoire central confère les diplômes, sur le vu des certificats, délivrés par les professeurs du séminaire israélite réunis en commission d'examen. Les candidats ayant fait leurs études hors du séminaire doivent produire : 1° un certificat de bonnes vie et mœurs délivré par le maire du lieu de leur domicile et visé par le consistoire départemental de leur ressort ; 2° des certificats attestant le temps d'études, tant sacrées que profanes, qu'ils auront faites, soit dans les institutions de l'Université, soit chez des professeurs particuliers (1).

Les ministres officiants n'ont pas à justifier de la possession d'un diplôme ; ils doivent simplement produire un certificat du grand-rabbin de la circonscription, attestant qu'ils possèdent les connaissances suffisantes. Ce certificat est délivré dans la forme déterminée par le consistoire central (2). On conçoit que les exigences soient moins grandes vis-à-vis des ministres officiants, qui sont chargés, sous la direction des rabbins, de célébrer les offices religieux, et qui ne sont, en général, que de simples chantres.

L'article 2 du décret du 29 août 1862 a remis au consistoire central, sauf approbation du ministre des cultes, le règlement des conditions d'études pour les fonctions de sous-rabbin.

(1) Règlement de 1832, titre IV.
(2) Ord. de 1844, art. 50.

IV. — Interdiction d'exercer une profession industrielle ou commerciale.

Les ministres du culte, à l'exception des ministres officiants, ne peuvent exercer aucune profession industrielle. ou commerciale (1). L'incompatibilité ne s'étend pas aux fonctions libérales; mais il n'y a nul doute que les consistoires interviendraient pour empêcher les rabbins d'exercer d'autres fonctions que celles qui touchent aux intérêts religieux. Bien entendu, rien ne s'oppose à ce qu'un rabbin, comme un prêtre ou un fonctionnaire, exploite une propriété lui appartenant et en vende ou fasse vendre les produits, coupes de bois, céréales, vins, etc. Ce que l'on ne veut pas, c'est que les ministres du culte soient distraits de leurs fonctions religieuses pour en exercer d'autres. Si les consistoires n'étaient pas là pour assurer en fait le respect de la loi dans son esprit, il y aurait lieu de regretter la distinction faite par l'ordonnance de 1844 entre les professions industrielles et commerciales d'une part, et les professions libérales d'autre part, distinction qui n'a aucune raison d'être, les unes et les autres ayant, au point de vue religieux, les mêmes inconvénients, à savoir la négligence des intérêts religieux.

V. — Installation.

Les grands-rabbins, rabbins et ministres officiants sont installés suivant les instructions du consistoire central. Procès-verbal de l'installation est adressé au consistoire central et au préfet du département ou réside le nouveau

____

(1) Ord. de 1844, art. 57.

titulaire (1). L'article 58 prescrivait la prestation du serment ; cette disposition a été abolie par le décret du 4 septembre 1870.

Nous avons déjà dit que c'est du jour de l'installation que court le traitement alloué par l'État aux ministres du culte.

VI. — Fonctions.

Les fonctions des rabbins sont : 1° d'enseigner la religion ; 2° d'enseigner la doctrine renfermée dans les décisions du grand sanhédrin ; 3° de rappeler, en toute circonstance, l'obéissance aux lois, notamment et en particulier à celles relatives à la défense de la patrie, mais d'y exhorter plus spécialement encore tous les ans à l'époque de la conscription, depuis le premier appel de l'autorité jusqu'à la complète exécution de la loi ; 4° de faire considérer aux Israélites le service militaire comme un devoir sacré et de leur déclarer que, pendant le temps où ils se consacreront à ce service, la loi les dispense des observances qui ne pourraient point se concilier avec lui ; 5° de prêcher dans les synagogues et de réciter les prières qui s'y font en commun ; 6° de célébrer les mariages et de déclarer les divorces, sans qu'ils puissent, dans aucun cas, y procéder que les parties requérantes ne leur aient bien et dûment justifié de l'acte civil de mariage ou de divorce (2).

Parmi ces prescriptions, quelques-unes disparaîtraient, à coup sûr, si l'on procédait à la revision de la législation ; elles sont surannées, nous l'avons déjà dit, elles ont un caractère de défiance que rien ne justifie plus de nos jours. Les Juifs sont devenus Français ; ils n'ont besoin, ni plus

(1) Ord. de 1844, art. 59.
(2) Décret de 1808, art. 21.

ni moins que leurs compatriotes des autres religions, qu'on leur rappelle le devoir d'obéir à la loi ; en tout cas, pourquoi charger spécialement les rabbins de ce soin, alors que l'État n'impose pas la même obligation aux ministres des autres cultes, et se contente de leur interdire de prêcher le mépris des lois ? Ces dispositions s'expliquaient, dans une certaine mesure, en 1808, alors qu'on pouvait craindre de la part des Juifs le refus de service militaire. Elles n'ont plus aujourd'hui aucune raison d'être.

Arrivons aux règles particulières à chaque catégorie de ministres du culte.

§ 2. — Grand-rabbin du consistoire central.

D'après le décret de 1808, il y avait, dans le consistoire central, trois rabbins choisis parmi les grands-rabbins et nommés par décret. L'article 15 disposait : « Chaque année il sortira un membre du consistoire central. » L'article 5 de l'ordonnance du 29 juin 1819 décida que cette disposition n'était applicable qu'aux membres laïques du consistoire central. L'ordonnance du 20 août 1823 réduisit à deux le nombre des grands-rabbins (1). Depuis 1844 il n'y a plus qu'un grand-rabbin du consistoire central.

Le grand-rabbin du consistoire central est élu par une assemblée composée des membres du consistoire central et de deux délégués par consistoire départemental (2).

Les délégués sont élus au scrutin de liste par l'assemblée des électeurs (3). Ils sont choisis parmi les électeurs

(1) Art. 11 et 14.
(2) Ord. de 1844, art. 40.
(3) Décret de 1862, art. 5.

de la circonscription ou ceux du collège de Paris. Si plusieurs collèges choisissent à Paris le même délégué, le consistoire central tire au sort la circonscription dont le membre élu sera le représentant. Les autres collèges nomment un autre délégué (1). L'assemblée est présidée par le président du consistoire central, le plus jeune électeur est secrétaire. L'élection a lieu au scrutin secret et à la majorité absolue. Elle n'est valable, dit l'article 42 de l'ordonnanee de 1844, qu'autant que quinze membres au moins y ont concouru.

En 1844, il y avait seulement sept consistoires départementaux. L'essemblée des électeurs chargés de nommer le grand-rabbin du consistoire central se composait donc de vingt-un membres, c'est-à-dire des membres du consistoire central, à raison d'un par circonscription consistoriale, et de deux délégués par chaque circonscription. En exigeant la présence de quinze électeurs au moins, l'ordonnance exigeait les 5/7 du nombre total des électeurs. Aujourd'hui les électeurs sont au nombre de trente-six, puisqu'il y a douze consistoires départementaux. Faut-il maintenir la même proportion des 5/7 et exiger la présence de vingt-cinq électeurs, ou s'en tenir aux termes stricts de l'ordonnance et n'exiger que la présence de quinze électeurs? L'esprit de l'ordonnance est évidemment que le grand-rabbin soit élu dans des conditions telles que son autorité soit considérable. S'il pouvait n'être élu qu'à la majorité absolue de huit voix sur quinze votants et sur trente-six inscrits, il semble bien qu'il ne pourrait avoir sur les grands-rabbins et sur les rabbins communaux la haute autorité morale qu'on a entendu lui conférer. Il faut donc interpréter l'ordonnance en ce sens que le nombre d'électeurs dont la présence au scrutin est nécessaire

____

(1) Ord. de 1844, art. 41.

pour que l'élection soit valable doit être des 5/7 du nombre total. Actuellement il serait donc de vingt-cinq.

Le procès-verbal de l'élection est transmis au ministre des cultes par le consistoire central (1). La nomination du grand-rabbin du consistoire central doit être approuvée par le chef de l'État (2).

Le grand-rabbin est nommé à vie (3). Il peut, bien entendu, se démettre de ses fonctions. L'inamovibilité ne lui est pas imposée ; elle lui est conférée en ce sens que nulle autorité ne peut lui retirer ses fonctions. C'est le seul ministre du culte israélite qui soit dans ce cas. Les seules peines disciplinaires qui lui soient applicables sont la déclaration d'abus et la suppression partielle ou totale du traitement.

Nul ne peut être grand-rabbin s'il n'est âgé de 40 ans accomplis, sauf dispense d'âge, muni d'un diplôme de second degré rabbinique délivré conformément au règlement du 15 octobre 1832, et s'il n'a rempli pendant dix ans au moins les fonctions de rabbin communal ou pendant cinq ans celles de grand-rabbin consistorial ou de professeur à l'école centrale rabbinique (4).

Les fonctions du grand rabbin sont religieuses et disciplinaires.

Il peut officier et prêcher dans toutes les synagogues de France.

Aucune délibération relative au culte ne peut être prise par le consistoire central sans son approbation. En cas de dissentiment, le grand-rabbin du consistoire de Paris est consulté, et, s'il y a lieu, le plus ancien de nomination

(1) Ord. de 1844, art. 42 *in fine*.
(2)   Id.   art. 7.
(3)   Id.   art. 39.
(4)   Id.   art. 39.

des grands-rabbins consistoriaux départage les deux grands-rabbins.

Aucun ouvrage d'instruction religieuse ne peut être employé dans les écoles israélites s'il n'a été approuvé par le consistoire central sur l'avis conforme du grand rabbin.

Les pouvoirs disciplinaires du grand rabbin du consistoire central se bornent à un droit de surveillance et d'admonition sur les ministres du culte (1). Il ne peut ni interdire l'exercice des fonctions sacerdotales ni destituer les rabbins ; ce droit appartient, comme nous l'avons vu, aux consistoires. Bien entendu, les observations qu'il ferait aux ministres du culte, en vertu de son droit d'admonition auraient leur contrecoup dans une décision disciplinaire du consistoire central qui ne le désavouerait probablement pas. Mais il n'y aurait là qu'une conséquence. C'est dire combien sont limitées les prérogatives disciplinaires de celui qui est revêtu de la plus haute dignité religieuse dans le culte israélite, quand on les compare à celles qui appartiennent aux évêques.

§ 3. — Grands-rabbins des consistoires départementaux.

D'après l'article 25 de l'ordonnance de 1844, comme d'ailleurs d'après l'article 18 du décret de 1808, ils étaient nommés par le collège des notables et agréés par le chef de l'État. Le décret du 9 juillet 1853 remit cette nomination au consistoire départemental, assisté de 25 notables élus par l'assemblée des électeurs. Le décret du 29 août 1862 transporta cette nomination au consistoire central, sur une liste de trois rabbins présentés par le consistoire

____

(1) Ord. de 1844, art. 38.

départemental. Depuis le décret du 12 septembre 1872, ils sont nommés par le consistoire central sur une liste de trois candidats présentés par le consistoire départemental, assisté d'une commission composée : 1° d'un délégué nommé par les électeurs inscrits de chaque communauté ayant un ministre du culte rétribué par l'État; 2° d'un nombre égal de délégués choisis par les électeurs du chef-lieu consistorial. C'est, en partie, le retour à la nomination par l'assemblée des électeurs.

La nomination est soumise à l'approbation du chef de l'État.

Nul ne peut être grand-rabbin consistorial s'il n'est âgé de 30 ans, sauf dispense d'âge, et s'il n'est porteur d'un diplôme de second degré rabbinique. Les grands-rabbins sont élus : 1° parmi ceux des autres grands-rabbins des autres circonscriptions qui se font inscrire au siège du consistoire; 2° parmi les rabbins en fonctions sortis de l'école centrale rabbinique; 3° parmi les rabbins ayant cinq ans d'exercice quand ils ne sont pas élèves de cette école, et parmi les professeurs de la même école (2).

Les grands-rabbins des consistoires départementaux peuvent, sur la plainte du consistoire, être censurés par le consistoire central qui peut également provoquer auprès du ministre des cultes leur suspension ou leur révocation. C'est encore le lieu de faire une remarque déjà faite, à savoir que les droits conférés à l'État pour la révocation des fonctionnaires du culte sont plus grands que ceux qu'il a pour leur nomination, puisqu'il suffit, dans le premier cas, d'un arrêté ministériel, et qu'un décret est nécessaire dans le second.

Le grand-rabbin du consistoire central a sur eux un droit de surveillance et d'admonition.

(1) Ord. de 1844, art. 44.
(2)   Id.   art. 45.

L'ordonnance de 1844 ne dit pas qu'ils soient nommés à vie. Elle ne pouvait le faire puisqu'elle dispose qu'ils pourront être révoqués par le ministre des cultes. Mais comme elle ne fixe nulle part la durée de leurs fonctions, il en faut conclure que ces fonctions n'ont pas de terme, et que les grands-rabbins consistoriaux ne sont pas sujets à la réélection (1).

Leurs fonctions sont, dans le cercle de la circonscription consistoriale, à peu près les mêmes que celles du grand-rabbin du consistoire central pour toute la France. Ils peuvent officier et prêcher dans toutes les synagogues de la circonscription. Ils ont le droit de surveillance, mais non d'admonition, sur les rabbins communaux et ministres officiants de la circonscription. De plus, ils donnent leur avis au consistoire central sur la censure des rabbins communaux, et au consistoire départemental sur la nomination et la révocation du *mohel* et du *schohet* (2).

§ 4. — Rabbins communaux.

Sous le régime du décret de 1808, les rabbins membres des consistoires départementaux étaient élus par les notables et agréés par le chef de l'État (3). La nomination des autres rabbins était faite par le consistoire départemental et approuvée par le consistoire central (4). L'ordonnance de 1823 modifia le mode de nomination de ces derniers. Ils furent nommés par une commission désignée par le consistoire départemental et présidée par le commissaire

(1) Gaudry, III, 1382.
(2) Ord., art. 12, art. 19.
(3) Art. 9.
(4) Deuxième décret de 1808, art. 2.

surveillant, et agréés par le consistoire central (1). L'article 48 de l'ordonnance de 1844 disposait que les rabbins sont élus « par une assemblée de notables désignés par le consistoire départemental et choisis de préférence parmi les notables du ressort. Le commissaire administrateur ou le président de la commission administrative préside cette assemblée. Le consistoire règle, suivant l'importance du ressort à desservir, le nombre des membres qui la composent, lequel en aucun cas ne peut être au-dessous de cinq. » La nomination était approuvée par le ministre des cultes. Le décret du 9 juillet 1853 rendit la nomination au consistoire départemental.

L'article 2 du décret du 12 septembre 1872 décide que les rabbins sont nommés par le consistoire départemental, assisté d'une commission composée de délégués élus au scrutin de liste, moitié par le chef-lieu de la circonscription rabbinique, moitié par les autres communautés de cette circonscription. Le nombre total de ces délégués ne pourra dépasser six. La nomination des rabbins est soumise, par l'intermédiaire du consistoire central, à l'approbation du ministre des cultes.

D'après une décision du consistoire central du 15 juin 1874, il n'y a pas lieu d'augmenter le nombre des délégués quand il n'existe pas, autour du chef-lieu de la circonscription rabbinique, de communautés selon la véritable acception de ce mot, ou quand il n'y a que des Israélites agglomérés représentant un petit nombre d'électeurs. Mais ces électeurs peuvent se rendre au chef-lieu de la circonscription rabbinique pour participer à la nomination des délégués avec les électeurs de cette communauté.

Pour être nommé rabbin, il faut avoir 25 ans, sauf

____

(1) Art. 7.

dispense d'âge, et être porteur d'un diplôme du premier degré rabbinique (1).

Les rabbins sont choisis parmi les élèves de l'école centrale rabbinique. A défaut de candidats sortant de cette école, tout Israélite remplissant les conditions prescrites peut être admis comme candidat (2).

Les rabbins communaux n'ont que des fonctions religieuses. Ils officient et prêchent dans les temples de leur ressort. Ils n'ont aucun pouvoir disciplinaire sur les ministres officiants. Ils peuvent être censurés par le consistoire central, sur l'avis du consistoire départemental et du grand-rabbin consistorial ; le consistoire central peut les suspendre pour un an au plus ; il peut, sur la proposition du consistoire départemental et avec l'approbation du ministre des cultes, ordonner leur changement de résidence dans le ressort du consistoire ; il peut enfin les révoquer, sauf la confirmation du ministre des cultes.

§ 5. — Sous-rabbins.

Aux termes de l'article 1er du décret du 29 août 1862, dans les communautés israélites desservies par un ministre officiant rétribué sur les fonds de l'État, il peut être établi par arrêté du ministre des cultes, sur la proposition du consistoire central, un sous-rabbin à la place du ministre officiant. L'article 2 ajoute :

« Les sous-rabbins doivent être âgés de 25 ans au moins. Ils sont nommés par les consistoires départementaux. Les conditions d'études pour le titre de sous-rabbin, les fonctions et les attributions des sous-rabbins sont réglées par le consistoire central sous l'approbation du ministre des cultes. Les règles de discipline établies pour les ministres officiants sont applicables aux sous-rabbins. Il peut leur être accordé des dispenses d'âge. »

(1) Ord. de 1844, art. 47.
(2) Ord. de 1844, art. 49.

Le décret de 1862 n'a pas été modifié par celui de 1872 en ce qui concerne les sous-rabbins.

§ 6. — Ministres officiants.

L'ordonnance du 20 août 1823 remettait aux consistoires départementaux la nomination du ministre officiant du chef-lieu consistorial (1). Les autres ministres officiants étaient nommés par une commission locale désignée par le consistoire et présidée par le commissaire surveillant (2), et confirmés par le consistoire. Ce système fut maintenu par l'ordonnance de 1844 (3), qui transportait toutefois le droit de confirmation au consistoire central, chargé d'envoyer au ministre des cultes l'avis des nominations faites et approuvées, et d'indiquer les justifications produites (4).

Aucun décret postérieur n'a modifié ce système.

Nul ne peut être ministre officiant, s'il n'est âgé de 25 ans, sauf dispense d'âge, et s'il ne produit un certificat délivré par le grand rabbin de la circonscription, dans la forme déterminée par le consistoire central, et attestant qu'il possède les connaissances religieuses suffisantes (5).

Les ministres officiants peuvent être censurés ou suspendus par le consistoire départemental sur l'avis de la commission administrative ; ils peuvent être révoqués par le consistoire central sur la proposition du consistoire départemental (6).

____

(1) Art. 6.
(2) Art. 7.
(3) Art. 42.
(4) Art. 51.
(5) Ord. de 1844, art. 50.
(6)   Id.   art. 12.

Ils sont chargés de célébrer les offices religieux, sous la direction des rabbins. En général, ce ne sont que de simples chantres, mais dont les places peuvent être érigées en sous-rabbinats.

Bien qu'ils soient des ministres du culte, et qu'à ce titre ils bénéficient de toutes les prérogatives et subissent toutes les obligations de ces ministres, il faut remarquer que leurs fonctions ne sont pas incompatibles avec une profession industrielle ou commerciale. L'article 57 n'a édicté cette incompatibilité que pour les rabbins. On se l'explique facilement : les ministres officiants n'ont pas en réalité le caractère sacerdotal, ce sont en général, nous venons de le dire, de simples chantres. De plus, il faut bien dire qu'une telle prescription serait véritablement inhumaine. Leurs traitements sont des plus modestes; ils varient de 600 à 1.000 francs, trois seulement d'entre eux ont un traitement de 2.000 francs. Ces chiffres suffisent à justifier l'exception faite en leur faveur. Sans doute, il peut leur être accordé des suppléments de traitement par les consistoires et commissions admnistratives, mais ces indemnités ne sont pas très fortes. Il est d'ailleurs loisible aux consistoires, en vertu de leur pouvoir disciplinaire, de suppléer au silence de la loi, quand ils estiment que le traitement accordé au ministre officiant suffit à lui assurer une existence honorable.

§ 7. — École centrale rabbinique.

Cette école a été fondée à Metz par arrêté ministériel du 21 août 1829. Elle était sous la direction du consistoire de Metz, sous l'autorité du consistoire central, et sous la surveillance du préfet. Le règlement était annexé à l'arrêté ministériel. Les dépenses de l'école étaient payées sur le budget du consistoire central.

L'ordonnance du 22 mars 1831, rendue en exécution de la loi du 8 février précédent, mit ces dépenses à la charge de l'État et les fixa à 8.500 francs. L'ordonnance du 30 mars 1849 éleva ce chiffre à 10.000 francs et alloua un crédit de 12.000 francs pour faire face aux travaux de réparation et d'entretien des bâtiments de l'école. Cette somme de 22.000 francs fut plus tard augmentée de 10.000 francs pour allocation de bourses, et portée ainsi à 32.000 francs, mais les 10.000 francs disparurent du budget de 1884 ; ils n'ont plus été rétablis au budget. Le crédit est resté, depuis lors, fixé à 22.000 francs.

L'école fut transférée à Paris par décret du 1er juillet 1859, sous la dénomination de séminaire israélite, « sans que ce titre, disait le décret, puisse entraîner pour l'État aucune obligation nouvelle. » C'est en vertu de cette disposition qu'en 1888 les Chambres ont supprimé la totalité du crédit de 22.000 francs alloué à l'école. Il semblait logique, puisqu'on supprimait le crédit alloué aux séminaires catholiques, de procéder de même à l'égard du culte israélite. On oubliait que, si l'école centrale rabbinique est un séminaire, en ce sens que c'est là que sont formés la plupart des rabbins, elle est aussi un établissement d'enseignement supérieur, puisqu'on n'y est admis qu'à la condition de produire le diplôme de bachelier ès lettres. C'est la faculté de théologie israélite, et, puisqu'on ne supprimait pas le crédit alloué aux facultés de théologie protestantes, rien ne justifiait la suppression du crédit de l'école centrale rabbinique. Il est vrai qu'on peut expliquer difficilement le maintien du crédit des facultés de théologie protestantes et la suppression de celui des facultés de théologie catholiques. Quoi qu'il en soit, le crédit du séminaire israélite fut rétabli au budget de 1889.

Le règlement de l'école a été approuvé par un arrêté du ministre des cultes du 1er décembre 1860. Le séminaire est administré par le consistoire de Paris, et placé sous la surveillance du consistoire central et d'une commission administrative (1). Il y a 10 bourses gratuites d'internes (2), données à la suite d'un concours qui a lieu à Paris tous les ans (3). Pour être admis au concours, il faut être Français, âgé de 18 ans, présenter un certificat d'aptitude religieuse et morale délivré par le consistoire départemental, être bachelier ès lettres, à moins que la commission du séminaire n'accorde un délai d'un an pour l'obtention du diplôme, connaître les principes de la langue hébraïque avec la prononciation orientale, être capable de lire un texte hébraïque, de traduire et d'expliquer la Bible, ainsi qu'un texte du Talmud avec un commentaire dit *Tosaphoth* (4). Il peut y avoir des internes payants et des externes, remplissant les conditions exigées des candidats aux bourses (5). Le consistoire de Paris fixe le nombre des externes (6), il peut accorder des bourses d'externes et des remises aux internes (7).

L'enseignement dure six ans (8). Après quatre ans d'études, l'élève peut être reçu « Haleer » ou licencié en théologie (9). A la fin des études a lieu un examen général à la suite duquel il est délivré un certificat d'aptitude ou le titre de sous-rabbin, de rabbin ou de grand-rabbin (10).

(1) Art. 1er du règlement de l'école.
(2) Art. 2.
(3) Art. 4.
(4) Art. 5.
(5) Art. 6.
(6) Art. 7.
(7) Art. 8.
(8) Art. 11.
(9) Art. 15.
(10) Art. 16.

Mais c'est le consistoire central qui délivre les diplômes de premier et de second degré exigés pour l'exercice des fonctions rabbiniques, sur le vu des certificats d'aptitude donnés conformément au règlement du 15 octobre 1832.

Les rabbins communaux sont choisis, autant que possible, parmi les élèves diplômés du séminaire. Ce n'est qu'à défaut de candidats en nombre insuffisant qu'un autre israélite pourrait être nommé rabbin. Les élèves du séminaire ont aussi un avantage pour l'obtention des postes de grand-rabbin consistorial. Il suffit qu'ils soient rabbins en fonctions. Ceux qui ne sortent pas de l'école centrale rabbinique doivent avoir au contraire cinq ans d'exercice.

Telles sont les principales dispositions relatives aux intérêts religieux du culte israélite. Les attributions religieuses ne sont pas exercées seulement par les ministres du culte; les consistoires en ont un grand nombre. Ces assemblées ne sont pas exclusivement chargées de l'administration des biens; leurs pouvoirs s'étendent bien au delà des intérêts temporels. On peut dire que, dans la direction du culte, les consistoires jouent le rôle le plus important.

Il y a là une analogie frappante avec la situation des cultes protestants, dans lesquels les conseils presbytéraux et les consistoires ont également des pouvoirs religieux considérables. Le culte catholique, au contraire, a maintenu tous ces pouvoirs aux évêques et aux curés et desservants, et n'a conféré aux fabriques que l'administration des biens. Nous avons expliqué la raison de cette différence : elle est dans la conception, toute différente dans les deux religions, du caractère, de la mission, des droits respectifs du prêtre et des fidèles.

CHAPITRE V

GÉNÉRALITÉS.

Nous avons maintenant à nous occuper de l'administration des biens. Nous devrons, le plus souvent, procéder par énumération sommaire et par renvoi à la législation et à la jurisprudence relatives aux fabriques et aux autres établissements publics. Les mêmes besoins appellent en effet les mêmes règles, et bien des dispositions sont ici communes au culte israélite et au culte catholique.

L'unité administrative dans le culte israélite est la communauté consistoriale. Il y a bien, sans doute, des communautés, des synagogues particulières, dont l'administration est confiée à des commissions spéciales, mais ces commissions n'agissent que par délégation des consistoires auxquels elles doivent rendre compte de leur gestion. C'est à la synagogue consistoriale qu'est centralisée toute l'administration des biens de la circonscription, et c'est le consistoire qui accomplit la plupart des actes de la vie civile ; seul il est investi de la personnalité civile.

Que les consistoires soient des personnes civiles, c'est ce dont il est impossible de douter. Il serait bien singulier qu'ils n'eussent pas ce caractère et ne fissent pas partie de la catégorie des établissements publics, alors que cette qualité appartient sans conteste aux fabriques catholiques et aux consistoires et conseils presbytéraux des cultes protestants. Puisque le culte israélite est reconnu au même titre que les cultes catholique et protestants, il doit avoir tous les avantages dont bénéficient ces derniers. Pour en assurer l'exécution, pour subvenir aux dépenses qu'en occasionne l'exercice, il faut que les établissements de ce culte soient investis de la capacité civile, qu'ils puissent faire tous les actes d'administration nécessaires. Pour la construction, l'entretien, la réparation des temples, pour le traitement des ministres du culte, quand l'État n'y pourvoit pas ou n'alloue qu'une somme insuffisante, pour tous les frais du culte, il faut au culte israélite un patrimoine, et, pour gérer ce patrimoine, des administrations investies du droit d'être propriétaires et créancières, d'acquérir, d'aliéner, de contracter, de faire tous les actes de la vie civile.

Mais, dans le droit public français, la personnalité civile n'appartient à aucun groupement, si elle ne lui a été conférée formellement par la puissance publique. L'article 76 des articles organiques du culte catholique dispose qu'il sera établi des fabriques pour veiller à l'entretien et à la conservation des temples, et le décret du 30 décembre 1809 édicte les règles applicables à ces fabriques. Pour les cultes protestants, c'est l'article 20 des articles organiques qui investit les consistoires de la personnalité civile, et l'article 1er du décret-loi du 26 mars 1852 étend ce privilège aux conseils presbytéraux.

Le règlement du culte israélite approuvé par le décret du 17 mars 1808 dispose, article 12 : « Les fonctions des consistoires seront : .... 2° de régler la perception et l'emploi des sommes destinées au culte israélite ». L'article 19 de l'ordonnance de 1844 porte que « le consis-

toire a l'administration des temples de la circonscription ».
Spécialement l'article 64 de la même ordonnance autorise
les consistoires à ester en justice, à accepter des dons et
legs, à acquérir, à aliéner, sous le contrôle de l'autorité
publique. En vertu de cet ensemble de dispositions, les
consistoires ont le droit de faire, sous certaines distinctions, tous les actes de la vie civile que nécessite l'exercice
du culte.

Rien n'empêchait le législateur de conférer le même
droit aux commissions administratives des synagogues
communales. Il ne l'a pas fait. Sans doute il autorise la
création de ces commissions (1); mais il décide formellement qu'elles agiront sous la direction et l'autorité des
consistoires. Bien mieux, quand il énumère quelques-uns
des actes nécessaires à la vie civile, quand il parle du
droit de plaider, d'acquérir, d'aliéner, il ne mentionne que
les consistoires et il laisse de côté les commissions administratives (2). Enfin il charge les consistoires de représenter
en justice les synagogues de leur ressort et d'exercer en
leur nom les droits qui leur appartiennent (3). Donc
il n'entend conférer aux commissions administratives
des synagogues communales aucun des attributs de la
personnalité civile. C'est seulement pour faciliter l'administration qu'il autorise les consistoires à instituer des
délégués auprès de chaque temple, mais les commissions
administratives ne peuvent ni être propriétaires ou créancières, ni acquérir, ni aliéner, ni plaider.

On peut le regretter. Les circonscriptions des consistoires sont très étendues; il n'y aurait nul inconvénient à
confier aux commissions administratives les attributs de

____

(1) Ord. de 1844, art. 21.
(2) Art. 64.
(3) Art. 19. — Cons. d'État, 28 juin 1855 (Sir. 1856, II, 281).

la personnalité civile ; le droit de tutelle qui appartient à l'administration suffirait à prévenir tout danger. Les fabriques sont parfois instituées dans des paroisses très petites, dont la population est peu nombreuse, où l'on trouve, sans doute, des hommes dévoués, mais quelquefois peu habiles à la gestion du patrimoine qui leur est confié, de sorte qu'en réalité le maire et plus souvent le curé exercent en fait tous les pouvoirs. Il serait assurément plus facile de trouver dans les communautés juives, à côté des rabbins, des administrateurs capables de faire en leur nom tous les actes de la vie civile. Les consistoires seraient ainsi déchargés d'une foule d'attributions qu'ils exercent forcément d'une façon superficielle ; car ils se contentent généralement d'homologuer les propositions des administrateurs de communautés.

Les rédacteurs des décrets du 27 mars 1893 ne sont pas allés jusque-là. Ces décrets, rendus en exécution de la loi de finances du 28 janvier 1892, appliquent aux fabriques et consistoires les règles de la comptabilité publique. Le titre II du décret relatif au culte israélite donne aux commissions administratives des communautés — en attribuant à ce mot un sens particulier, car on y comprend toutes les synagogues de la commune — les pouvoirs qui appartiennent aux consistoires dans les communautés consistoriales, c'est-à-dire dans les communautés comprenant toutes les synagogues de la commune où siège le consistoire. Mais il ne s'agit, ainsi que nous le verrons, que de l'établissement du budget, de l'ordonnancement et du paiement des dépenses. Pas plus qu'auparavant, les commissions administratives ne sont investies de la personnalité civile, ne peuvent être propriétaires, acquérir, aliéner, contracter, plaider ; tous ces pouvoirs appartiennent aux consistoires départementaux. Aucun article du décret de 1893, n'a modifié, sur ce point, la législation alors en vigueur.

Le consistoire central a, moins que les consistoires départementaux, besoin de la personnalité civile. Il n'administre directement aucune synagogue, il a surtout des pouvoirs de surveillance et de discipline. Cependant il n'y a pas lieu de faire une distinction. L'article 64 de l'ordonnance de 1844 autorise « les consistoires » à ester en justice, à acquérir, à aliéner, etc. Le consistoire central est naturellement compris dans cette expression. D'autre part, on conçoit qu'il puisse avoir à supporter certains dépenses, notamment ses frais d'administration, le supplément de traitement à son grand-rabbin, s'il juge à propos de lui en allouer un, et qu'il ait à cette fin certains revenus. Il est, dès lors, nécessaire qu'il ait des pouvoirs suffisants, et, comme il serait inadmissible de le faire dépendre à cet égard d'un consistoire départemental, il est tout naturel qu'il ait la personnalité civile.

Les personnes civiles du culte israélite sont des établissements publics. Ce sont, en effet, des services publics, des services d'intérêt collectif et non des institutions privées poursuivant un but d'intérêt public. Tous les établissements relatifs aux cultes sont des établissements publics.

Parmi les autres institutions du culte israélite, quelques-unes n'ont aucun caractère public, qu'elles soient des œuvres d'intérêt privé, ou que l'administration en soit confiée à un consistoire. Ainsi le séminaire israélite est administré par le consistoire de Paris ; il était dès lors inutile de lui conférer la personnalité civile. Il en est de même des divers comités de bienfaisance israélites établis dans toutes les circonscriptions consistoriales. Quelques autres ont été déclarées d'utilité publique, comme la caisse de secours du rabbinat.

Nous n'avons à nous occuper que des établissements du culte, c'est-à-dire des consistoires.

Ce sont, avons-nous dit, des établissements publics, soumis, comme tels, à toutes les règles qui régissent ces établissements. Créés par la volonté du législateur, ils peuvent disparaître de même ; n'ayant qu'une existence fictive, ils doivent être représentés par des personnes réelles ; institués en vue d'une mission définie, ils n'ont de droits que dans la mesure de cette mission ; faisant partie des services publics, ils sont soumis au contrôle étroit de l'administration.

Pour qu'un consistoire cesse d'être doué de la personnalité civile, soit supprimé, il faut qu'un décret intervienne. Ce décret est rendu en Conseil d'État. C'est ainsi que le consistoire algérien a été supprimé par décret du 16 septembre 1867. Les consistoires de Metz, Colmar et Strasbourg ont disparu à la suite de la guerre de 1870-1871 et du traité de Francfort.

Nous avons déjà vu comment sont désignés les membres des consistoires ; nous n'avons pas à y revenir. Nous aurons seulement à voir quels sont ceux qui remplissent des pouvoirs d'exécution.

La règle de la spécialité des établissements publics s'applique aux consistoires israélites. C'est dans la matière des dons et legs qu'on en trouve les effets les plus importants. Les consistoires, institués pour satisfaire aux besoins qu'amène l'exercice du culte, ne peuvent faire aucun acte en dehors de cette mission. Ils ne peuvent acquérir, soit à titre gratuit, soit à titre onéreux, que dans l'intérêt de la célébration du culte ; l'autorité chargée de donner les autorisations doit veiller à l'exécution de cette règle. Au-delà de leurs fonctions, les établissements publics ne peuvent rien, ils n'ont droit à rien,

ils ne sont rien (1). Si cependant l'autorisation avait
été accordée, le consistoire pourrait procéder à l'acte
qu'il a eu en vue ; la seule sanction du principe de la
spécialité est le droit pour l'administration de refuser son
autorisation.

Ce contrôle n'est pas le seul. Nous avons déjà vu quels
sont les droits du pouvoir civil en matière d'organisation
du culte. Il intervient activement, en outre, dans la
gestion des biens des consistoires, non seulement par les
autorisations qu'il est appelé à donner, mais par la vérification des comptes et des budgets. Dans certains cas, les
communes doivent pourvoir à l'insuffisance des ressources
des consistoires ; il faut donc qu'elles soient en mesure de
contrôler les allégations de ceux-ci. D'autre part, les consistoires sont assujettis à certains droits de timbre ; il faut
bien que les préposés de l'enregistrement fassent les vérifications nécessaires. Enfin, dans l'intérêt même des établissements religieux, la loi du 28 janvier 1892 a prescrit
que leurs comptes et budgets soient soumis aux règles de
la comptabilité publique, et les décrets du 27 mars 1893 ont
été rendus en exécution de cette loi. De sorte qu'à l'heure
actuelle le contrôle de l'État est aussi complet que possible.

SECTION Ire. — DES ADMINISTRATEURS

L'administration des biens nécessaires à l'exercice du
culte israélite est confiée aux consistoires. Ils délibèrent
sur les budgets et les comptes, sur l'emploi des fonds

____

(1) Béquet, *De la capacité des fabriques* (Revue d'administration,
1881).

disponibles, du montant des dons et legs, des capitaux remboursés, sur les procès, baux, aliénations, échanges et acquisitions. En un mot, ils sont chargés de la gestion des biens.

Le décret du 27 mars 1893 les a déchargés d'un certain nombre d'actes qui ne pouvaient auparavant être exécutés régulièrement que par eux, puisqu'aucun texte ne les avait autorisés à déléguer leurs pouvoirs à leur président, à leur receveur ou à toute autre personne. Ce décret a conféré aux présidents, aux trésoriers des consistoires, aux commissions administratives, des attributions spéciales, et a autorisé ces assemblées à déléguer des agents pour accomplir certains actes.

Le décret du 17 mars 1808 avait décidé que chaque consistoire désignerait hors de son sein un Israélite non rabbin pour recevoir les sommes à percevoir dans la circonscription (1). Ce receveur était en même temps chargé de payer les rabbins et les autres frais du culte sur une ordonnance signée d'au moins trois membres du consistoire. La circulaire du 26 janvier 1816 et l'ordonnance du 29 juin 1819 avaient confié aux receveurs généraux le recouvrement des taxes, tout en laissant au receveur le soin de payer les dépenses. L'ordonnance du 20 août 1823 remit aux consistoires le soin de préparer le budget du culte dans la commune siège du consistoire, et, dans les autres communes, chargea de ce soin les commissions administratives. Les budgets devaient être approuvés par le ministre des cultes (2). Les mandats de paiement délivrés par le consistoire central sur son receveur devaient être signés par cinq membres au moins (3).

(1) Art. 24.
(2) Art. 9 et 10.
(3) Id.

Ces dispositions sont restées en vigueur jusqu'au décret du 27 mars 1893 qui a complètement modifié ce système.

§ 1er. — Du président.

Le président du consistoire joue maintenant un rôle beaucoup plus important. Il dresse le budget et le présente au consistoire (1). Il est ordonnateur des dépenses (2). Il certifie la sincérité des états remis au comptable, états constatant le produit des quêtes ainsi que de la location des bancs et chaises (3). Il approuve les états constatant le paiement des offrandes et droits perçus à l'occasion des cérémonies du culte (4). Il possède une clef de chaque tronc, et doit être présent toutes les fois qu'on procède à la levée de ces troncs ; il dresse procès-verbal de l'opération (5). Il constate, par un procès-verbal, la situation, au 31 décembre et en fin de gestion, des valeurs de caisse et de portefeuille, sans préjudice du droit pour le consistoire d'opérer la même vérification à toute époque (6). Il fait dresser et tenir à jour l'inventaire des titres, registres, papiers et documents relatifs aux biens de la communauté consistoriale, avec mention des biens contenus dans chaque titre, du revenu qu'ils produisent et des charges dont ils sont grevés. Il fait dresser l'inventaire des objets mobiliers des synagogues. On procède tous les quatre ans au récolement de cet inven-

(1) Décret de 1893, art. 6.
(2) Décret de 1893, art. 10.
(3) Art. 13.
(4) Id.
(5) Art. 20.
(6) Art. 21.

taire (1). Les comptes du président ordonnateur sont soumis au consistoire et approuvés par le consistoire central (2).

§ 2. — Du comptable.

Le décret du 27 mars 1893 a également réglé la situation du comptable du consistoire. Ce comptable est choisi, en principe, parmi les membres du consistoire, il prend alors le titre de trésorier. A défaut de membre du consistoire acceptant ces fonctions, elles peuvent être confiées par cette assemblée à une personne désignée en dehors de ses membres, et qui prend alors le titre de receveur spécial. Enfin ces fonctions peuvent être remplies par le percepteur de la réunion qui comprend la commune correspondant à la communauté consistoriale, et, dans les villes divisées en plusieurs arrondissements de perception, par le percepteur désigné par le ministre des finances. Lorsque les fonctions de comptable sont remplies par un percepteur, sa gestion est placée sous la surveillance et la responsabilité du receveur des finances de l'arrondissement.

Dans tous les cas, les comptables des communautés consistoriales sont soumis aux vérifications de l'inspection des finances (3).

Quand la gestion des deniers est confiée à un percepteur ou à un receveur spécial, les consistoires peuvent la confier, dans le premier cas à un receveur spécial, dans le second à un trésorier, au sens particulier que le décret attache à ce mot, c'est-à-dire à un membre du consistoire

(1) Art. 29.
(2) Art. 31.
(3) Décret de 1893, art. 15.

élu par cette assemblée. Les délibérations prises à cet égard
ne sont exécutoires qu'en fin d'année ou de gestion (1).

Enfin, si le consistoire n'a pris aucune mesure quant
au choix d'un comptable, le préfet assure la remise du
service au percepteur. Le consistoire doit communiquer
au préfet, avant le 1er octobre, le nom de son trésorier ou
de son receveur spécial (2).

Quand les fonctions de comptable sont remplies par un
percepteur, cet agent a droit à des remises fixées par
l'article 22; il les prélève lui-même au vu de décomptes
dressés par lui et mandatés par l'ordonnateur. En cas de
refus de mandatement, le ministre des cultes statue ; sa
décision est exécutoire (3). Si un receveur spécial
est comptable, le consistoire peut lui allouer un traitement qui ne peut être supérieur au montant des remises
qu'aurait un percepteur (4).

Les fonctions du trésorier sont gratuites. Il n'a droit
qu'au remboursement de ses avances et des frais qu'il
fait dans l'accomplissement de sa mission.

L'article 16, modifié par le décret du 18 juin 1898, prévoit le cas où il y a lieu de relever le comptable de ses
fonctions, que ce soit un trésorier ou un receveur spécial.
Cette mesure peut être prise par le consistoire, ou, à son
défaut, par le ministre des cultes, lorsque le comptable est
constitué en déficit, ou déclaré en état de faillite ou de
liquidation judiciaire ; elle peut l'être par le ministre des
cultes en cas de condamnation à une peine afflictive ou
infamante, ou à certaines peines correctionnelles, ou, s'il
s'agit d'officiers ministériels, en cas de destitution ou de
révocation.

(1) Décret, de 1893, art. 16.
(2) Décret, de 1893, art. 18.
(3) Art. 22.
(4) Art. 22.

Le décret du 18 juin 1898, pour briser la résistance des fabriques à exécuter le décret du 27 mars 1893, a ajouté à ces mesures une disposition spéciale. Les comptables des fabriques, souvent encouragés, il faut le dire, par les curés et quelquefois même par les évêques, se refusaient à présenter leurs comptes, soit au conseil de préfecture, soit à la Cour des comptes. Les prévisions du législateur étaient ainsi déjouées. Le décret du 18 juin 1898 dispose que, « si, en cas de condamnation à l'amende pour retard dans la présentation de leurs comptes, les trésoriers et receveurs spéciaux ne les ont pas produits dans le délai d'un mois à partir de la notification de la décision du juge des comptes, ils sont de plein droit relevés de leurs fonctions de comptable à l'expiration de ce délai, et remplacés par le percepteur des contributions directes, qui ne peut plus alors être déchargé par le consistoire et remplacé, soit par un receveur spécial, soit par un trésorier, avant le 1er janvier de la seconde année qui suit celle au cours de laquelle le trésorier ou receveur spécial devait présenter son compte. »

Cette disposition n'atteindra pas les consistoires israélites. Ils ont, dès le premier jour, exécuté le décret du 27 mars 1893 avec d'autant plus d'empressement qu'ils y avaient plus d'intérêt. C'était pour eux le seul moyen de présenter aux communes, en cas de demande de subvention, des justifications sérieuses, que le système antérieur ne permettait pas. En effet, la loi du 5 avril 1884, article 136-11° et 12° dispose que les communes sont tenues, dans certains cas, de venir en aide aux consistoires, lorsque les ressources de ces derniers sont insuffisantes. Or, les justifications présentées par les consistoires pouvaient être souvent contestées par les conseils municipaux, en l'absence d'un règlement de comptabilité ayant force de loi. Le décret du 27 mars 1893 n'a donc pu qu'être bien accueilli par les représentants du culte israélite.

Les comptables des communautés consistoriales ont des privilèges particuliers, relativement au cautionnement et à l'hypothèque légale.

Les trésoriers ne sont pas soumis à un cautionnement ; mais, comme tout mandataire, ils sont responsables de leur dol et de leurs fautes, c'est-à-dire de leur négligence ou de leur impéritie. Cette responsabilité est d'ailleurs également encourue par les autres comptables. Les receveurs spéciaux et les percepteurs sont astreints à fournir un cautionnement égal au triple des remises que toucherait le percepteur, sans qu'il puisse être inférieur à 100 francs. Cependant les percepteurs ne versent de supplément de cautionnement que si ce supplément doit dépasser 1.000 francs ; mais le cautionnement qu'ils ont versé en qualité de comptables de l'État, des communes et des établissements de bienfaisance, répond subsidiairement de leur gestion des deniers des communautés (1). Le cautionnement peut être versé en numéraire ou en rentes sur l'État.

Les trésoriers et receveurs spéciaux, mais non les percepteurs, prêtent devant les consistoires le serment professionnel des comptables publics.

Il n'y a pas incompatibilité entre les fonctions de trésorier ou de receveur spécial et l'exercice d'une profession, d'un commerce ou d'une industrie (2).

Le décret du 27 mars 1893 a tranché une controverse relative à l'hypothèque des comptables des établissements religieux. L'article 2121 du Code civil dispose que les droits et créances auxquels l'hypothèque légale est attri-

(1) Art. 23.
(2) Art. 17.

buée sont : ceux de l'État, des communes et des établissements publics sur les biens des receveurs et administrateurs comptables. Ce texte est bien formel. Les fabriques et consistoires sont des établissements publics, ils sont rattachés d'une façon intime à l'organisation administrative du pays et placés sous la surveillance et le contrôle permanent du gouvernement. Il n'est pas douteux que tous les textes du Code civil dans lesquels il est question des établissements publics. notamment les articles 910, 1596, 1712, 2045, ne soient applicables aux fabriques et consistoires. Comment, dès lors, l'article 2121 ne le serait-il pas ? Par conséquent, les fabriques et consistoires ont une hypothèque légale sur les biens de leurs comptables. Sans doute, aucun texte de la législation des fabriques et des consistoires ne parle de cette hypothèque légale, mais par cela même il faut appliquer le droit commun et s'en tenir à l'article 2121 du Code civil. Qu'il soit fâcheux de grever ainsi le patrimoine des comptables d'une hypothèque qui ne peut disparaître que moyennant des formalités dispendieuses; que cette disposition rende difficile le recrutement de ces comptables. dont les fonctions sont gratuites et tout accidentelles, et qui vont être obligés, en vertu de la loi du 5 septembre 1807, de faire connaître, dans tous les actes translatifs de propriété, leur qualité et l'hypothèque dont leurs biens sont grevés; que les transactions risquent ainsi d'être entravées, ce n'est pas contestable, mais la loi n'en est pas moins formelle.

Cependant il s'est trouvé des auteurs et des tribunaux pour imaginer de toutes pièces une théorie spéciale à cet égard (1). La législation des établissements religieux,

(1) Gaudry, *Traité de la législation des cultes*, III, p. 352. — Affre, *Traité de l'administration des paroisses*, p. 49. — Campion, *Manuel de droit ecclésiastique*. p. 254.— Tribunal de Luxembourg, 13 juin 1888 (D., 1890, II, 273).

disent-ils, n'a rien disposé à cet égard, elle n'a nullement
mentionné ce droit d'hypothèque légale. L'article 2121 ne
saurait être appliqué ici. Les trésoriers des fabriques ne
sont pas investis d'une fonction publique ; ils ne sont
chargés de la mission de percevoir les recettes et de payer
les dépenses des fabriques qu'en vertu d'un simple vote
de leurs collègues. Ils ont une situation spéciale ; ce ne
sont pas des comptables au sens propre du mot, car le
titre de comptable est une qualité publique, donnée par le
Gouvernement à un homme de son choix. On fait valoir
les inconvénients qu'entraîne la théorie contraire, et l'on
conclut qu'il n'y a pas lieu de grever leurs biens de l'hypothèque légale.

Le décret du 27 mars 1893 a tranché la controverse :

« L'hypothèque légale, dit l'article 25, n'est inscrite sur
les biens des comptables des deniers des communautés consistoriales que si cette inscription est autorisée par une décision
spéciale du juge de leurs comptes, et seulement dans le cas de
gestions occultes et de condamnations à l'amende pour retard
dans la présentation de leurs comptes, malversations, débets
avoués ou résultant du jugement de leurs comptes ».

Il semble bien que les rédacteurs des décrets de 1893
ont adopté l'opinion d'après laquelle les fabriques et consistoires n'ont pas de plein droit hypothèque légale sur les
biens de leurs comptables. Les décrets disent bien : l'hypothèque n'est inscrite que dans certains cas, ce qui laisse
entière la question de savoir si elle est maintenue dans
les autres cas ; mais, comme l'hypothèque n'a d'effet que
si elle est inscrite, en décidant que l'inscription ne peut
être prise que dans certains cas déterminés, on décide
par là même qu'en dehors de ces cas l'hypothèque est
sans valeur.

Ce décret, rendu en Conseil d'État et en exécution
d'une loi, pouvait-il modifier le Code civil ? La légalité

de l'article qui nous occupe ne semble pas avoir été discutée, tout au moins en ce sens; car en sens inverse on a contesté violemment la légalité de tout le décret et spécialement de cet article, sous prétexte qu'un décret ne pouvait établir une hypothèque quand la loi n'a pas cru devoir l'établir. On pourrait plutôt se demander si ce décret pouvait restreindre l'hypothèque légale des comptables, quand le Code civil n'a fait aucune restriction. Le décret résout d'ailleurs la question d'une façon très sage, car il supprime les inconvénients que nous avons signalés, et n'ordonne l'inscription de l'hypothèque que dans les cas où elle présente une utilité manifeste.

L'article 25 ajoute :

« Cette hypothèque est inscrite, conformément aux dispositions des articles 2121 et 2122 du Code civil, sur tous les biens présents et à venir de ces comptables, et sous réserve du droit du juge des comptes de prononcer sur les demandes en réduction ou en translation prononcées par ces justiciables ».

Le décret de 1893 avait omis de dire à quelles personnes appartenait le droit de requérir l'inscription. Le décret du 18 juin 1893 comble cette lacune :

« L'inscription, dit-il, est requise par les présidents des consistoires ou toutes autres personnes désignées par le juge des comptes. Elle peut l'être également par les receveurs des finances quand les comptables des communautés consistoriales sont des percepteurs. En outre, dans les cas où le percepteur des contributions directes est appelé à remplir les fonctions de comptable de communauté consistoriale par application de l'article 16, il est chargé, sous sa responsabilité, si l'hypothèque légale n'a pas encore été inscrite sur les biens du comptable auquel il succède, d'en requérir l'inscription ».

Les règles du Code civil sur la forme de l'inscription sont applicables ici.

Le comptable est chargé seul de faire toutes diligences

pour assurer la rentrée des revenus et créances, ainsi que d'acquitter les dépenses mandatées par le président jusqu'à concurrence des crédits régulièrement ouverts (1).

Il doit « faire toutes les diligences nécessaires » pour la recette et la perception des revenus, et le recouvrement des legs et donations et autres ressources affectées au service de ces établissements, faire faire contre tous les débiteurs en retard de payer... les exploits, significations, poursuites et commandements nécessaires, avertir les administrateurs de l'échéance des baux, empêcher les prescriptions, veiller à la conservation des domaines, droits, privilèges et hypothèques, requérir à cet effet l'inscription au bureau des hypothèques de tous les titres qui en sont susceptibles et tenir registre desdites inscriptions et autres poursuites et diligences (2).

Le comptable encaisse, sur le vu d'états certifiés par le président, le produit des offrandes, des droits perçus à l'occasion des cérémonies du culte, des quêtes, de la location des bancs et chaises (3). Il est présent à toutes les levées de troncs, et il garde une clef de la serrure de chacun de ces troncs (4). Il assiste le président du consistoire dans la tenue de l'inventaire des titres, registres, papiers et documents relatifs aux biens du consistoire et de l'inventaire du mobilier des synagogues (5).

Ses comptes, une fois approuvés par le consistoire (6) sont jugés et apurés soit par le conseil de préfecture, si les revenus ne dépassent pas 30.000 fr., soit par la Cour des

---

(1) Décret de 1893, art. 11.

(2) Arrêté du 19 vendémiaire an XII, relatif aux hospices et bureaux de bienfaisance, rendu applicable aux fabriques et consistoires par l'art. 12 du décret du 27 mars 1893.

(3) Art. 13.

(4) Art. 20.

(5) Art. 29.

(6) Art. 31.

comptes, dans le cas contraire. En cas de retard dans la présentation de ses comptes, il peut être condamné à l'amende, il peut être relevé de ses fonctions : ses comptes sont alors rendus par un commis d'office désigné par le préfet. Les arrêtés des conseils de préfecture et les arrêts de la Cour des comptes sont notifiés aux comptables et présidents des consistoires (1). Le décret ordonne de nombreuses prescriptions pour assurer cette notification.

Tout cet ensemble de dispositions constitue une innovation fort importante. Le président et le trésorier ont pris ainsi une place considérable dans l'administration ; ils remplissent les fonctions dévolues au bureau des marguilliers par le décret du 30 décembre 1809 sur les fabriques. Ils sont le pouvoir exécutif du consistoire, ils font un grand nombre des actes d'administration. Le trésorier, notamment, a des attributions singulièrement différentes de celles qu'avait le receveur institué par l'article 25 du décret du 17 mars 1808. Comme celui-ci, il fait rentrer les revenus et acquitte les dépenses, mais il a d'autres fonctions. Il est chargé de tous les actes conservatoires, pour lesquels aucune autorisation n'est nécessaire : sommation de payer, surenchère, renouvellement des titres, apposition de scellés, inscription hypothécaire, interruption de prescription, etc. (2).

(1) Décret du 18 juin 1898.
(2) Art. 12 du décret de 1893. Art. 1er de l'arrêté du 12 vendémiaire an XII.

§ 3. — Des agents délégués par le Consistoire.

Le décret du 27 mars 1893 a encore institué d'autres fonctions. Il donne au consistoire le droit de déléguer, dans chaque synagogue de la communauté consistoriale, un agent spécial chargé de recevoir les offrandes et les droits perçus à l'occasion des cérémonies du culte, conformément aux tarifs. Cet agent doit délivrer aux parties une quittance détachée d'un registre à souche, et verser les sommes reçues entre les mains du comptable au moins tous les mois (1). Un agent peut également être délégué pour payer, au moyen d'avances mises à sa disposition sur mandats du président, les menues dépenses de la célébration du culte, les traitements et salaires des ministres du culte, des officiers et serviteurs de la synagogue. Il doit rapporter tous les mois au comptable les acquits et pièces justificatives (2).

§ 4. — Du Consistoire.

Ce n'est pas à dire que le consistoire soit déchargé de l'administration. Il désigne le trésorier ou le receveur spécial, les agents spéciaux délégués dans les synagogues pour la perception des droits et le paiement des dépenses du culte. Il vote le budget, il approuve les comptes de l'ordonnateur et du comptable. Il peut vérifier la situation de caisse ou de portefeuille du

(1) Art. 13.
(2) Art. 14.

trésorier. Il peut, en un mot, délibérer sur toutes les affaires.

Enfin, il a seul qualité pour faire certains actes d'une nature particulière, et pour lesquels est exigée l'autorisation de l'administration supérieure. Nous allons y arriver dans un instant.

§ 5. — Des communautés non consistoriales.

Pour les communautés qui ne sont pas siège d'un consistoire et qui comprennent toutes les synagogues de la commune, le décret de 1893 confère aux commissions administratives et à leurs présidents les pouvoirs qui appartiennent, dans les communautés consistoriales, au consistoire et à son président. Les commissions désignent leur trésorier ou leur receveur spécial, dont elles font parvenir le nom au consistoire, qui le transmet au préfet chargé, à défaut de désignation, de faire appel aux percepteurs. Toutes les autres dispositions du décret relatives aux fonctions des trésoriers et à l'emploi des fonds sont applicables.

Est-ce à dire que le décret de 1893 ait conféré à ces communautés la personnalité civile, et qu'elles soient investies du droit d'être propriétaires, de contracter, d'acquérir, d'aliéner, de plaider, sauf les restrictions indiquées à l'art 64 de l'ordonnance de 1844 ? Nullement. Le décret n'a pas innové à cet égard. Il eût fallu un texte bien formel pour le faire. Or l'article 33 dit simplement :

« Les dispositions du titre 1er du présent décret sont applicables, hors du siège des consistoires, à l'administration des communautés... »

Nulle part, dans le titre Ier, il n'est question des actes importants de la vie civile ; il ne s'agit que des actes d'administration dont quelques-uns peuvent être graves, mais ne dépassent pas le cercle des besoins journaliers du culte.

Cependant l'article 5 laisse place au doute. Il dispose que le budget extraordinaire comprend la recette et l'emploi des capitaux provenant de dons et legs, d'emprunts, d'aliénations, de remboursements, de coupes extraordinaires de bois et de toutes autres ressources exceptionnelles. Or, comme les commissions administratives votent le budget, soit ordinaire, soit extraordinaire, on pourrait croire qu'elles peuvent faire les actes qui sont de nature à amener la création de ce budget extraordinaire. Un examen attentif permet de voir qu'il n'en est rien. Il ne s'agit que de la perception et de l'emploi des capitaux provenant des acquisitions et aliénations, et nullement du droit qui appartiendrait aux commissions administratives de faire ces actes. Or, comme aucun texte ne leur donne le droit d'être propriétaires, il s'ensuit que cet article ne saurait leur être applicable, en tant qu'elles auraient la personnalité civile. Les consistoires agissent pour elles, accomplissent tous ces actes en leur nom ; elles ont simplement, s'il y a lieu, à faire l'emploi. Le décret n'a donc en rien modifié l'ordonnance de 1844, et il aurait fallu, pour innover à cet égard, un texte bien formel qu'on ne trouve nulle part.

On peut le regretter, ainsi que nous l'avons déjà dit. Les communautés sont peu nombreuses ; il eût été facile d'y trouver des hommes capables de les administrer sagement et au mieux de leurs intérêts.

On peut adresser une autre critique au décret de 1893. Il réunit dans une seule communauté toutes les synagogues de la commune. S'il s'agit d'une commune siège d'un con-

sistoire, l'administration est confiée au consistoire ; sinon,
à une commission administrative. Mais laquelle ? L'art. 21
de l'ordonnance de 1844 autorise le consistoire à en
instituer une auprès de chaque temple. Or, rien ne
s'oppose à ce qu'il y ait dans une commune plusieurs
temples et, par conséquent, plusieurs commissions
administratives. L'article 33 du décret de 1893 dit :
« les commissions administratives nommées par le
consistoire et leurs présidents ». A-t-il entendu dire
qu'au cas où il y en aurait plusieurs dans une même
commune, elles seraient réunies pour l'administration de la communauté ? C'est bien peu probable ;
puisque le décret confère au président du consistoire,
dans les communautés consistoriales, le droit d'ordon-
nancer seul les dépenses, il serait étonnant qu'il maintînt,
dans les autres communautés, la pluralité des ordonnateurs qu'avait instituée le décret de 1808. Il a sans doute
voulu dire que, dans ce cas, le consistoire désignerait une
commission administrative unique, mais il aurait dû s'en
expliquer. Le cas n'est pas de nature à se présenter
souvent ; car presque toujours, quand il y aura dans une
seule et même commune plusieurs synagogues pourvues
chacune d'une commission administrative et d'un ministre
du culte rétribué sur les fonds de l'État, cette commune
sera siège d'un consistoire qui centralisera l'administration de ces synagogues ; mais il suffit que ce cas soit
possible pour que le législateur doive le prévoir et en
régler expressément les conséquences.

On peut ajouter qu'il y a quelque chose d'un peu empi-
rique dans cette division des communautés en deux catégories : les unes consistoriales et administrées par le consistoire, les autres non consistoriales et administrées par
une commission administrative, de sorte que, dans les communes où la population israélite est nombreuse, les com-

missions administratives des synagogues auront moins de
pouvoirs que celles des synagogues réunissant un faible
nombre d'Israélites. Il eût mieux valu, à coup sûr, laisser
à chaque synagogue pourvue d'une commission administrative, qu'elle soit ou non dans la commune où siège le
consistoire, le soin de voter elle-même son budget et de
faire ses dépenses, sauf l'approbation du consistoire. Il eût
encore été préférable de conférer la personnalité civile à
toutes les communautés, en ne laissant aux consistoires
que le droit de les surveiller. Les rédacteurs des décrets
de 1893 ont préféré confier aux commissions administratives le soin de faire les actes d'administration courante et
laisser aux consistoires la charge de faire les actes d'aliénation, de disposition, et certains actes d'administration
plus importants. Ce dédoublement des attributions relatives aux biens ne semble pas de nature à simplifier la
gestion des intérêts du culte : un peu de décentralisation
n'eût pas été inutile.

.L'administration des biens indivis entre plusieurs communautés ressortissant à un même consistoire est confiée
à ce consistoire (1). Si l'affectation indivise existe entre
communautés ressortissant à des consistoires différents,
il est nommé, pour l'administration de ces biens, une délégation dont la composition est arrêtée par le ministre des
cultes, après avis du consistoire central, et qui comprend
des représentants en nombre égal des communautés intéressées. La délégation élit son président qui, en cas de
partage, a voix prépondérante (2).

(1) Décret de 1893, art. 35.
(2) Décret de 1893, art. 36.

Section II. — DE L'ADMINISTRATION

§ 1er — Règles générales.

Les biens que possèdent les consistoires sont restreints aux nécessités qu'amène l'exercice du culte. Les immeubles sont tout naturellement les synagogues, les bâtiments affectés au logement des ministres du culte et à l'administration des consistoires et commissions administratives, à l'installation des services dont la direction leur est confiée. Quant aux meubles, l'extension qu'ils pourraient prendre n'est limitée que par le droit de l'administration supérieure d'autoriser les dons et legs ; mais le danger qu'entraînerait cette extension serait beaucoup moindre que celui qu'amènerait le développement excessif de la main-morte immobilière.

Tous ces biens sont administrés, suivant les distinctions déjà faites, par les consistoires ou par les commissions administratives, dans les formes prescrites pour l'administration des biens des établissements publics. Aucune autorisation n'est exigée pour les actes d'administration courante, qui sont confiés, d'une manière générale, au trésorier. Mais il est certains actes de gestion plus graves, qui dépassent le cercle de la pure administration et pour lesquels les consistoires ont besoin d'être autorisés. Il s'agit des acquisitions à titre gratuit et à titre onéreux, des aliénations, des emprunts, du placement des fonds, de certains baux et des actions judiciaires.

§ 2. — Acquisitions à titre gratuit.

Les consistoires peuvent recevoir des dons et legs avec l'autorisation du gouvernement (1). Comme pour tous les établissements publics, l'intervention du gouvernement est prescrite dans l'intérêt des familles, dont il importe de prévenir la spoliation, dans l'intérêt social qui s'oppose à ce que la mainmorte s'étende, dans l'intérêt de l'établissement lui-même, placé sous la tutelle de l'État qui peut lui imposer l'acceptation d'une libéralité avantageuse, ou lui interdire d'accepter une libéralité onéreuse.

A défaut d'autorisation, le legs est caduc, la donation ne se forme pas.

Si la libéralité avait été faite à l'aide de personne interposée, elle serait nulle si le testateur ou le donateur n'avait eu pour but que d'éluder la nécessité de l'autorisation (2).

Les intérêts du legs ne courent que du jour de la demande formée en justice postérieurement au décret d'autorisation.

Le principe de la spécialité des établissements publics s'applique aux consistoires qui ne peuvent être autorisés à recevoir que les libéralités ayant pour objet l'exercice de leur mission légale. Ils ne peuvent, dès lors, recevoir ni pour le soulagement des pauvres et des malades, ni pour la fondation ou l'entretien d'aucune école (3).

---

(1) Code civil, art. 910. — Loi du 2 janvier 1817.

(2) Code civil, art. 911. — Cass. Re p., 17 novembre 1852 (Dall., 1853. I., 126.)

(3) Avis du Conseil d'État du 8 avril 1886 (Béquet, *Répertoire*, v° Cultes, n° 2380, note).

Si la libéralité n'est pas susceptible d'autorisation, le donateur n'a qu'à refaire régulièrement l'acte de donation au profit de l'établissement capable. S'il s'agit d'un legs fait aux pauvres, c'est le bureau de bienfaisance qui en recueille le bénéfice (1). Si le legs est fait en vue de la fondation ou de l'entretien d'une école, comme le testateur a eu probablement en vue le caractère confessionnel de l'école, il n'y a pas lieu de substituer la commune, chargée de l'entretien des écoles, à l'établissement ecclésiastique ; le legs devient caduc.

Une libéralité faite à un consistoire en vue de l'entretien de tombes ne peut être autorisée si elle est faite par acte entre vifs ; elle est faite par testament, l'autorisation ne peut être donnée que si le montant du legs est supérieur à la charge qui en résulte. La charge d'entretien des tombes, en effet, n'est pas contraire à la mission légale des fabriques et consistoires (2).

Inversement, toute libéralité dont l'objet rentre dans les attributions des fabriques et consistoires ne peut être faite qu'à ces établissements. Si elle est faite à un autre établissement par acte entre vifs, la donation sera refaite ; si elle est faite par legs, le consistoire sera autorisé aux lieu et place de l'établissement incapable (3).

Tout notaire devant lequel il a été passé un acte contenant disposition testamentaire au profit d'un consistoire doit lui en donner avis au moment de l'ouverture ou de la publication du testament (4). L'article 58 du décret du

---

(1) Avis du Conseil d'État des 26 avril 1882 et 25 janvier 1883. (Béquet, *Répertoire*, v° Cultes, n° 1222).

(2) Avis du Conseil d'État du 16 avril 1890 (Béquet, *Répertoire*, v° Cultes, n° 1234).

(3) Avis du Conseil d'État des 6 février et 21 mai 1890 (Béquet, *Répertoire*, n° 1254).

(4) Ord. du 2 avril 1817, art. 5.

30 décembre 1809, relatif aux fabriques, enjoint aux notaires, dans le cas de donation entre vifs, d'en donner connaissance au curé ou desservant. Aucune disposition semblable ne figure dans la législation du culte israélite.

En cas de legs, le notaire envoie en outre au préfet un état sommaire de toutes les dispositions relatives aux établissements institués (1).

Le consistoire se prononce sur l'acceptation du don ou legs, et sur l'emploi quand le donateur ou testateur a omis d'y pourvoir (2). Les héritiers connus du testateur doivent être appelés, par acte extra-judiciaire, à prendre connaissance du testament, pour donner leur consentement à l'exécution ou produire leurs moyens d'opposition. S'il n'y a pas d'héritier connu, extrait du testament est affiché de huitaine en huitaine et à trois reprises consécutives au chef-lieu de la mairie du domicile du testateur, et inséré dans le journal judiciaire du département, avec invitation aux héritiers d'adresser aux préfets, dans le même délai, les réclamations qu'ils auraient à présenter (3).

On admet les réclamations jusqu'au décret d'autorisation.

S'il y a un légataire universel, il doit être mis en demeure de donner son consentement.

Le conseil municipal doit donner son avis sur l'acceptation des dons et legs faits aux fabriques (4).

Le dossier doit contenir une expédition intégrale du testament, que le notaire remet aux établissements légataires, ou tout au moins au plus intéressé d'entre eux, s'ils sont plusieurs. Le notaire doit aussi prévenir les héritiers

-----

(1) Décret du 30 juillet 1863.
(2) Ord. du 2 avril 1817, art. 4.
(3) Ord. du 14 janvier 1831, art. 3.
(4) Loi du 5 avril 1884, art. 70.

ou les légataires universels de ne pas acquitter les legs mis à leur charge, tant qu'il n'est pas justifié de l'autorisation préalable du Gouvernement. Il doit, une fois le décret d'autorisation intervenu, leur en faire connaître les termes exacts et leur en expliquer la portée et les conséquences (1).

Les frais d'expédition du testament sont à la charge de l'établissement légataire.

Le dossier doit encore contenir : l'acte de décès du testateur timbré et enregistré (2), l'évaluation du montant de la libéralité en capital et revenu, et, s'il s'agit d'un immeuble, sa contenance, ainsi qu'un certificat du conservateur des hypothèques constatant qu'il n'est grevé d'aucune charge. L'estimation des valeurs léguées doit être faite par des personnes étrangères au consistoire et ayant les connaissances pratiques nécessaires (3). Le dossier doit enfin contenir l'état de l'actif et du passif, ainsi que l'état des revenus et charges de l'établissement légataire vérifié et certifié par le préfet (4). En fait, c'est le dernier budget qu'on produit.

En cas de donation, on doit joindre au dossier une expédition de l'acte de donation, sur papier timbré, le certificat de vie du donateur, et une évaluation de sa fortune et de celle de ses héritiers présomptifs (5).

L'autorisation accordée par le gouvernement ne fait aucun obstacle à ce que les tiers intéressés se pourvoient par les voies de droit contre la disposition dont l'acceptation aura été autorisée (6).

L'autorisation est accordée par décret, le Conseil d'État

______

(1) Circulaire du Ministre de la Justice du 3 novembre 1888.
(2) Circulaire du 12 avril 1819.
(3) Circulaire du 10 avril 1862.
(4) Ord. du 14 janvier 1831, art. 5.
(5) Circulaire du 10 avril 1862.
(6) Ord. du 2 avril 1817, art. 7.

entendu. Cependant le préfet peut autoriser l'acceptation des dons et legs en argent ou objets mobiliers n'excédant pas 300 francs (1). Le décret du 15 février 1862 qui élève cette somme à 1.000 francs dans certains cas n'est applicable qu'aux fabriques.

En cas de refus d'autorisation, le consistoire peut se pourvoir devant le Conseil d'État, mais seulement pour incompétence ou vice de forme, sans que la haute assemblée ait qualité pour apprécier les motifs du refus (2).

L'autorisation, une fois donnée, ne peut être retirée par l'autorité administrative. Mais l'autorité judiciaire peut toujours déclarer nulle la disposition qui a donné lieu à l'acte d'autorisation (3).

Les actes d'autorisation doivent déterminer l'emploi des sommes données ou léguées, et prescrire la conservation ou la vente des objets mobiliers, lorsque le testateur ou le donateur auront omis d'y pourvoir (4).

L'emploi doit être fait en rente 3 0/0 sur l'État quand l'établissement n'a pas sollicité, pour des raisons suffisamment justifiées, un autre emploi.

Il est loisible au consistoire, sous le contrôle du préfet, de prélever sur le produit de la libéralité, les frais nécessités par la délivrance et le montant des charges.

Si l'objet de la libéralité consiste en immeubles, il y a lieu de les vendre, sauf le cas où ils pourraient être utilisés par le consistoire dans le cercle de ses attributions, par exemple pour l'établissement ou l'agrandissement d'un temple ou le logement d'un rabbin.

L'autorisation peut être donnée d'office quand le con-

---

(1) Ord. du 2 avril 1817, art. 1er.
(2) Laferrière, II, p. 394.
(3) Conseil d'État, 27 juillet 1877 (Béquet, *Répertoire*, no 1288).
(4) Ord. 2 avril 1817, art. 4.

sistoire a conclu au refus de la libéralité, si celle-ci est avantageuse ou doit pourvoir au service dont l'établissement religieux est chargé.

Le refus d'office peut intervenir, en cas de silence du consistoire, après une mise en demeure préalable d'avoir à s'expliquer dans un délai déterminé. La faculté du refus d'office doit être reconnue au gouvernement « pour empêcher les établissements gratifiés de se retrancher dans une inertie calculée et de laisser les droits des héritiers en suspens durant trente ans. Mais le refus d'office constituerait un excès de pouvoir si l'on avait omis de consulter l'établissement intéressé. » (M. Ducrocq.)

Le gouvernement peut aussi n'autoriser l'acceptation d'un legs que pour partie. Il en serait autrement de la donation, qui exige l'accord absolu des parties. En cas de réduction, les charges se répartissent proportionnellement à la réduction, entre les héritiers et l'établissement gratifié.

L'autorisation n'est pas seulement nécessaire pour l'acceptation, elle l'est également pour la renonciation. L'instruction est faite dans la même forme, sauf le droit pour le préfet de dispenser de l'accomplissement de quelques formalités plus ou moins dispendieuses (1).

Les conditions impossibles, illicites et immorales sont réputées non écrites dans les donations entre vifs et dans les testaments (2). S'il s'agit d'une libéralité entre vifs, il est possible d'en avertir le donateur, qui refera la donation en la forme régulière, si la condition n'a pas été déterminante de la donation; agir autrement serait peu équitable. S'il s'agit d'un legs, ou l'administration refusera l'autorisation, ou elle ne l'accordera qu'en tant que la con-

---

(1) Circulaire du 10 avril 1862.
(2) Code civil, art. 900.

dition n'a rien de contraire aux lois. L'autorité judiciaire statuera s'il y a lieu.

L'article 4 de l'ordonnance du 14 janvier 1831 porte que les donations faites à des établissements ecclésiastiques ou religieux avec réserve d'usufruit en faveur des donateurs ne sont pas susceptibles d'autorisation. C'est une dérogation à l'article 949 du Code civil. On peut assimiler à la réserve d'usufruit la réserve d'une rente viagère ; il en serait de même de la donation d'un immeuble avec réserve du droit d'habitation au profit du donateur.

Les établissements religieux ne peuvent être autorisés à accepter des dispositions leur conférant un usufruit dont la durée excède trente ans (1). En cas de donation, le donateur est prévenu d'avoir à modifier l'acte ; en cas de legs, l'autorité administrative réduit la durée de l'usufruit.

L'acceptation, une fois autorisée, est faite par les consistoires (2). L'acte d'acceptation doit mentionner l'autorisation. Il doit être notarié s'il s'agit d'une donation (3).

Il n'y a pas lieu à l'acceptation provisoire. Dès lors, si l'acceptation intervient après le décès du donateur, la donation devient caduque. Dans tous les cas, les intérêts ne courent pas pendant l'instance en autorisation.

Une fois la donation ou le legs accepté, la demande en délivrance doit être faite. S'il s'agit d'un legs, la demande est adressée suivant les cas soit aux héritiers réservataires, soit aux légataires universels, soit aux héritiers non réservataires (4). L'établissement est saisi de plein droit, et il n'y a pas lieu à délivrance, s'il est légataire universel et s'il

(1) Code civil, art. 619.
(2) Ord. 2 avril 1817, art. 3, al. 6.
(3) Code civil, art. 931.
(4) Code civil, art. 1011.

n'y a pas d'héritiers réservataires (1). En cas de legs particulier, le droit aux fruits ou intérêts ne court que du jour de la demande en délivrance, ou du jour où la délivrance a été volontairement consentie (2). En cas de legs universel, s'il y a des héritiers à réserve, ou en cas de legs à titre universel, sauf toutefois controverse, ce droit court du jour du décès si la demande a été faite dans l'année, sinon, du jour de la demande ou de la délivrance volontaire (3).

En attendant l'acceptation, le trésorier du consistoire peut et doit faire tous les actes conservatoires qui seront jugés nécessaires (4). Il peut agir en justice pour interrompre la prescription, faire apposer et lever les scellés, conclure au maintien du testament en cas de demande en annulation, prendre des inscriptions hypothécaires, provoquer la nomination d'un administrateur provisoire, etc.

L'action en délivrance ne se prescrit que par trente ans (5). La prescription court du jour de l'autorisation.

Les frais de la délivrance sont à la charge de la succession, sans qu'il puisse en résulter une réduction de la réserve (6). Les droits d'enregistrement sont dus par le légataire, s'il n'en a été ordonné autrement par le testateur (7).

Les dons manuels eux-mêmes doivent être autorisés, sauf quand ils sont modiques et considérés comme prélevés sur le revenu. Bien entendu, il faut que l'administration en ait connaissance. On peut en dire autant des

---

(1) Code civil, art. 1006.
(2) Code civil, art. 1014.
(3)   Id.   art. 1005.
(4) Ord. du 2 avril 1817, art. 5.
(5) Code civil, art. 2262.
(6)   Id.   art. 1016.
(7)   Id.   art. 1016.

dons anonymes ; mais, dans ce cas, le refus d'autorisation n'aurait aucune sanction, car le montant du don ne deviendrait évidemment pas bien vacant; dès lors, il resterait dans la caisse de l'établissement religieux.

Les quêtes peuvent être faites dans les synagogues comme dans les églises. Il peut également y être placé des troncs, mais seulement pour les besoins du culte. L'article 2-4° du décret du 27 mars 1893 range le produit de ces troncs parmi les recettes ordinaires.

Les souscriptions des fidèles pour la construction ou la réparation des synagogues, ou pour les fournitures des objets du culte et du mobilier des synagogues peuvent affecter la forme de donations, auquel cas l'article 910 du Code civil s'applique tout naturellement. Si, au contraire, il s'agit d'un engagement des fidèles, il y a là une obligation contractuelle ordinaire. Cependant, dans la pratique, l'administration fait procéder à l'instruction comme s'il y avait eu donation (1).

§ 3. — Acquisition à titre onéreux.

Les consistoires peuvent acquérir des immeubles à titre onéreux, mais ils doivent, au préalable, être autorisés par un décret rendu en Conseil d'État (2). Aucun notaire ne peut passer acte de vente à leur nom, s'il n'est justifié du décret portant autorisation de l'acte et qui devra y être entièrement inséré (3).

Il y a toutefois exception en cas d'acquisition effectuée par voie d'adjudication publique, s'il n'a pas été possible,

(1) Circulaire du 10 avril 1862.
(2) Loi du 2 janvier 1817, art. 2.
(3) Ord. du 14 janvier 1831, art. 2.

à raison de l'urgence, de se pourvoir de l'autorisation préalable (1), sauf toujours le droit de l'administration d'apprécier l'utilité de l'acquisition. Mais alors la délibération du consistoire devra être approuvée par un arrêté du préfet fixant le maximum du prix. Il en serait de même au cas où le consistoire, créancier d'un débiteur dont il a poursuivi l'expropriation, s'est rendu, en l'absence de tout enchérisseur, adjudicataire de l'immeuble exproprié pour se remplir de sa créance.

En cas de surenchère portée sur un immeuble affecté hypothécairement à la garantie de la créance d'un consistoire, celui-ci ne peut, sans autorisation, surenchérir au delà de la somme qui lui est due, mais, dans cette limite, la surenchère n'est qu'un acte conservatoire.

Si ces terrains étaient retranchés de la voie publique en vue de l'alignement, comme le droit de préemption au profit des propriétaires riverains, particuliers ou établissements publics, n'est qu'une pure faculté, l'autorisation serait nécessaire (2).

En vertu du principe de la spécialité, les acquisitions ne peuvent avoir lieu que dans l'intérêt de la célébration du culte (3). L'acquisition d'un immeuble n'est autorisée par le Conseil d'Etat que pour des motifs d'utilité publique, quand il y a lieu, par exemple, d'acheter le terrain nécessaire à la construction d'une synagogue, mais non si l'acquisition avait pour objet le placement de fonds libres (4).

Le refus d'autorisation n'est pas susceptible d'un recours devant le Conseil d'Etat par la voie contentieuse; mais le décret d'autorisation, une fois rendu, ne peut être rapporté sans excès de pouvoir.

(1) Circulaire du 10 avril 1862.
(2) Décision ministérielle du 20 août 1867.
(3) Circulaire du 10 avril 1862.
(4) Conseil d'État, avis de la section de législation du 13 avril 1840

Le dossier doit contenir : la délibération du consistoire tendant à l'acquisition et indiquant l'origine des fonds et le but de l'acquisition (1), le procès-verbal de l'enquête *de commodo et incommodo*, une copie du dernier budget, l'estimation de l'immeuble, le plan des lieux, la promesse de vente du vendeur (2), l'avis du Conseil municipal (3) et l'avis du préfet.

Il y a lieu à la purge des privilèges et hypothèques.

Le payement est fait entre les mains du vendeur après la réception des certificats du conservateur constatant la transcription du contrat et la non-existence ou la radiation des inscriptions hypothécaires. S'il y a des inscriptions, le prix d'acquisition est consigné.

Les frais de l'acquisition sont à la charge du consistoire (4).

L'échange doit avoir lieu dans les mêmes conditions que l'acquisition, puisqu'il contient à la fois acquisition et aliénation.

Les menues dépenses relatives à la célébration du culte peuvent être faites sans autorisation par un agent spécial délégué par le consistoire, à charge de rapporter au comptable, dans le délai d'un mois, les acquits des créanciers réels et les pièces justificatives. Des avances peuvent être mises à cet effet à sa disposition sur mandats du président (5).

Mais les autres objets mobiliers ne peuvent être acquis qu'en vertu d'une autorisation.

(1) Circulaire du 29 janvier 1831.
(2) Circulaires du 12 avril 1819 et du 29 janvier 1831.
(3) Loi du 5 avril 1884, art. 70.
(4) Code civil, art. 1193.
(5) Décret du 27 mars 1893, art. 14.

§ 4. — Aliénations.

Aucune aliénation à titre gratuit ne peut être faite. Il n'est nullement dans la mission des établissements religieux de faire des aliénations de ce genre.

Les aliénations à titre onéreux doivent être autorisées par décret rendu en Conseil d'Etat (1), et le notaire ne peut en passer acte que s'il lui est justifié du décret d'autorisation, qui sera inséré dans l'acte (2).

La délibération du consistoire doit faire connaître la cause qui motive l'aliénation et l'emploi du produit de la vente. A défaut de cette dernière indication, le décret d'autorisation prescrit le placement en rente 3 0/0 sur l'Etat.

Les pièces produites à l'appui de la demande sont les mêmes qu'en cas d'acquisition, sauf l'estimation et la soumission de l'acquéreur, puisque la vente ne peut avoir lieu qu'aux enchères publiques, comme pour les biens des mineurs. Cependant, si la valeur de l'immeuble est minime ou si l'avantage est évident, le gouvernement peut autoriser une vente amiable. Il en est de même en cas de vente à un autre établissement public (3). L'avis du Conseil municipal est nécessaire (4). La mise à prix, une fois l'autorisation obtenue, ne peut être baissée qu'en vertu d'une nouvelle autorisation accordée sur le vu d'un procès-verbal constatant que l'adjudication n'a pu se faire.

---

(1) Loi du 2 janvier 1817, art. 3.
(2) Ord. du 14 janvier 1831, art. 2.
(3) Circulaire du 20 mai 1863.
(4) Loi du 5 avril 1884, art. 70.

Les membres du consistoire ne peuvent se rendre adjudicataires ni par eux-mêmes ni par personnes interposées (1). La nullité n'aurait pas lieu de plein droit, mais devrait être demandée par le consistoire. Il n'y a pas du reste de présomptions d'interposition à l'égard de certaines personnes à raison de leur qualité et des liens qui les unissent aux incapables. La loi n'a créé nulle part ces présomptions; or, les incapacités sont de droit étroit.

Les membres du consistoire ne peuvent pas davantage prescrire la propriété des immeubles appartenant au consistoire. La Cour de cassation a même décidé qu'ils seraient possesseurs de mauvaise foi, et tenus de restituer les fruits du jour de l'entrée en possession (2).

L'assistance d'un notaire n'est pas indispensable. On procède comme il est prescrit par l'article 16 de la loi du 18 juillet 1837. Le président du consistoire, assisté de deux membres du consistoire, procède à la vente.

En cas d'expropriation pour cause d'utilité publique, s'il s'agit des biens des communes, aux termes de l'article 13 de la loi du 3 mai 1841, le préfet peut autoriser la cession amiable. L'article 26 de la même loi autorise les administrateurs des établissements publics à accepter les offres d'indemnité dans les formes et avec les autorisations prescrites par l'article 13. Deux décisions ministérielles des 11 juin 1856 et 8 janvier 1877 ont appliqué ces dispositions aux fabriques; mais, en sens contraire, le Conseil d'État, considérant que la matière du culte n'est pas décentralisée et que l'article 13 ne parle pas des établissements ecclésiastiques, décide qu'il y a lieu d'observer les règles ordinaires (3).

(1) Code civil, art. 1596.
(2) Cass., 11 janvier 1843 (Dall., 1843, 1, 127).
(3) Avis de la section de l'intérieur, du 8 juillet 1884 (Béquet, *Répertoire*, v° Cultes, n° 1526, note).

Pour l'aliénation de rentes, l'autorisation par décret en conseil d'État est nécessaire (1). Aucun transfert ne peut être effectué qu'autant qu'il est autorisé par un décret, dont l'établissement intéressé présentera, par l'intermédiaire de son agent de change, expédition en due forme au directeur du grand-livre de la dette publique (2). Le conseil municipal doit émettre son avis (3).

La même autorisation est nécessaire pour l'aliénation des créances mobilières. Si le transport est fait par acte notarié, l'article 2 de l'ordonnance du 14 janvier 1831 exigeant la production du décret d'autorisation est applicable.

Les objets mobiliers des synagogues ne peuvent être vendus sans l'autorisation du gouvernement. La vente serait nulle.

Les objets d'art ayant un intérêt historique et artistique peuvent être classés par le ministre de l'Instruction publique et des Beaux-Arts (4). Ce classement est définitif à défaut de réclamation dans les six mois. S'il y a contestation, il est statué par le ministre de l'Instruction publique et des Beaux-Arts, sauf recours au conseil d'État statuant au contentieux (5). Une fois classés, ils ne peuvent être restaurés, réparés, aliénés par vente, donation ou échange, qu'avec l'autorisation du ministre de l'Instruction publique et des Beaux-Arts (6). L'aliénation serait nulle. La nullité serait poursuivie par le ministre de l'Instruction publique et des Beaux-Arts, ou par le propriétaire vendeur, sans préjudice des dommages-intérêts qui pourraient être

____

(1) Loi du 2 janvier 1817, art. 3.
(2) Ord. du 14 janvier 1831, art. 1er.
(3) Loi du 5 avril 1884, art. 70.
(4) Loi du 30 mars 1887, art. 8.
(5)   Id.   art. 9.
(6)   Id.   art. 11.

réclamés aux parties contractantes et à l'officier public qui aurait prêté son concours à la vente. En cas de perte ou de vol, le droit de revendication est ouvert pendant trois ans (1).

La vente aux enchères publiques des objets mobiliers appartenant aux établissements ecclésiastiques ne peut être faite que par le ministère d'officiers publics ayant qualité pour y procéder, notaires, greffiers, huissiers, ou par les maires ou adjoints.

Les coupes d'arbres épars peuvent être autorisées par arrêté préfectoral. Les bois taillis et futaies sont soumis au régime forestier (2). Il faut, pour les abattre, une autorisation par décret (3).

Les consistoires peuvent faire tous actes conservatoires. Ils peuvent dès lors prendre hypothèque. Ils ne peuvent consentir la mainlevée de ces hypothèques — car la mainlevée d'une hypothèque a le caractère d'un acte d'aliénation — que sur autorisation donnée par décret en Conseil d'État (4). Les pièces à fournir sont : la délibération du consistoire indiquant le motif de la demande et l'origine de la dette, le décret ou arrêté d'autorisation, l'emploi projeté du capital, la justification de la libération du débiteur, le dernier budget, l'avis du conseil municipal et l'avis du préfet (5).

L'autorisation exigée pour l'aliénation des immeubles est également nécessaire pour la constitution des droits d'usufruit, de servitude, en un mot pour l'établissement de

(1) Loi du 30 mars 1887, art. 13.
(2) Code forestier, art. 90.
(3) Code forestier, art. 16.
(4) Avis du Conseil d'État du 28 juillet 1885 (Béquet, *Répertoire*, n° 1601).
(5) Circulaire du 21 août 1885.

tous les droits qui constituent des démembrements de la propriété.

§ 5. — Emprunts.

Aucun emprunt ne peut être fait sans autorisation, bien qu'aucun texte n'exige formellement cette autorisation. On n'a pas prévu le cas où l'emprunt serait nécessaire, parce que les dépenses excédant les ressources des établissements religieux sont supportées par le gouvernement; mais aucun doute n'a jamais été élevé à cet égard (1).

La nullité ne serait opposable que par le consistoire, qui est assimilé à un mineur; c'est une nullité relative.

Les pièces à produire à l'appui de la demande d'autorisation sont : la délibération du consistoire indiquant les motifs de l'emprunt, la destination de la somme à emprunter, le délai et les conditions de remboursement, les ressources qui y seront affectées. le dernier budget, l'avis du Conseil municipal, celui du préfet, et, s'il y lieu, les plans et devis de travaux ou la justification des dettes, mémoires des fournisseurs et entrepreneurs, arrêtés ou jugements de condamnation.

L'emprunt peut être fait soit au Crédit Foncier (2), soit à la Caisse des Dépôts et Consignations, soit à des particuliers, à un taux d'intérêt fixé dans le décret d'autorisation et, au maximum, à un taux de 5 0/0, et, autant que possible, s'il s'agit d'emprunt fait à des particuliers, avec publicité et concurrence.

(1) Décision ministérielle du 5 novembre 1847.— Cass., 18 juillet 1860 (Dall., 1860, 1, 309).

(2) Loi du 26 février 1862.

§ 6. – Hypothèque.

L'hypothèque est souvent une mesure complémentaire de l'emprunt. Cependant, comme les biens des consistoires ne peuvent être vendus qu'en vertu d'un décret d'autorisation que le gouvernement peut toujours refuser, il serait peu équitable de leur part de conférer une hypothèque en garantie d'un emprunt. Aussi, dans la pratique, ne les autorise-t-on pas à constituer une hypothèque sur leurs biens. Mais aucun texte ne s'y oppose.

§ 7. — Placement des fonds.

Les fonds disponibles doivent être placés en rente 3 0/0 sur l'État, ou, depuis 1866, en obligations du Crédit Foncier. Les consistoires ne peuvent placer sur des particuliers ou en biens-fonds qu'en vertu d'une autorisation par décret (1).

Les fonds disponibles peuvent être déposés également dans les caisses d'épargne. Quand le compte atteint 1.000 francs, la caisse d'épargne peut acheter une rente de 10 francs ; mais elle doit en donner avis au préfet qui autorisera l'immatriculation ou provoquera le décret d'autorisation.

Les acquisitions de rente sur l'État doivent être autorisées par décret (2).

(1) Décret du 16 juillet 1810, art. 4.
(2) Ord. du 14 janvier 1831, art. 1er.

Le préfet peut autoriser le placement en rente sur l'État des capitaux remboursés (1) ou des fonds provenant des excédents de recettes ou des économies (2). Il doit être justifié au préfet de la réalisation de l'emploi. Aucune autorisation n'est nécessaire pour le remploi en rentes sur l'État ou sur des particuliers du produit des capitaux remboursés, lorsque ces capitaux n'excèdent pas 500 francs (3).

En cas d'inexécution de ces prescriptions, les membres des consistoires sont personnellement responsables et exposés à une action civile de la part de leurs successeurs, des représentants des bienfaiteurs, des procureurs près les cours et tribunaux, sans préjudice du droit de révocation qui appartient au ministre des cultes.

Les fonds libres doivent être versés en compte courant au Trésor public, et ils sont productifs d'intérêts dans les mêmes conditions que les fonds des établissements de bienfaisance (4).

§ 8. — Baux.

La loi du 25 mai 1835, relative aux baux des biens ruraux des communes et des établissements publics, établit une distinction entre les biens ruraux et les biens urbains. Elle décide que les établissements publics pourront affermer leurs biens ruraux, pour dix-huit ans et au dessous, sans autres formalités que celles prescrites pour les baux de neuf années.

(1) Décret du 13 avril 1861, art. 4.
(2) Circulaire du 2 décembre 1861.
(3) Décret du 16 juillet 1810, art. 4.
(4) Décret du 27 mars 1893, art. 26.

S'il s'agit de baux de biens urbains de plus de neuf ans ou
de baux de biens ruraux de plus de dix-huit ans, il faut une
autorisation par décret donnée, après délibération du consistoire, sur l'avis du préfet et sur le vu du procès-verbal
d'enquête *de commodo et incommodo*, du plan figuré des
lieux et du procès-verbal d'estimation (1).

Pour les autres baux, aucune autorisation n'est plus
nécessaire depuis la loi du 5 avril 1884 (2).

Les baux doivent être passés aux enchères (3), sauf le
cas où des circonstances particulières rendraient une location amiable plus avantageuse (4).

§ 9. — Location des chaises et bancs.

Les fidèles doivent pouvoir, sans payer une taxe, assister
aux offices. Ils peuvent également apporter des bancs et des
chaises, sauf le droit du consistoire de désigner l'emplace-
ment qu'ils occuperont. Enfin, le consistoire peut placer
lui-même des bancs ou des chaises. Le tarif en est fixé par
délibération du consistoire et affiché dans la synagogue.
Si la location est faite en régie, le produit en est encaissé
par le comptable, sur le vu d'états certifiés par le président
du consistoire (5). La perception peut être faite par des
préposés désignés par le consistoire. Si la location est
mise en ferme, un cahier des charges doit être arrêté par
le consistoire. Ce cahier des charges doit indiquer le prix
et le nombre des chaises, ainsi que l'espace à laisser libre.

(1) Arrêté du 7 germinal an IX.
(2) Art. 168, § 6 et art. 68-1°.
(3) Décret du 30 décembre 1809, art. 60.
(4) Décision ministérielle du 14 mars 1855.
(5) Décret du 27 mars 1893, art. 13, *in fine.*

La mise en ferme doit être faite par adjudication publique et le bail passé devant notaire. Aucun membre du consistoire ne peut être adjudicataire. Le concessionnaire est soumis à la patente (1).

Le consistoire peut concéder des places fixes aux personnes qui désirent apporter des bancs ou des chaises. Dans ce cas, il doit porter la demande qui lui est adressée à la connaissance des fidèles, et n'adjuger la place demandée qu'à défaut d'offre plus avantageuse. La concession est alors purement personnelle et cesse par le décès ou le changement de circonscription rabbinique de celui qui l'a obtenue ; comme elle ne confère qu'un simple droit d'usage, le concessionnaire ne peut ni céder ni louer son droit (2).

Toutes ces règles sont loin d'être suivies. Dans nombre de synagogues, certains Israélites possèdent de droit une place qui leur a été donnée en dehors des règles ; aucune contestation n'a jamais été soulevée à cet égard. S'il venait à s'en élever, elles seraient du ressort des tribunaux judiciaires et non des conseils de préfecture. Ce sont en effet des questions de propriété, et non des questions relatives à des actes administratifs.

§ 10. — Actions judiciaires.

Les consistoires ne peuvent, sans autorisation préalable, intenter une action en justice ou y défendre (3).

L'autorisation est donnée par le conseil de préfecture,

(1) Conseil d'État, 4 mars 1868 (Lebon, 1868. p. 246).
(2) Code civil, art. 631.
(3) Ord. 1844, art. 64.

comme pour les communes (1) et les fabriques (2), sur le vu de la délibération du consistoire.

La généralité des termes de l'article 64 ne permet pas de faire exception pour les affaires de minime importance qui sont de la compétence des juges de paix, ou pour celles dans lesquelles il n'y a pas de contestation sur la propriété. Il y a cependant exception pour les assignations en référé, qui n'ont pour objet qu'un acte conservatoire (3). La procédure de référé a été instituée, en effet, pour tous les cas d'urgence sans distinction, et il serait impossible d'y recourir, s'il fallait d'abord remplir une formalité incompatible avec la célérité que la loi a eue en vue. D'ailleurs le juge des référés ne prend que des mesures provisoires sans préjuger le fond (4).

Pour les actions possessoires, le Conseil d'État avait décidé, le 17 novembre 1863 (5), que l'autorisation n'est pas nécessaire, par le motif qu'il n'y a là que des actes conservatoires. Mais la Cour de cassation a décidé le contraire, dans un arrêt du 25 mars 1879 (6).

L'autorisation n'a d'effet que dans les termes où elle est donnée. Une autorisation donnée pour intenter une action ne suffit pas pour habiliter le consistoire à défendre à une demande reconventionnelle (7). Une autorisation donnée pour plaider en première instance ne suffit pas

---

(1) Loi du 5 avril 1884, art. 121.

(2) Décret de 1809, art. 77.

(3) Paris, 17 novembre 1868 (Dall., 1868, II, 188). — Cass., 10 avril 1872 (Dall., 1873, 1, 12). — Conseil d'État, 20 janvier 1886 (Lebon, 1886, p. 941).

(4) Cass., 10 avril 1872 (Dall., 1873, 1, 12).

(5) Lebon, 1863, p. 1003.

(6) Dall., 1875, 1, 160.

(7) Toulouse, 27 décembre 1867 (Sir., 1868, II, 43).

pour interjeter appel (1). Il a été décidé, sous l'empire de la législation antérieure à 1837, qu'une autorisation donnée en termes généraux suffit pour plaider devant tous les degrés de juridiction (2).

Depuis 1837, on a admis la nécessité d'une nouvelle autorisation pour interjeter appel.

Cependant la cour de cassation, par arrêt du 27 décembre 1864 (3), a décidé que cette autorisation n'était pas nécessaire :

« Attendu, dit-elle, que, lorsque le législateur a voulu astreindre les établissements publics à l'obligation de se pourvoir pour plaider d'autant d'autorisations qu'il y a de degrés de juridiction, il s'en est expliqué d'une manière expresse... que l'article 64 de l'ordonnance de 1844 est ainsi conçu : « Les consistoires israélites ne « peuvent, sans autorisation préalable, intenter une action en « justice ou y défendre », attendu que rien dans cette disposition n'implique pour les consistoires, une fois pourvus d'une autorisation exprimée en termes généraux, la nécessité d'en obtenir une nouvelle pour chaque degré de juridiction... »

Cette décision ne saurait faire jurisprudence. L'article 77 du décret de 1809 relatif aux fabriques est conçu dans les mêmes termes que l'article 64 de l'ordonnance de 1844. Il ne parle pas de la nécessité d'une nouvelle autorisation pour interjeter appel. Il en est de même de l'article 14 du décret du 6 novembre 1813 relatif à l'administration des cures. Cependant il n'y a nul doute que cette autorisation ne soit exigée, et que l'article 121 de la loi de 1884 ne soit applicable. Les décisions de la Cour de cassation

______

(1) Loi du 18 juillet 1837, art. 49. — Loi du 5 avril 1884, art. 121.

(2) Cass., 14 novembre 1825 (Sir., 1827, 1, 49) ; 11 janvier 1830 (Sir., 1830, 1, 57).

(3) Dall., 1865, 1, 213.

citées plus haut, des 14 novembre 1825 et 11 janvier 1830, ne sont relatives qu'à des contestations intéressant les communes, et, depuis 1837, elles n'ont plus d'autorité. Pourquoi donc cette différence en faveur des consistoires israélites alors que les textes qui les régissent sont conçus dans les mêmes termes que ceux qui sont relatifs aux autres établissements publics ? Il n'y en a aucune raison.

Le Conseil d'État en a ainsi décidé le 11 juin 1889 (1). Sans même motiver son arrêt, il annule un arrêté du conseil de préfecture de la Gironde refusant au consistoire de Bordeaux l'autorisation d'interjeter appel d'un jugement de première instance, et il accorde l'autorisation, laissant ainsi à entendre que cette autorisation est nécessaire.

Mais, si le consistoire a gagné son procès en première instance, aucune autorisation n'est nécessaire pour défendre en appel (2).

Les règles sont les mêmes pour le pourvoi en cassation (3).

L'autorisation suffit pour former opposition (4), pour opposer la péremption de l'instance (5), ou pour défendre à une intervention formée depuis l'arrêté d'autorisation (6).

En cas de tierce opposition ou de requête civile, comme il y a un nouveau procès, une autorisation spéciale serait nécessaire. Cependant il y a doute sur ce point (7).

C'est au consistoire qu'il appartient de se pourvoir pour obtenir l'autorisation, sans qu'il y ait à distinguer s'il est

______

(1) Dall., 1891, III, 51.

(2) Cass., 23 mai 1860 (Béquet, *Répertoire*. v° Cultes. n° 1665). Conseil d'État, 20 juin 1861 (Lebon, 1861, p. 1060).

(3) Béquet, *Répertoire*, n° 1666.

(4) Cass., 14 mars 1835 (Béquet, *Répertoire*, n° 1667).

(5) Toulouse, 19 décembre 1828. (Béquet, *Répertoire*, n° 1668.)

(6) Cass., 12 décembre 1838, 7 mai 1839 (Sirey, 1839, I, 483).

(7) Cass., 27 novembre 1828 (Dall., 1829, I. 31).

demandeur ou défendeur. Celui qui engage un procès contre un consistoire israélite n'a pas à se préoccuper de faire les démarches nécessaires pour obtenir cette autorisation en faveur du consistoire.

Le tribunal peut fixer au consistoire un délai dans lequel il devra se pourvoir de l'autorisation administrative (1).

Le défaut d'autorisation peut être opposé aux actions des consistoires (2). La péremption court d'ailleurs contre l'établissement ecclésiastique, si, à défaut d'autorisation, il reste dans l'inaction (3). Cependant la cour de Toulouse en a décidé autrement à propos d'une contestation intéressant une fabrique (4).

Le consistoire peut se pourvoir devant le Conseil d'État contre l'arrêté du conseil de préfecture lui refusant l'autorisation de plaider.

A défaut de décision rendue par le conseil de préfecture dans les deux mois à compter du jour de la demande d'autorisation, le consistoire est autorisé à plaider (5) et il y a lieu pour le Conseil d'État d'annuler l'arrêté par lequel le conseil de préfecture a statué après l'expiration de ce délai.

Les demandes intéressant les consistoires sont dispensées du préliminaire de conciliation (6). Elles doivent être communiquées au ministère public (7).

---

(1) Tribunal de la Seine, 2 janvier 1877 (Dall., 1879, III, 23).

(2) Colmar, 12 décembre 1833 (Sir., 1834, II, 228).

(3) Nîmes, 31 août 1812. (Sir., 1814, II, 346.)

(4) 26 février 1829 (Sir., 1829, II, 311).

(5) Loi du 5 avril 1884, art. 121. — Conseil d'État, 11 février 1890 (Dall., 1892, III, 57.)

(6) Code de procédure civile, art. 49-1º.

(7)   Id.   art. 83.

L'avis du conseil municipal est demandé (1).

C'est le consistoire qui est mis en cause, et non le président ou le trésorier. L'article 64 de l'ordonnance de 1844 confère seulement aux consistoires le droit d'ester en justice.

Une fois l'instance engagée, le consistoire ne peut se désister sans une nouvelle autorisation, à moins qu'il ne s'agisse d'un simple désistement d'instance.

L'autorisation de plaider n'entraîne pas celle d'acquiescer, car l'acquiescement peut constituer une aliénation, s'il a pour effet l'abandon d'un droit. Il faut, dès lors, une nouvelle autorisation.

Quand le consistoire plaide contre l'État, il doit également être autorisé, sauf lorsque le procès est engagé devant le conseil de préfecture ou devant le Conseil d'État en première instance ou en appel (2).

Si le consistoire a gagné son procès, l'exécution en est poursuivie par le trésorier selon les règles de la procédure. Dans le cas contraire, aucune opposition ne peut être pratiquée entre les mains des débiteurs du consistoire. Le mobilier de la synagogue ne peut non plus être saisi ; il est en effet hors du commerce. Enfin les immeubles, ne pouvant être aliénés qu'en vertu d'une autorisation par décret en Conseil d'État, ne peuvent être saisis qu'avec la même autorisation. Ou le consistoire paiera le montant de la condamnation sur les fonds disponibles, ou le créancier s'adressera soit au consistoire central, soit au ministre des cultes, pour faire inscrire d'office au budget du consistoire la dépense qui résulte de la condamnation. Si le consistoire central ne tenait pas compte de la décision du

(1) Loi du 5 avril 1884, art. 70.
(2) Conseil d'État, 13 février 1868 (Dall., 1870, III, 11).

ministre des cultes, le budget serait réglé par décret en Conseil d'État, et, en cas de refus d'ordonnancement, un arrêté ministériel tiendrait lieu de mandat (1).

Aux termes de l'article 21 de la loi du 18 juillet 1837, les communes ne pouvaient transiger qu'en vertu d'une autorisation donnée par décret en Conseil d'État, sur l'avis ' de trois jurisconsultes désignés par le préfet. Les règles d'administration des biens des communes étant applicables aux établissements religieux lorsque aucune règle particulière n'est imposée à ceux-ci, cette disposition était applicable aux consistoires. La loi du 5 avril 1884, article 68, décide que les transactions des communes devront être approuvées par le préfet en conseil de préfecture. L'administration des cultes décide que cet article de la loi de 1884 n'est pas applicable aux fabriques, parce que la matière du culte n'a pas été décentralisée, et elle continue à appliquer la loi de 1837. Il y a là une singularité. Comment maintenir en vigueur, sur un point spécial, une loi abrogée sur tous les autres points? Il semblerait plus logique d'appliquer ici l'article 68 de la loi de 1884, et de n'exiger que l'autorisation du préfet en conseil de préfecture.

Les consistoires ne pouvant compromettre, tout arbitrage leur est interdit en vertu de l'article 1003 du Code de procédure civile.

§ 11. — Comptes et budgets.

I. — Préparation et vote du budget.

Le budget est préparé par le président du consistoire,

(1) Décret de 1893, art. 27.

voté par le consistoire et approuvé par le consistoire central. Les crédits reconnus nécessaires après l'établissement du budget sont votés et autorisés dans la même forme (1).

Le budget est présenté au consistoire dans la seconde quinzaine de mars. Dans la quinzaine suivante, il est transmis au consistoire central, qui statue avant le 1er mai. A la même session sont votés les chapitres additionnels concernant l'exercice en cours (2).

Dans le cas où, pour une cause quelconque, le budget d'une communauté consistoriale n'aurait pas été définitivement établi avant le commencement de l'exercice, les recettes et les dépenses ordinaires continuent, jusqu'à l'approbation de ce budget, à être faites conformément à celui de l'année précédente (3).

Toutes ces règles s'appliquent aux budgets des communautés non consistoriales. Le budget est dressé par la commission administrative et approuvé par le consistoire (4).

Les biens indivis sont administrés, suivant les cas, par le consistoire ou par une délégation spéciale, qui règlent les recettes et dépenses relatives à ces biens, sauf l'approbation du consistoire central (5).

Enfin le ministre des cultes peut ordonner l'inscription d'office des dépenses dues aux créanciers porteurs de titres exécutoires, lorsqu'ils n'ont pu obtenir le vote de la dépense par le consistoire, ni une décision du consistoire central de nature à leur donner satisfaction. Si, dans le délai de deux mois à partir de la communication au con-

(1) Décret de 1893, art. 6.
(2) Art. 7.
(3) Art. 8.
(4) Art. 33.
(5) Art. 35.

sistoire central de la décision du ministre des cultes, le consistoire central n'a pas réglé le budget en conséquence, le budget est réglé par décret en Conseil d'État (1).

Le budget est divisé en budget ordinaire et en budget extraordinaire (2).

II. — Recettes ordinaires.

Les recettes du budget ordinaire comprennent :

1° Les revenus de tous les biens meubles et immeubles dont les produits sont affectés à la communauté consistoriale, ainsi que les intérêts des fonds placés au Trésor ;

2° Les sommes provenant des pompes funèbres ;

3° Les produits de la concession des places ou de la location des bancs et sièges dans les synagogues ;

4° Les produits des quêtes et collectes, des offrandes pour les honneurs religieux, des oblations pour les frais du culte, et des sommes trouvées dans les troncs placés pour le même objet ;

5° Les produits relatifs à la viande *kascher*. Nous avons vu que le consistoire peut passer des marchés à l'effet de procurer aux israélites la viande *kascher* et fixer une surtaxe dont le produit tombe dans la caisse consistoriale ;

6° Toutes les ressources annuelles et permanentes.

La quotité et le mode de perception des revenus qui donneraient lieu à l'établissement de tarifs sont proposés par le consistoire, délibérés par le consistoire central et approuvés par le ministre des cultes (3).

(1) Art. 27.
(2) Art. 1er.
(3) Art. 3.

III — Pompes funèbres.

Le décret du 23 prairial an XII a réglé ce qui a rapport aux sépultures, aux cimetières et aux pompes funèbres.

Aucune inhumation ne peut avoir lieu dans les édifices consacrés au culte (1). Il doit être choisi, en dehors de l'enceinte des communes, des terrains consacrés à l'inhumation des morts (2). Les cimetières sont la propriété des communes, la clôture et l'entretien de ces cimetières sont pour elles des dépenses obligatoires (3). L'article 15 du décret de prairial prescrivait des divisions séparées pour chaque culte. Il a été abrogé par la loi du 14 novembre 1881, aux termes de laquelle les morts sont ensevelis à la suite sans distinction de culte.

Les cérémonies usitées pour les convois peuvent être réglées par les familles de concert avec les autorités religieuses, mais, hors de l'enceinte des églises et lieux de sépulture, les cérémonies religieuses ne sont permises que dans les communes où il n'est professé qu'un seul culte (4). Le maire pourvoit, en vertu de son droit de police, à ce que toute personne décédée soit inhumée décemment (5) ; il assure le maintien du bon ordre dans les endroits où il se fait de grands rassemblements d'hommes, spécialement dans les cimetières, le mode de transport des personnes décédées, les inhumations et exhumations (6).

Les frais et rétributions à payer aux ministres des

(1) Décret du 23 prairial an XII, art. 1er.
(2)   Id.   art. 2.
(3) Loi du 5 avril 1884, art. 136, 13°.
(4) Décret du 23 prairial an XII, art. 18.
(5) Loi du 5 avril 1884, art. 93.
(6)   Id.   art. 97

cultes et individus attachés aux églises et aux temples sont réglés par le gouvernement, sur l'avis des consistoires et la proposition du ministre des cultes (1).

Le mode de transport des corps est réglé par les maires sauf l'approbation du préfet (2). Les tarifs et les traités relatifs aux pompes funèbres sont votés par le conseil municipal et approuvés par les préfets, ou par décret, si le revenu de la commune est d'au moins trois millions de francs (3).

Les fabriques et les consistoires protestants ont le monopole des fournitures nécessaires aux enterrements; ils peuvent exercer ou affermer ce droit (4). Nulle autre personne ne peut l'exercer (5). Les articles 22 et 24 du décret de prairial ne sont pas applicables aux Israélites (6), dont le culte n'était pas alors reconnu. Par conséquent, les consistoires israélites n'ont pas de monopole et les Israélites peuvent s'adresser à tel entrepreneur que bon leur semble.

A Paris, aux termes du décret du 27 octobre 1875, le service des pompes funèbres est remis à un conseil d'administration comprenant dix délégués des fabriques, élus à raison d'un délégué pour deux arrondissements, un délégué de chacun des deux cultes protestants, un délégué du culte israélite élu par le consistoire, et un vicaire général désigné par l'archevêque de Paris. Ce conseil d'administration est nommé pour six ans ; il se renouvelle par moitié tous les trois ans (7). Il exerce les droits appar-

---

(1) Décret de prairial an XII, art. 20.
(2)   Id.   art. 21.
(3) Loi du 5 avril 1884, art. 115, art. 145 § 3.
(4) Décret de prairial an XII, art. 22.
(5)   Id.   art. 24.
(6) Décret du 10 février 1806.
(7) Art. 4.

tenant aux fabriques et consistoires, procède à tous les actes d'administration, aliénation ou emprunt nécessaires, et exerce les actions judiciaires (1). Les règles de comptabilité applicables aux fabriques et consistoires sont également applicables aux syndicats de pompes funèbres (2).

Les sommes provenant des pompes funèbres figurent, ainsi que nous venons de le voir, dans les recettes ordinaires des consistoires (3).

IV. — Dépenses ordinaires.

Les dépenses du budget ordinaire comprennent :

1° Les prélèvements et contributions établis par les lois sur les biens et revenus ;

2° L'acquittement des dettes exigibles ;

3° Les frais du culte ;

4° L'entretien et le renouvellement du mobilier des synagogues ainsi que des objets servant au culte ;

5° Les frais de registre des actes de la communauté consistoriale et la part contributive dans les frais relatifs aux élections ;

6° Le traitement du comptable, dans le cas où il n'exerce pas gratuitement ses fonctions ;

7° Les traitements ou suppléments de traitement accordés, dans la limite des ressources disponibles, aux rabbins, aux ministres officiants, aux *schohets* régulièrement institués ;

8° Les traitements, gages et salaires des employés et agents subalternes ;

(1) Art. 5.
(2) Décret du 27 mars 1893 relatif au culte catholique, art. **28**.
(3) Décret de 1893, art. 3-2°.

9° Les frais de bureau du consistoire ;

10° Les réparations des synagogues et l'indemnité de logement des rabbins ;

11° Toutes autres dépenses annuelles et permanentes.

V. — Budget extraordinaire.

Le budget extraordinaire comprend la recette et l'emploi des capitaux provenant de dons et legs, d'emprunts, d'aliénations, de remboursements, de coupes extraordinaires de bois et de toutes autres ressources exceptionnelles. Parmi ces ressources exceptionnelles on peut ranger les sommes allouées par l'État pour frais d'administration des consistoires, pour entretien ou reconstruction des édifices du culte, les subventions facultatives accordées par les communes, et les subventions obligatoires à leur charge, soit pour l'indemnité de logement des rabbins, en cas d'insuffisance justifiée des ressources du consistoire (1), soit pour les grosses réparations des synagogues quand ce sont des édifices communaux, sauf l'application préalable des revenus et ressources disponibles des consistoires à ces réparations (2). En cas de désaccord entre la commune et le consistoire, il est statué par décret rendu sur les propositions des ministres de l'intérieur et des cultes.

VI. — Contribution des communes.

L'article 136-12° de la loi du 5 avril 1884 ne range les grosses réparations aux édifices du culte parmi les dépenses obligatoires des communes que si ce sont des édi-

---

(1) Loi du 5 avril 1884, art. 136-11°.
(2)   Id.   art. 136-12°.

fices communaux, « sauf l'application préalable des revenus et ressources disponibles des fabriques à ces réparations ».

C'est dire que la contribution des communes aux réparations des édifices du culte israélite sera bien rare. Les synagogues construites en France l'ont été aux frais des consistoires, avec ou sans l'aide des fidèles, et, dès lors, elles appartiennent aux consistoires. Dans ce cas, la commune ne sera jamais tenue de contribuer aux réparations.

On peut cependant supposer que la commune ait procédé à la construction d'une synagogue, ou que le consistoire et la commune l'aient construite à frais communs sur un terrain communal, auquel cas la commune en serait propriétaire (1) ; il peut arriver aussi que le consistoire ait construit la synagogue à ses frais sur un terrain communal. Dans ce cas, à moins de convention contraire, la propriété est encore acquise à la commune, sauf l'indemnité à laquelle pourrait avoir droit le consistoire, aux termes de l'article 555 du Code civil. On n'aperçoit pas d'autres hypothèses où l'article 136-12° soit applicable au culte israélite.

VII. — Domanialité des synagogues.

Si une synagogue appartenait à une commune, elle ferait partie sans conteste du domaine public. En effet, il s'agit, dans ce cas, d'une portion du territoire français non susceptible de propriété privée, à raison de son affectation à un usage public. L'affectation résulterait de la délibération du conseil municipal et du décret autorisant l'ouverture de la synagogue. La désaffectation pourrait être prononcée dans la même forme (2). Tant que dure

(1) Code civil, art. 552.
(2) Loi du 5 avril 1884, art. 167.

l'affectation, l'édifice est inaliénable, imprescriptible et protégé contre tout droit de servitude.

Si au contraire la synagogue appartient au consistoire, il y a quelque doute. Aucun texte n'a classé dans le domaine public les biens appartenant aux établissements publics, mais, comme les édifices consacrés au culte sont affectés à un usage public, on peut dire que les synago-, gues ne sont pas susceptibles de propriété privée, et que, dès lors, aux termes de l'article 538 du Code civil, elles sont « une dépendance du domaine public ». C'est ce qu'on peut induire de deux arrêts de la cour de Colmar (1) qui déclarent que l'édifice, une fois consacré au culte, ne peut plus être l'objet d'une propriété privée.

Une difficulté peut venir de ce qu'on ne saurait classer ces édifices, lorsqu'ils appartiennent aux consistoires, dans le domaine public communal. Mais comme la loi de 1884 a décidé que seuls les édifices communaux affectés au culte pourraient amener à la charge de la commune des dépenses obligatoires, elle a par là même décidé qu'il y avait des édifices du culte n'appartenant pas aux communes. Il faudrait donc, ou admettre que les synagogues feront partie du domaine public sans qu'on puisse cependant les ranger dans le domaine communal, ou décider qu'elles ne feront pas partie du domaine public. Or, il est bien difficile d'admettre cette dernière solution ; ces édifices sont affectés à l'usage public ; d'autre part, les églises, même appartenant aux fabriques, c'est-à-dire construites à leurs frais sur un terrain leur appartenant, sont généralement considérées comme faisant partie du domaine public.

L'affectation résulte dans ce cas du décret autorisant l'ouverture de la synagogue. La désaffectation serait prononcée par le décret autorisant l'aliénation sur le vu de la délibération du consistoire.

(1) 14 juillet 1852 et 28 mars 1855 (Sir., 1855, II, 385).

VIII. — Subventions de l'État.

En cas d'insuffisance des ressources de la commune et du consistoire, il peut être accordé un secours pour les reconstructions ou grosses réparations sur les fonds de l'État ; mais ce secours n'est, d'ordinaire, accordé qu'aux édifices communaux. La lettre du ministre des cultes du 25 janvier 1838 dispose que les secours « ne doivent être demandés qu'en faveur des synagogues autorisées, c'est-à-dire de celles auxquelles il est attaché un ministre du culte salarié par l'État », et que les demandes doivent être appuyées d'un devis dressé par un homme de l'art, de l'état des revenus et dépenses du temple et d'une déclaration du maire, — aujourd'hui d'une délibération du conseil municipal, — portant que les ressources communales sont insuffisantes pour subvenir à la dépense. La circulaire du 28 janvier 1839, relative aux cultes protestants et applicable au culte israélite, ordonne de faire appel, en cas d'insuffisance des ressources de la commune et du consistoire, aux souscriptions volontaires des fidèles et de verser dans la caisse municipale les sommes ainsi recueillies.

Le budget une fois approuvé, s'il y a lieu de voter des chapitres additionnels à l'exercice en cours, il est statué par le consistoire dans la seconde quinzaine de mars, lors du vote du budget de l'exercice suivant. L'approbation du consistoire central doit intervenir avant le 1er mai (1).

La durée des périodes complémentaires de l'exercice s'étend jusqu'au 1er mars pour l'ordonnancement et jusqu'au 15 mars pour le recouvrement et le paiement (2).

(1) Décret du 27 mars 1893, art. 6.
(2)   Id.   art. 9.

IX. — Comptes.

Les comptes des ordonnateurs et des comptables sont présentés, avec la distinction des exercices et des gestions, dans la même forme que les comptes des établissements de bienfaisance (1). Les comptes et budgets sont soumis à l'avis du conseil municipal (2).

Les comptes de l'ordonnateur et du comptable sont approuvés par le consistoire, qui doit en outre déclarer qu'il n'existe à sa connaissance aucune recette de la communauté consistoriale autre que celles mentionnées au compte (3). Le compte de l'ordonnateur est définitivement approuvé par le consistoire central, celui du comptable est jugé et apuré par le conseil de préfecture si les revenus ne dépassent pas 30.000 francs, par la cour des comptes si les revenus dépassent 30.000 francs (4) ou s'il s'agit d'un compte relatif à des biens indivis entre plusieurs communautés appartenant à des départements différents.

En soumettant ainsi aux règles de la comptabilité publique les comptes et budgets des consistoires, le législateur a eu en vue l'intérêt même de ces établissements, auxquels il assure une bonne gestion de leurs deniers, l'intérêt des communes appelées à consentir des subventions en cas d'insuffisance des ressources des consistoires, et l'intérêt de l'État, dont la surveillance est ainsi facilitée. Les consistoires israélites l'ont bien compris et n'ont fait nulle résistance à l'application du décret du 27 mars 1893. Ils y trouvent cet avantage que, leur comptabilité étant

---

(1) Décret du 27 mars 1893, art. 30.
(2) Loi du 5 avril 1884, art. 70.
(3) Décret du 27 mars 1893, art. 31.
(4)   Id.   art. 32.

soumise aux règles de la comptabilité publique, il leur
sera plus facile de fournir, en cas de besoin, les justifications d'insuffisance exigées par la loi, sans craindre aucune
contestation de la part des communes dont ils sollicitent
le concours financier.

Telles sont les règles relatives à l'administration des
biens des consistoires. Elles ne peuvent motiver aucune
remarque importante, elles sont l'application pure et simple
des principes du droit administratif relatifs aux établissements publics. En cette matière, les consistoires israélites
ne sauraient se plaindre de l'ingérence de l'État, ils
subissent la tutelle administrative comme tous les établissements chargés d'assurer la marche des services publics.
Le culte israélite est soumis aux mêmes règles que le
culte catholique.

Il y a cependant une différence que nous avons signalée ; elle n'est pas sans importance : c'est aux consistoires
seuls qu'est confiée la mission de gérer les biens nécessaires à l'exercice du culte, les représentants des communautés non consistoriales n'ont que des pouvoirs de pure
administration. Il serait désirable qu'on accordât à ces
derniers des droits plus étendus, et, puisqu'on a donné la
personnalité civile aux fabriques, qu'on la donnât également aux commissions administratives, au lieu de sur-
charger les consistoires d'une foule d'attributions. Il y a
quelque contradiction à remettre aux communautés le
soin de dresser et de voter leur budget, de percevoir les
recettes et de faire les dépenses, et à laisser cependant
aux consistoires le droit de faire, au nom des commissions
administratives, tous les actes importants de la vie civile.

Sans doute les rédacteurs du décret du 27 mars 1893 ne se sont préoccupés que des règles de la comptabilité; ils auraient pu cependant tenter une innovation à cet égard, et donner aux commissions administratives des communautés les droits qu'ont toujours eus les fabriques du culte catholique et qui appartiennent, depuis le décret du 26 mars 1852, aux conseils presbytéraux des cultes protestants.

TROISIÈME PARTIE

LÉGISLATION DU CULTE ISRAÉLITE EN ALGÉRIE

Lors de la prise d'Alger, le 5 juillet 1830, une convention fut signée entre Bourmont et le dey détrôné. Le 5ᵐᵉ paragraphe de cette convention portait : « Les habitants de toutes les classes, leur religion, leurs propriétés, leur commerce et leur industrie ne recevront aucune atteinte. » Un arrêté du général en chef du 16 novembre 1830 nomma un chef de la nation hébraïque chargé de diriger les affaires du peuple juif. Un autre arrêté du 21 juin confirma les pouvoirs de ce chef de la nation hébraïque, en les restreignant à un an ; il devait être à l'avenir nommé par le commandant en chef sur la présentation d'une liste de trois candidats. Il était investi du droit de police et de surveillance sur les Juifs d'Alger, et chargé de régler les contestations qui ne seraient pas de la compétence du tribunal israélite. Il lui était adjoint un conseil de trois membres, nommé par le général en chef, sur la présentation d'une liste de neuf candidats et renouvelé de la même manière tous les six mois, par tiers. Ce conseil était chargé de la perception des impôts israélites : droits de patente, impôts arabes sur les récoltes et sur les bestiaux dus par tous les indigènes, taxe mensuelle sur la boucherie juive (1). Les contestations entre Israélites

(1) Arrêté du 21 mars 1831.

furent soumises à un tribunal de trois rabbins (1), dont la juridiction fut restreinte. par l'ordonnance du 10 août 1834, à certains procès civils. et complètement supprimé par l'ordonnance du 28 février 1841. Les causes entre musulmans et israélites étaient portées devant le cadi maure, sauf appel à la cour de justice, composée d'un membre du comité de gouvernement, et de deux juges français.

L'ordonnance du 10 août 1834 sur l'organisation de la justice en Algérie remit aux tribunaux français la connaissance de toutes les infractions aux lois de police et de surveillance, et de tous les crimes et délits commis par les Israélites au préjudice d'un Israélite (2). Les tribunaux israélites ne connurent plus que des contestations relatives aux mariages et aux répudiations. et des infractions à la loi religieuse, quand il n'y avait ni crime, ni délit, ni contravention (3). Ils furent supprimés par l'ordonnance du 28 février 1841. L'article 32 de l'ordonnance du 26 septembre 1842 ne laissa aux rabbins désignés par le gouverneur général qu'un droit d'avis sur les contestations en matière d'état civil, et le droit de prononcer sur les infractions à la loi religieuse. Les cours d'assises furent instituées en Algérie par le décret du 19 août 1854.

En ce qui concernait les transactions immobilières, des mesures spéciales furent prises. Il fut interdit aux cadis et rabbins de recevoir des actes de vente et de location relatifs aux biens du domaine ou aux biens sous séquestre (4), ou aux propriétés immobilières de la province de Constantine (5), de la province d'Alger en dehors de certaines

(1) Arrêté du 22 octobre 1830.
(2) Art. 32.
(3) Art. 43.
(4) Arrêté du 24 avril 1834.
(5) Arrêté du 28 octobre 1836.

limites (1), des provinces de Mascara et de Tlemcen (2). D'une façon générale, étaient interdites les transactions relatives à des immeubles situés sur les territoires en état de guerre.

La loi des 16 juin-15 juillet 1851 appliqua le Code civil aux transmissions de biens entre personnes non musulmanes (3), et décida qu'aucun acte translatif de la propriété d'un immeuble ne pourrait être attaqué pour cause d'inaliénabilité fondée sur la loi musulmane.

Le sénatus-consulte du 14 juillet 1865 déclara Français les indigènes israélites :

« L'indigène israélite est français. Néanmoins il continue à être régi par son statut personnel. Il peut être admis à servir dans les armées de terre et de mer. Il peut être appelé à des fonctions et emplois civils en Algérie. Il peut, sur sa demande, être admis à jouir des droits de citoyen français. Dans ce cas il est régi par la loi française. »

L'article 4 portait que la qualité de citoyen français ne pourrait être obtenue qu'à l'âge de 21 ans accomplis et serait conférée par un décret rendu en conseil d'État.

Un décret fut rendu le 21 avril 1866, portant règlement d'administration publique pour l'exécution du sénatus-consulte du 14 juillet 1865. Un décret du 5 février 1868 compléta les dispositions du précédent, en ce qui concernait les actes de notoriété à produire par les demandeurs en naturalisation.

Enfin la délégation de Tours du gouvernement de la Défense nationale rendit, le 24 octobre 1870, le fameux décret qui déclarait les indigènes israélites citoyens fran-

(1) Arrêté des 10-19 juillet 1837.
(2) Arrêté du 30 mai 1841.
(3) Art. 16.

çais et les soumettait, quant à leur statut personnel et à leur statut réel, aux dispositions de la loi française. Le décret du 7 octobre 1871 prescrivit les formalités à remplir.

Depuis lors, il n'y a plus en Algérie d'Israélites non Français que ceux des territoires acquis depuis le 27 octobre 1870, ou que ceux qui n'ont pu justifier qu'ils étaient nés avant l'occupation française, ou, depuis cette occupation, de parents établis en Algérie à cette époque.

Le culte israélite est réglé en Algérie par le décret du 23 août 1898.

L'ordonnance du 9 novembre 1845 instituait un consistoire algérien à Alger et deux consistoires provinciaux à Oran et à Constantine. Le consistoire algérien était composé de quatre membres laïques et d'un grand rabbin ; les consistoires provinciaux, de trois membres laïques et d'un rabbin. Les membres du consistoire algérien étaient nommés par décret, les membres des consistoires provinciaux et les présidents des trois consistoires, par le ministre de la guerre, sur la présentation du gouverneur général et l'avis du consistoire algérien. Le consistoire algérien réglait l'organisation, le nombre et la circonscription des synagogues particulières, le nombre et le mode de nomination des rabbins et des ministres officiants. Les rabbins autres que ceux qui faisaient partie des consistoires et les ministres officiants étaient désignés par les consistoires et agréés par le ministre de la guerre.

Les fonctions des rabbins et des consistoires étaient les mêmes qu'en France ; ils avaient, de plus, la mission d'encourager les familles à envoyer leurs enfants dans les écoles. Le traitement et les frais de logement des rabbins étaient à la charge de l'État, les autres dépenses étaient arrêtées par les consistoires et réparties entre les diverses synagogues. Enfin il était créé des salles d'asile et des écoles pour les Israélites. Les lois relatives à l'instruction sont aujourd'hui applicables à l'Algérie.

Cette organisation a été modifiée par plusieurs décrets. Celui du 29 août 1862 conférait au consistoire central la haute surveillance des intérêts du culte israélite en Algérie. « Le consistoire central devient l'intermédiaire entre le ministre des cultes et le consistoire algérien, qui sera représenté dans son sein par un membre laïque choisi parmi les électeurs résidant à Paris et agréé par nous » (1).

Aux termes de l'article 6 du décret du 16 septembre 1867, le consistoire algérien est supprimé. Le décret du 23 août 1898 a remplacé les consistoires départementaux d'Algérie par des consistoires d'arrondissement et modifié les attributions de ces assemblées.

Voici, résumée à grands traits, l'organisation actuelle du culte israélite en Algérie.

Les dispositions légales relatives à la protection accordée au culte et aux ministres de la religion, ainsi qu'aux obligations imposées en retour aux autorités religieuses, sont applicables en Algérie comme en France. De plus, aux termes de l'article 9 du décret du 23 août 1898, la législation du culte israélite en France est étendue à l'Algérie, sauf les dérogations suivantes :

Il y a en Algérie un consistoire par arrondissement. Cependant, si la population israélite d'un arrondissement est inférieure à 2.000 âmes, la circonscription d'un consistoire s'étendra sur deux ou plusieurs arrondissements limitrophes. Inversement, dans les arrondissements comptant plus de 10.000 Israélites, il peut être formé deux consistoires par arrêté du gouverneur général pris en conseil de gouvernement (2).

(1) Art. 11.
(2) Décret du 23 août 1898, art. 1er.

En exécution de cette disposition, l'article 8 du décret de 1898 détermine ainsi qu'il suit les circonscriptions des consistoires :

DÉPARTEMENT D'ALGER

1° Arrondissement d'Alger et de Tizi-Ouzou ;

2° Arrondissement de Médéa et territoire de commandement de la subdivision de Médéa ;

3° Arrondissement de Miliana et d'Orléansville et subdivision de Laghouat.

DÉPARTEMENT D'ORAN

1° Arrondissement d'Oran ;

2° Arrondissement de Mascara, de Mostaganem, de Sidi-bel-Abbès et territoires de commandement des subdivisions de Mascara et Aïn-Sefra ;

3° Arrondissement de Tlemcen et territoire de commandement de la subdivision de Tlemcen ;

DÉPARTEMENT DE CONSTANTINE

1° Arrondissement de Constantine ;

2° Arrondissement de Bône, de Philippeville et de Guelma ;

3° Arrondissement de Bougie, de Sétif, de Batna et territoire de commandement de la subdivision de Batna.

Toutefois le département est conservé comme circonscription ecclésiastique dans deux cas particuliers : 1° Lorsqu'il y a lieu de désigner des délégués pour l'élection du grand rabbin du consistoire central des Israélites de France ; 2° lorsqu'il y a lieu d'élire un membre laïque de ce même consistoire. Les collèges électoraux des circonscriptions consistoriales de l'Algérie désignent, dans le premier cas, deux délégués, dans le second, un membre laïque par département (1).

Cette modification dans la détermination des circonscriptions consistoriales de l'Algérie a été motivée par le grand nombre des Israélites soumis à l'autorité des consistoires départementaux. Il y a en effet 17.000 Israélites dans le département d'Alger, 22.000 dans celui d'Oran et 10.000 dans celui de Constantine. On a voulu ramener les circonscriptions consistoriales d'Algérie aux proportions de celles de France ; or c'est à l'arrondissement que répond en Algérie ce groupe d'environ 2.000 Israélites prévu par l'ordonnance de 1844 comme base de l'organisation des consistoires. (2)

Mais, ainsi que nous venons de le dire, on a conservé le département comme circonscription ecclésiastique, lorsque les collèges électoraux sont convoqués, soit pour l'élection d'un membre du consistoire central, soit pour l'élection des délégués adjoints au consistoire central pour l'élection du grand rabbin de France. Si chacun des nouveaux consistoires algériens avait conservé les droits qui appartenaient, sous le régime antérieur, aux consistoires départementaux d'Algérie, ils auraient eu, dans l'organisation du consistoire central, une influence qu'on entendait d'autant moins leur donner qu'on réduisait leurs pouvoirs et l'étendue de leurs circonscriptions.

Chaque consistoire se compose de six membres laïques et d'un grand-rabbin ou rabbin. Il y a un grand-rabbin dans le consistoire de l'arrondissement chef-lieu du département ; si cet arrondissement est divisé en deux circonscriptions, un arrêté du gouverneur général, pris en con-

(1) Décret du 23 août 1898, art. 2.
(2) Rapport du ministre des cultes à l'appui du décret du 23 août 1898.

seil de gouvernement, désigne le consistoire où siégera le grand-rabbin (1). Le grand-rabbin conserve, dans toute l'étendue du département, les pouvoirs de surveillance que lui confère l'article 43 de l'ordonnance de 1844, ainsi que le droit d'officier et de prêcher dans tous les temples.

Aucune condition de résidence n'est imposée aux membres laïques, qui peuvent être pris dans toute l'étendue de la circonscription consistoriale (2). Ils sont nommés par un collège électoral composé comme en France (3).

Les grands-rabbins sont présentés par le consistoire central et nommés par decret sur la proposition du ministre des cultes, après avis du gouverneur général. Les rabbins sont nommés par le consistoire central; leur nomination est soumise à l'approbation du ministre des cultes, après avis du gouverneur général (4).

Les traitements des rabbins sont à la charge de l'État. Ils sont ainsi fixés :

Grand-rabbin d'Alger .... 6.000 fr. »
Grands-rabbins d'Oran et de Constantine.. 5.000 fr. »
Rabbins .... 3.000 fr. »

Les traitements des ministres officiants qui pourront être institués seront également à la charge de l'État, comme en France, mais il ne pourra être créé de titre de ministre officiant à la charge de l'État que par arrêté du ministre des cultes, sur la demande du consistoire et l'avis du consistoire central et du préfet (5).

L'ordonnance de 1845 mettait également à la charge de

(1) Art. 3.
(2) Art. 4.
(3) Art. 9.
(4) Art. 5.
(5) Ord. 1854, art. 62.

l'État les frais de logement des rabbins. Le décret du 20 novembre 1869 les mit à la charge des communes. La loi du 5 avril 1884 étant applicable en Algérie, cette dépense n'est plus obligatoire pour les communes qu'en cas d'insuffisance des ressources des consistoires (1).

Les ministres du culte et les consistoires ont les mêmes attributions que ceux de la métropole. Le décret du 23 août 1898 a soumis à l'approbation du préfet les tarifs et traités relatifs aux pompes funèbres, et les taxes sur les denrées alimentaires (2). Le produit des taxes sur les denrées est perçu par les consistoires ou communautés israélites. Après déduction des sommes reconnues nécessaires aux frais de perception, au traitement des employés, notamment du *schohet* et aux frais généraux d'administration du consistoire, ce produit est versé à la caisse du bureau de bienfaisance, avec affectation spéciale à l'assistance des Israélites indigents. Les bureaux de bienfaisance devront justifier dans leur comptabilité de l'emploi ainsi prévu (3).

Le décret n'a pas déterminé le mode de répartition du produit des taxes. En effet il dit simplement : « Ce produit sera versé à la caisse du bureau de bienfaisance. » Il semble qu'il y ait lieu d'interpréter l'article 7 en ce sens que le versement sera opéré à la caisse de chaque bureau de bienfaisance existant dans la circonscription du consistoire ou de la communauté, proportionnellement à l'importance de la population israélite de la commune dans laquelle il est institué.

Cette disposition est une application du principe de la spécialité des établissements publics. Jusqu'au décret du

(1) Art. 136-11º.
(2) Art. 6.
(3) Art. 7.

23 août 1898, les consistoires d'Algérie percevaient des taxes dont le produit était considérable, par suite du grand nombre d'Israélites relevant de leur autorité, et ils appliquaient ce produit principalement à l'assistance des Israélites indigents. Ce système engendrait des abus et pouvait présenter des dangers sérieux. Les rédacteurs du décret de 1898 ont diminué la puissance des consistoires en réduisant l'étendue de leurs circonscriptions et en renfermant ces établissements dans leurs attributions spéciales relatives au culte.

Le décret du 23 août 1898 a déclaré applicable à l'Algérie la législation qui régit le culte israélite dans la métropole (article 9) et a abrogé la législation spéciale à l'Algérie (article 10).

Déjà le décret du 31 décembre 1895 avait appliqué à l'Algérie le décret du 27 mars 1893. Un décret du 10 septembre 1898 a déclaré le décret du 18 juin de la même année applicable à l'Algérie.

Ce décret du 23 août 1898 est fort important. Il fait disparaître les différences existant entre les consistoires d'Algérie et ceux de France. Jusqu'alors les consistoires algériens avaient des pouvoirs considérables. Leur autorité s'étendait sur de vastes territoires habités par une population israélite fort nombreuse. Ils puisaient, dans la perception des taxes sur les denrées alimentaires, des sommes élevées qu'ils appliquaient à de tout autres besoins que ceux du culte, et notamment à l'assistance et à l'instruction des Israélites. Ils exerçaient des attributions disciplinaires aussi importantes que celles du consistoire central, puisqu'ils pouvaient, aux termes de l'article 13 de l'ordonnance de 1845, révoquer tous les ministres du culte autres que les grands-rabbins. Ils avaient conservé le droit, qui appartenait aux consistoires de France avant 1844, de répartir les frais généraux du culte entre les diverses synagogues, sans que ce droit fût d'ailleurs complété par celui de poursuivre les redevables par voie de contrainte. Tous ces pouvoirs leur sont enlevés. Ils n'ont plus que les droits appartenant aux consistoires de France. Le décret du 23 août 1898, pour le résumer d'un mot, a appliqué à l'Algérie la législation qui régit le culte israélite en France, sauf quelques très légères dérogations.

Cependant l'article 7 du décret crée une situation particulière aux consistoires algériens. Comme ceux de la métropole, ils perçoivent le produit des taxes sur les denrées, notamment sur la viande *kascher*. Mais alors qu'en France ce produit figure parmi les recettes ordinaires et ne reçoit aucune affectation spéciale, le décret du 23 août 1898 dispose que les prélèvements pour traitement des employés et pour frais d'administration une fois opérés, l'excédent sera versé à la caisse des bureaux de bienfaisance.

Cette disposition sera d'une application difficile. Les décrets des 27 mars 1893 et 18 juin 1898 sur la comptabilité des consistoires étant applicables à l'Algérie, il en résulte que, dans le budget des consistoires algériens, figureront diverses recettes ordinaires, parmi lesquelles les produits relatifs aux taxes sur les denrées. Mais il y aura d'autres recettes, notamment celles provenant des pompes funèbres, des produits de la concession des places dans les synagogues, du produit des quêtes, offrandes, oblations pour frais du culte. A quelles dépenses seront affectées les sommes provenant de ces recettes? Si on s'en tient à la lettre de l'article 7, on prélèvera, sur le produit des taxes sur les denrées, les frais de perception, le traitement des employés, notamment du *schohet*, et les frais généraux d'administration des consistoires. Il s'agit sans doute, non pas des employés du temple, mais de ceux qui sont chargés de débiter les denrées ; le décret ne s'explique pas à cet égard, mais il est difficile de comprendre autrement les mots « notamment du *schohet* ». Ces différentes dépenses une fois prélevées, l'excédent sera versé au bureau de bienfaisance. Les autres recettes seront, dès lors, affectées au paiement des dépenses qui ne sont pas prévues par l'article 7, notamment : les frais du culte, le paiement des impôts, l'entretien et le renouvellement du mobilier des synagogues et des objets servant au culte, les traitements ou suppléments de traitements aux rabbins, aux ministres officiants, aux agents subalternes, les réparations des synagogues et l'indemnité de logement des rabbins. Une question se pose : si les recettes ne suffisent pas à couvrir les dépenses, le consistoire versera-t-il quand même au bureau de bienfaisance le produit des taxes sur les denrées? Si au contraire il reste un excédent, cet excédent sera-t-il également versé au bureau de bienfaisance ? Il eût mieux valu, à coup sûr, appliquer purement et simplement les règles de comptabilité établies par le décret du 27 mars 1893, sauf à obliger les consistoires algériens à verser aux bureaux de bienfaisance leurs excédents de recettes.

Il y a là une différence importante avec la situation des consistoires de la métropole, qui ne sont assujettis à aucune obligation de ce genre. Sauf cette différence et quelques autres de moindre importance, la législation qui régit le culte israélite en France est devenue celle du culte israélite en Algérie.

QUATRIÈME PARTIE

LÉGISLATION ÉTRANGÈRE

Dans certains pays étrangers, les Juifs ont à peu près les mêmes droits qu'en France ; ils jouissent d'une complète capacité civile, leur culte est protégé ou tout au moins mis sur le même pied que les autres cultes. Dans d'autres, bien qu'ils aient, au point de vue civil, les mêmes droits que les adhérents des autres confessions religieuses, leur religion est à peine tolérée, elle est en état d'infériorité par rapport à la religion dominante. Enfin il est certains pays où ils sont persécutés comme au moyen âge, exclus de tous les emplois, confinés dans certaines villes ou provinces, où leur culte n'est pas même toléré.

On peut citer dans cette dernière catégorie : le Maroc, où les Juifs ne peuvent se promener que nu-pieds hors des *ghetti* où ils doivent rester enfermés, où les vols et les meurtres commis contre eux sont impunis, à moins qu'ils ne soient sous la protection d'une puissance européenne ; la Perse, où ils ne peuvent sortir quand il pleut, où tout objet touché par eux est considéré comme contaminé, où tout Juif converti à l'islamisme hérite des biens de toute sa famille. Il est des pays plus civilisés où la situation des Juifs, pour n'être pas aussi triste, est encore très humiliée, par exemple la Russie, la Roumanie et les principautés danubiennes.

Parmi les pays qui leur ont accordé l'émancipation politique, tout en mettant de nombreuses restrictions à l'exercice de leur culte, figurent l'Espagne, le Portugal, la Suède, la Norvège, le Danemark. Dans plusieurs pays, ils sont dans la même situation que tous les dissidents. Il en est ainsi en Angleterre, en Prusse, en Italie, en Autriche, en Hongrie. Aux Pays-Bas, ils ont une législation très favorable.

Enfin en Belgique et dans les divers pays d'Amérique ils bénéficient, comme les adhérents des autres cultes, des conséquences qu'entraine le principe de la séparation des Églises et de l'État.

§ 1er. — Russie (1).

Les Juifs sont très nombreux en Russie. Ils y sont très peu éclairés, et n'ont jamais pu se faire accepter des populations. C'est ce qui rend, dans ce pays, la question juive beaucoup plus aiguë que dans beaucoup d'autres.

Lors de la dispersion des Juifs, un grand nombre vinrent s'établir sur les bords de la mer Noire. D'autre part, les persécutions subies dans les divers pays d'Allemagne les firent en grande partie émigrer en Pologne, où ils trouvaient assez bon accueil, et où ils sont restés. Mais l'entrée de l'ancienne Moscovie leur était interdite. Un ukase de 1727 les chassa de l'Ukraine et leur défendit de rentrer en Russie. Pierre II les autorisa à venir aux foires, en leur interdisant d'exporter le numéraire. Elisabeth leur défendit de séjourner en Russie et en Ukraine. En 1804

____

(1) V. *Annuaire de législation étrangère*, 1882, p. 853.

un ukase leur ordonna de s'inscrire dans une des guildes suivantes : agriculteurs, artisans, commerçants ou bourgeois, et leur défendit de devenir propriétaires de cabarets et d'auberges dans les villes ou hameaux. Ils purent habiter dans dix provinces du sud de la Russie. En même temps on organisait pour eux des écoles spéciales.

En 1835, on leur appliqua le droit commun, mais en leur interdisant de s'établir hors des provinces qui leur étaient désignées. Ils pouvaient devenir propriétaires, s'adonner à toute industrie, sauf l'interdiction d'exercer certaines professions, comme la vente à crédit, le prêt sur gages tels que vêtements, ustensiles de ménage, animaux domestiques, instruments de labeur ou récoltes sur pied. Dans les provinces où ils étaient admis, ils étaient exclus de tous emplois et charges du gouvernement ou des municipalités, ils étaient soumis à la conscription, sans pouvoir avoir un grade supérieur à celui de sous-officier (1). Tel était le droit commun qu'on leur appliquait. Un ukase du 18 janvier 1844 ordonna qu'ils fussent transportés à 50 verstes de la frontière. En 1846 on enjoignait à tous les Juifs habitant les communes rurales de rentrer dans les villes. En 1850 on leur interdit de continuer à porter leur costume traditionnel, et on défendit aux femmes de se raser la tête. Ils résistèrent autant qu'ils le purent à cet ordre, qui n'avait d'autre but que de faire disparaître toute distinction entre eux et les autres habitants du pays.

Au commencement du règne d'Alexandre II, des mesures furent prises pour faire disparaître les anciennes restrictions. Les Juifs inscrits dans la première guilde (agriculteurs), ou pourvus d'un diplôme de docteur ou de licencié délivré par une Université, ou exerçant certaines

____

(1) *Archives Israélites*, 1842, p. 550.

professions utiles, comme celle de mécanicien, furent autorisés à s'établir sur le territoire de tout l'Empire. Les autres furent maintenus dans les provinces polonaises et dans quelques provinces du sud. Ils devaient payer des taxes spéciales, entre autres une taxe d'entrée à Varsovie, et une taxe sur la viande *kascher*; dans certaines villes ils étaient encore confinés dans les *ghetti*; dans les provinces de Vitebsk et de Mohilev, il leur était interdit d'habiter dans les communes rurales; en Bessarabie ils ne pouvaient s'établir à moins de 50 verstes de la frontière. Mais ils jouissaient des droits civils et politiques et pouvaient, s'ils avaient un diplôme universitaire, avoir accès aux fonctions publiques. Ils pouvaient faire partie des conseils municipaux et des régences municipales, sans d'ailleurs pouvoir être maires, et à la condition que le nombre de ceux qui faisaient partie de ces assemblées ne dépassât pas le tiers du nombre total des membres.

En 1881, des mesures spéciales furent prises contre eux. Il leur fut interdit d'établir leur domicile hors des villes et bourgades, sauf exception pour les colonies agricoles existantes. L'exécution des contrats d'achat et d'hypothèque conclus par eux était temporairement suspendue, et il leur était défendu de faire enregistrer à leur nom des baux d'immeubles situés hors des villes et bourgades, ainsi que des procurations pour la gestion de leurs biens. Il leur était interdit de faire le commerce les dimanches et jours de fêtes chrétiennes, et ils devaient se conformer, dans l'exercice de leurs industries, à tous les règlements qui régissaient les chrétiens.

C'est alors que se produisit la fameuse émigration qui eut un si grand retentissement et qui engendra tant de misères. Des milliers de familles juives quittèrent la Russie, et vinrent demander asile aux pays occidentaux de l'Europe. La plupart de ces familles furent dirigées, par les soins du consistoire central de France, du consistoire israélite de Paris et de l'Alliance israélite universelle, sur l'Amérique, où elles se sont installées, soit aux États-Unis, soit au Brésil et dans la République argentine.

La situation des Juifs restés en Russie ne paraît pas s'être beaucoup améliorée depuis cette époque. Ils sont encore très nombreux ; on peut évaluer leur nombre à environ deux millions.

§ 2. — Principautés danubiennes.

Le traité de Berlin a imposé à la Roumanie, en échange de la reconnaissance de son indépendance, l'émancipation civile et politique des Juifs, mais le gouvernement roumain a éludé cette obligation en assimilant les Juifs à des étrangers, en leur refusant toute naturalisation collective, et en leur rendant très difficile l'obtention de la naturalisation individuelle qui ne peut résulter que d'une loi. Il leur est défendu d'acheter et de louer des terres, de s'établir dans les campagnes, de tenir des cabarets, d'être colporteurs. Les carrières libérales leur sont interdites, et toutes les fonctions publiques leur sont fermées. Leur culte est d'ailleurs libre, il leur est loisible de le pratiquer s'ils peuvent parvenir à s'établir sans violer une des nombreuses prohibitions qui les atteignent.

En Serbie et en Bulgarie, leur situation est moins pénible. La condition de leur culte est la même ; bien qu'en Serbie la religion orthodoxe soit religion d'État, les Juifs peuvent pratiquer librement leur culte (1).

(1) Dalloz, Codes annotés, v° Cultes, n° 276.

§ 3. — Turquie.

Les Juifs forment en Turquie une nation spéciale. Ils n'y sont pas maltraités, ils sont dans la situation de tous les sujets non musulmans. Ils ne sont pas enfermés dans les *ghetti*, et ils peuvent exercer toutes les professions.

Ils administrent leur culte librement, comme ils l'entendent. Les rabbins peuvent exclure un Israélite de la communauté au moyen de l'anathème. Ils décident sans appel dans les procès civils entre Juifs. La cotisation de chaque membre de la communauté est fixée selon ses moyens ; elle sert aux besoins de la communauté, à l'entretien du clergé et aux impôts extraordinaires. Les contribuables s'assemblent tous les ans et désignent une commission chargée de nommer trois membres que les rabbins doivent consulter avant de prononcer l'anathème. Cette commission désigne, parmi les docteurs, trois juges chargés de vider les procès civils et un rabbin pour résoudre les questions religieuses. Tous ces rabbins sont nommés à vie. La nomination de la commission est soumise à la sanction du gouvernement (1).

Un «hatti-humayoun» d'Abdul-Medjid, du 18 février 1856, a conféré aux Juifs les immunités accordées aux communautés chrétiennes (2). Il décide que les rabbins seront assermentés à leur entrée en fonctions et remplace les redevances ecclésiastiques payées par les membres de la communauté par l'allocation de traitements proportion-

(1) *Archives Israélites*, 1840.
(2) *Archives Israélites*, 1856, p. 186.

nels à l'importance, au rang et à la dignité des membres
du clergé.

La constitution du 23 décembre 1876 (7 zilhidjé 1293) (1),
décide que l'islamisme est la religion de l'État, mais laisse
libre l'exercice de tous les cultes reconnus de l'Empire,
c'est-à-dire du christianisme et de la religion israélite, et
maintient les privilèges des diverses communautés.

§ 4. – Espagne.

L'Espagne n'a rouvert ses portes aux Juifs
qu'en 1868. Mais l'exercice de leur culte y est seulement
toléré, car, si nul ne peut être inquiété pour ses opinions
religieuses, les cultes ne sont libres que sauf le respect
dû à la morale chrétienne, expression singulièrement
vague et inquiétante pour les dissidents, quand on sait
quelle est dans ce pays l'influence du clergé catholique.
D'ailleurs les manifestations extérieures sont formellement interdites (2).

§ 5. — Portugal.

Les Juifs ont pu rentrer en Portugal en 1821. La charte
du 29 avril 1826 déclare que la religion catholique est la
religion de l'État. Les autres religions sont permises aux
étrangers dans des édifices n'ayant pas la forme extérieure
d'un temple (3).

(1) *Annuaire de législation étrangère*, 1879, p. 709.
(2) Constitution du 30 juin 1876, art. 11 (V. *Annuaire de législation étrangère*, 1873, p. 414.)—Dalloz, Codes annotés, v° cultes, n° 265).
(3) Dalloz, Codes annotés, v° cultes, n° 264.

Le décret du 28 novembre 1878 a sécularisé l'état-civil des non-catholiques (1).

§ 6. — Suède.

La loi du 18 février 1873 a abrogé l'article de l'ordonnance du 26 octobre 1860, qui interdisait aux Israélites de fixer leur résidence ailleurs que dans certaines villes désignées : Stockholm, Göthembourg et Norrkœping.

Aux termes de l'ordonnance du 23 octobre 1860, les cultes autres que le culte évangélique sont soumis à l'autorisation préalable du roi. Tout culte ainsi autorisé peut être librement pratiqué, en tant que ses maximes ne sont pas contraires à la pure doctrine évangélique (2).

§ 7. — Norvège (3).

Pendant longtemps les Juifs n'ont pas même été admis à s'établir en Norvège. L'article 25 de la loi du 27 juin 1891 (4) déclare que la différence de culte n'entraîne aucune différence dans les obligations et dans les droits. Cependant la loi du 21 juillet 1894 (5) réserve à ceux qui professent la religion officielle (religion luthérienne) les fonctions de membres des conseils de direction, professeurs de l'Université appelés à donner l'instruction chrétienne, comme les professeurs dans les facultés de théo-

(1) *Annuaire de législation étrangère*, 1879, p. 423.
(2) Dalloz, n° 242.
(3) Dalloz, n° 244.
(4) *Annuaire de législation étrangère*, 1892, p. 795.
(5) *Annuaire*, 1895, p. 736.

logie, les professeurs chargés de donner l'enseignement populaire, les directeurs d'écoles d'enseignement supérieur.

La loi du 27 juin 1891 proclame la liberté du culte dans les limites de la décence. Les dissidents doivent notifier à l'autorité supérieure le nom de leur directeur, qui s'engagera par écrit à respecter les lois de l'État, et qui fera connaître chaque année à l'autorité le nombre des membres de la communauté, l'état de ceux qui ont été reçus dans l'année, avec un certificat des prêtres des paroisses compétentes attestant qu'ils sont légalement séparés de l'Eglise, et un état des abjurations, naissances, mariages et décès. Ils ne paient aucune contribution personnelle à l'Église d'État.

Le culte ne peut être célébré à huis clos. Les dissidents doivent déclarer les naissances et décès à leur prêtre dans le délai d'un mois. Tous les dissidents autres que les Juifs peuvent contracter mariage devant leur prêtre ou devant le *notarius publicus*; les Juifs ne peuvent se marier que devant le *notarius publicus*. Les dispositions relatives au repos du dimanche sont obligatoires pour les dissidents.

§ 8. — Danemark.

L'émancipation des Juifs date de 1849. Ils jouissent de tous les droits de citoyen. Ils peuvent se réunir pour célébrer leur culte, à condition de ne pas porter atteinte à l'ordre public et aux bonnes mœurs (1).

(1) Dalloz, n° 238.

§ 9. — Suisse (1).

Les Juifs ont été longtemps persécutés en Suisse. Dans plusieurs cantons, ils n'étaient pas même admis. C'est ainsi que Louis-Philippe suspendit les relations diplomatiques avec le gouvernement du canton de Bâle-campagne, qui avait annulé un contrat passé avec des Français, sous prétexte qu'ils étaient Juifs. Les cantons des Grisons et d'Uri interdisaient aux Juifs le commerce et le colportage. En 1851, le gouvernement du canton de Bâle-campagne leur défendit de s'établir dans le canton, d'exploiter tout commerce ou toute industrie ; s'ils exerçaient le commerce par l'intermédiaire d'un représentant, le prête-nom était puni d'une amende de 300 francs. Le colportage même leur était interdit, sauf les jours de marché. Ils ne pouvaient être reçus comme commis ou domestiques, sous peine d'une amende de 300 francs pour celui qui les recevait (2). En 1872, le conseil fédéral proposa au peuple la revision de la constitution dans un sens libéral. Cette proposition fut repoussée.

La constitution fédérale du 29 mai 1874 a proclamé la liberté de conscience et le libre exercice du culte dans les limites compatibles avec l'ordre public et les bonnes mœurs (3). Les cantons peuvent prendre des mesures nécessaires pour le maintien de l'ordre public et de la paix entre les membres des communautés religieuses, ainsi que contre les empiétements des autorités ecclésiastiques sur les droits des citoyens de l'État. Les contestations de droit

(1) Dalloz, n° 253.
(2) *Archives Israélites*, 1852.
(3) *Annuaire de législation étrangère*, 1875, p. 445.

public ou de droit privé auxquelles donnent lieu la création ou la scission des communautés religieuses peuvent être portées par voie de recours devant les autorités fédérales compétentes (1). L'état-civil est du ressort des autorités civiles. Les cimetières sont également dans les attributions des autorités civiles (2).

§ 10. — Grande-Bretagne.

Dès 1830, les Communes votaient l'émancipation des Juifs, mais le bill était repoussé par la chambre des Lords. Cependant le droit de bourgeoisie fut accordé aux négociants juifs de la Cité, qui prêtaient serment de fidélité sur l'Ancien Testament. En 1832, l'act de réforme leur accorda le suffrage, mais non l'éligibilité. En 1833, on leur ouvrit l'accès aux fonctions de barrister (avocat), en 1835, à celles de shérif. En 1845, l'élection de David Salomons comme alderman ayant été annulée pour défaut de serment, Peel fit voter une loi dispensant les Juifs élus aux fonctions municipales de prêter le même serment que les chrétiens. Mais, pour briser la résistance des Lords et ouvrir enfin aux Juifs les portes du Parlement, il fallut que le baron Lionel de Rothschild fût élu cinq fois comme représentant de la Cité de Londres à la Chambre des communes. Depuis lors, les Juifs ont été admis à toutes les magistratures ; on a modifié en leur faveur la formule du serment.

Le culte israélite peut être célébré en Angleterre, mais la loi prohibe les pratiques à huis clos (3). Il est même

(1) Art. 50.
(2) Art. 53.
(3) Dalloz, n° 217.

loisible aux patrons israélites de faire travailler le dimanche leurs ouvriers de la même religion, pourvu que la durée légale du travail ne soit pas dépassée (1).

La loi du 7 septembre 1880 (2) dispose que tout parent, ami ou représentant légal d'une personne décédée peut prévenir le ministre du culte chargé de la paroisse que l'enterrement se fera dans le cimetière paroissial sans l'accomplissement du service religieux prescrit par les lois et par les rites de l'Église d'Angleterre, à la condition de payer le prix indiqué au tarif, comme si le ministre du culte avait procédé à l'inhumation.

Les Juifs ont, en somme, en Angleterre, la situation de tous les dissidents. Ils vivent sous le régime de la séparation et de la liberté.

§ 11. — Allemagne.

L'Allemagne avait adopté au commencement du siècle les principes de la Révolution. Le royaume de Westphalie avait accepté la législation française relative aux Juifs, dont l'émancipation était complète ; en Prusse, un édit du 11 mars 1812 leur avait accordé la liberté civile absolue ; en Saxe, ils avaient même accès aux fonctions publiques.

Mais les événements de 1814 amenèrent une réaction violente. Le Congrès de Vienne ne reconnut aux Juifs que les droits à eux octroyés par les divers gouvernements allemands « légitimes ». Lubeck et Brême chassèrent les Juifs ; à Hambourg, ils furent opprimés ; à Francfort on les rejeta dans la « Judengasse » et on remit en vigueur le règlement

(1) *Annuaire de législation étrangère,* 1879, p. 31.
(2) *Annuaire,* 1881, p. 26.

de 1816 ; en 1824, fut édicté un règlement plus humain, sans d'ailleurs que l'émancipation fût complète : les Juifs n'avaient aucun accès aux fonctions administratives, le nombre de ceux qui pouvaient se marier était limité à trente par année, ils ne pouvaient posséder plus d'une maison et d'un jardin. En Prusse, on enjoignit aux officiers juifs de donner leur démission ; on ferma la magistrature et les universités aux Juifs ; la naturalisation ne leur fut accordée qu'à des conditions rigoureuses de séjour et de fortune ; ils furent répartis dans des corporations fermées. La Bavière avait proclamé, dans la constitution du 19 mai 1818, la liberté religieuse, mais en établissant contre les Juifs de nombreuses restrictions. La Hesse électorale, le Wurtemberg, la Saxe et la plupart des États leur appliquaient une législation spéciale.

Cependant, en 1840, la Saxe abolit le serment *more judaïco*, ne maintenant pour les Juifs que l'obligation de prêter serment devant deux de leurs coreligionnaires. Dans le Wurtemberg, en 1844, le roi accordait des secours pour les synagogues et les écoles israélites. Le 17 avril 1844, une ordonnance décréta l'émancipation des Juifs des provinces rhénanes.

L'ordonnance royale du 23 juillet 1847 accorda aux Juifs du royaume de Prusse les droits civils dont jouissaient les chrétiens, mais elle leur interdit tout accès aux fonctions judiciaires, exécutives ou de police. Ils étaient exclus de la direction et de la surveillance des établissements d'instruction publique ; on ne les admettait dans les universités que comme professeurs de médecine, de mathématiques, de sciences naturelles, de géologie ou de langues, ils ne pouvaient, ni faire partie du Sénat académique, ni être doyens, recteurs ou prorecteurs, ou instituteurs, sauf dans les écoles israélites. Enfin l'ordonnance leur interdisait toutes fonctions représentatives.

La révolution de 1848 eut pour résultat d'émanciper les Juifs dans plusieurs pays d'Allemagne. A Francfort, une résolution constitutionnnelle du 25 janvier 1849 abolit toutes les restrictions aux droits civils et politiques des Israélites, et leur laissa le soin d'administrer librement leurs affaires religieuses. La Hesse leur conféra tous les droits de citoyen. En Prusse, la constitution du 31 janvier 1850 proclama la liberté de conscience. En Wurtemberg, en Saxe, les Juifs furent également émancipés. La loi prussienne du 3 juillet 1869 abolit les quelques restrictions qui subsistaient légalement.

Actuellement on peut dire que, d'une façon générale, les Juifs jouissent, dans tous les pays allemands, de tous les droits qui appartiennent aux adhérents des autres cultes. Cependant il subsiste en fait quelques restes de l'ancienne législation : il est très difficile aux Juifs d'avoir accès au professorat et dans l'armée. On peut ajouter que les mœurs ne sont pas favorables aux Juifs. C'est d'Allemagne qu'est parti le mouvement antisémitique, il s'y est développé avec violence, et s'est propagé dans les pays de langue allemande, pour atteindre en Autriche son maxima d'intensité.

La situation du culte israélite en Prusse est celle de tous les cultes autres que le luthéranisme.

Les communautés juives sont des personnes civiles (1). Elles peuvent acquérir, contracter, posséder des temples, des écoles, des cimetières ; elles s'administrent librement, mais ne peuvent vendre ou acheter des propriétés qu'avec l'autorisation du préfet (2). Tous les Juifs d'une même circonscription appartiennent à la même communauté, lors même qu'ils ne se livreraient à aucune pratique religieuse.

(1) Dalloz, Codes annotés, v° Cultes, n° 225.
(2) Dalloz, n° 228.

La création d'une communauté nouvelle ne peut être autorisée que par une ordonnance royale.

Le Code pénal de la confédération de l'Allemagne du Nord, promulgué le 31 mai 1870 et étendu à tout le territoire de l'Empire le 15 mai 1871 (1), punit d'un emprisonnement de trois ans au plus celui qui outrage la religion ou les cérémonies d'un culte établi sur le territoire (2), qui empêche une personne d'exercer son culte, ou qui trouble les cérémonies religieuses (3), il punit de la réclusion celui qui vole des objets consacrés au culte (4).

La loi prussienne du 14 mai 1873 a réglé les formes de la sortie d'une église. Cette sortie se fait par une déclaration devant le juge ; elle affranchit le déclarant des prestations qui lui sont imposées en qualité de membre de l'Eglise. La loi du 28 juillet 1876 a appliqué ces règles à la sortie d'une communauté juive.

Aux termes de l'article 65 de la loi militaire fédérale du 2 mai 1874, les hommes de la réserve qui sont voués au ministère sacerdotal ne sont point appelés à servir les armes à la main ; en cas de mobilisation, ils sont reportés derrière la classe la plus ancienne de la Landwehr. Des explications échangées au cours de la discussion il résulte que cet article est applicable aux rabbins juifs (5).

Tout ecclésiastique qui, dans l'exercice de ses fonctions, aura, par paroles ou par écrit, troublé la paix publique, est passible de la peine de l'emprisonnement ou de la détention pendant deux ans au plus (6).

(1) *Annuaire de législation étrangère*, 1874, p. 155.
(2) Art. 166.
(3) Art. 168.
(4) Art. 243.
(5) *Annuaire de législation étrangère*, 1875, p. 129.
(6) Loi du 26 février 1876, art. 130 *(Annuaire*, 1877, p. 145.)

§ XII. — Autriche.

Pendant longtemps, la situation des Juifs en Autriche a
été intolérable. Ils avaient à payer un impôt spécial, ils
formaient une nation séparée, inférieure et opprimée. Ils
ne pouvaient résider que dans certains endroits déterminés ; tout changement de résidence leur était interdit ; la
permission de venir à Vienne ne leur était accordée que
contre une taxe, et seulement pour quinze jours. En
Bohême, ils ne pouvaient aller à l'étranger qu'en fournis-
sant un remplaçant chargé de payer leur part d'impôt, ils
ne pouvaient changer de commune que s'il y avait trop
d'Israélites dans celle qu'ils quittaient et trop peu dans
celle où ils se rendaient. Le nombre total des familles
juives était fixé à 8.000 en Bohême, à 5.400 en Moravie.
Ils ne pouvaient devenir maîtres-artisans ni former une
corporation ; ils ne pouvaient être ni pharmaciens, ni avocats, ni professeurs. A leur arrivée à Vienne ils devaient
se rendre à la *Judenamt* pour y prendre leur permis de
séjour. Ils payaient différentes taxes : en Moravie, une
taxe de consommation ; en Silésie, la taxe d'habitation et
la taxe pour le permis de mariage ; en Galicie, la taxe
pour les lumières allumées le jour du sabbat et les jours
de fêtes religieuses, la taxe sur la viande *kascher*. A Cra-
covie, ils devaient habiter un quartier spécial qu'ils ne
pouvaient quitter que moyennant finances, ils ne pouvaient ni être ouvriers ni travailler chez un fabricant. Ils
ne pouvaient avoir des domestiques chrétiens. Une ordonnance du 2 octobre 1853 leur défendit d'acheter des biens-
fonds (1).

(1) *Archives Israélites*, passim, 1840-1855.

C'est la loi constitutionnelle du 21 décembre 1867 qui a proclamé pour la première fois la liberté de conscience et de culte, et qui a donné aux Juifs les mêmes droits qu'aux chrétiens. L'article 15 de la même loi dispose que toute église légalement reconnue peut pratiquer son culte en commun et publiquement, règle et administre ses affaires intérieures d'une manière indépendante, conserve la possession et la jouissance des établissements et fondations affectés, entre ses mains, au culte, à l'instruction et à la bienfaisance (1). Une loi du 1er mars 1890 a déclaré la religion juive légalement reçue en Autriche.

Malgré les lois et en dépit des apparences, la situation des Juifs d'Autriche ne s'est pas améliorée. C'est dans ce pays que l'antisémitisme s'est le plus développé, il y a pris une violence inouïe et il s'y propage chaque jour avec rapidité, il est devenu un parti politique puissant par la terreur qu'il inspire et par le nombre de ses adeptes. Mais on peut dire que les moyens de discussion qu'il emploie ne sont pas de nature à recommander beaucoup la doctrine qu'il prêche.

§ XIII. — Hongrie.

Dès 1840, la religion juive était mise au rang des cultes reconnus. Les Juifs jouissaient des droits appartenant aux chrétiens non nobles et pouvaient arriver aux mêmes emplois, même aux emplois militaires; ils pouvaient être anoblis.

La communauté israélite est la base de l'organisation du culte. Elle comprend une portion déterminée du terri-

---

(1) *Annuaire de législation étrangère*, 1874, p. 238.

toire. Tout Israélite appartient à la communauté dans le cercle de laquelle il a élu domicile.

Une commission élue par les Juifs hongrois de la communauté et confirmée par l'autorité est chargée de veiller aux intérêts de cette communauté. Un rabbin est placé à sa tête. Chaque communauté doit avoir une synagogue et assurer à ses membres la célébration du culte. Tous les fonctionnaires du culte doivent être hongrois (1).

Une loi du 16 septembre 1895 a déclaré la religion israélite légalement reçue. Dès lors, aux termes de la loi du 5 mars 1868, les membres de cette communion ne peuvent être contraints de célébrer les fêtes des autres religions : mais, le dimanche, tout travail non indispensable devra cesser en public. Les communes qui fournissent des subsides aux églises devront y faire participer toutes les communions existant dans la localité. Pour être rabbin ou membre d'un consistoire, il faut être Hongrois et jouir de ses droits civils et politiques. Les communautés juives peuvent avoir des biens, des cimetières entre autres, qu'elles administrent elles-mêmes.

§ 14. — Italie.

Avant l'unification de l'Italie, la situation des Juifs y était intolérable. La législation du premier Empire avait été appliquée au royaume français d'Italie et au royaume de Naples, mais en 1815 il y eut une réaction. Les Juifs furent de nouveau confinés dans les *ghetti*, persécutés et pressurés d'impôts. C'est seulement en 1848 que, dans le royaume de Sardaigne et Piémont, tous les sujets furent

(1) *Archives Israélites*, 1889.

admis à jouir des droits civils et politiques sans distinction de culte. Ce principe a été étendu à l'Italie au fur et à mesure de la conquête sarde, à la Toscane, à la Lombardie et à la Romagne en 1859, à l'Ombrie et aux Marches en 1860, à Naples et à la Sicile en 1861, à la Vénétie en 1866, à Rome en 1870.

Le culte israélite est toléré en Italie ; il s'administre lui-même. Aucune disposition légale ne règle cette administration, sauf en ce qui concerne la taxe pour les frais du culte (1). Il y a, dans chaque communauté, cinq membres chargés de préparer les rôles pour la perception des frais du culte ; l'intendant de la province rend ces rôles exécutoires. Tous les Israélites sont portés sur les rôles à raison de leur chiffre de fortune ; les réclamations sont jugées par la commission taxatrice qui défère le serment au réclamant, à moins que celui-ci ne préfère communiquer l'inventaire de sa fortune.

La Cour de cassation de Turin a décidé, le 14 septembre 1872, réformant un jugement du tribunal d'Ancône, que cette taxe est obligatoire pour tout Israélite et que nul ne peut prétendre s'en affranchir, sous prétexte qu'il ne professe pas la religion juive, s'il ne justifie avoir changé de religion (2).

§ 15. — Pays-Bas.

Les Juifs jouissent depuis longtemps d'une grande tolérance aux Pays-Bas. Dès 1796, la République batave appliquait les principes contenus dans la Déclaration des droits. Un décret de l'Assemblée nationale batave accorda aux

____

(1) Loi du 4 juillet 1857 pour le royaume de Piémont.
(2) *Archives Israélites,* 1872.

Juifs la plénitude des droits de citoyen. Louis Bonaparte les admit au service militaire et modifia en leur faveur la formule du serment.

Lors de la restauration de la maison de Nassau, Guillaume Ier régla la situation de leur culte dans le sens le plus libéral (1).

Un décret du 12 juin 1814 établit douze synagogues-principales : trois à Amsterdam, deux à La Haye, une à Rotterdam, une à Middelbourg, une à Bois-le-Duc, une à Nimègue, une à Zwolle, une à Leeuwarden et une à Groningue. Le même décret institue six places de rabbin supérieur, savoir : deux à Amsterdam, une à La Haye, une à Bois-le-Duc, une à Zwolle et une à Leeuwarden.

Au-dessous des synagogues principales sont les synagogues de district et les synagogues filiales. Aucune communauté ne peut être créée sans la permission du gouvernement.

Chaque synagogue se compose de tous les membres du ressort, qui sont immatriculés ou congréganistes, selon qu'ils ont ou non acquitté le droit d'immatriculation. Les prérogatives de l'immatriculation sont :

1° L'éligibilité aux fonctions de la communauté ;

2° L'électorat ;

3° La préséance dans les cérémonies religieuses ;

4° Le droit à une subvention mensuelle en cas d'indigence ;

5° Une place dans le cimetière de la communauté.

L'administration de la synagogue est confiée à un collège de *parnassim*, composé d'au moins deux membres et un trésorier désignés par le grand conseil, et renouvelés chaque année par la sortie du membre le plus ancien. Ils doivent, à leur sortie, rendre compte à leurs successeurs et se faire donner décharge. Ils ont pour fonctions : l'ad-

____

(1) *Archives Israélites*, 1845, p. 935 et suiv.

ministration de l'église, la nomination de tous les fonctionnaires ecclésiastiques qui ne sont pas élus par une
autre voie, la suspension ou la destitution de ces fonctionnaires, l'inspection, la répartition et l'emploi des propriétés et deniers de la communauté, la rédaction du
budget, qui doit être approuvé par le ministre, le soin de
veiller à ce que les fonctionnaires ecclésiastiques ne com-
mettent aucune contravention aux lois, à ce que les rabbins
ne prêchent rien d'incompatible avec la sécurité de l'État,
qu'ils ne s'arrogent aucun droit de censure sur les
membres de la communauté en dehors de l'église, le
maintien de l'ordre dans les cérémonies religieuses,
la surveillance des établissements religieux, le soin
de faire lire toutes les publications et communications
de l'autorité civile, la tenue des registres de naissance, mariages et décès, l'inspection des églises,
la convocation du grand conseil, l'administration des
pauvres.

Il y a un grand conseil ecclésiastique dans chaque synagogue principale. Il se compose des membres de la commission générale des affaires israélites résidant dans la
communauté, des *parnassim* et d'un certain nombre de
notables, anciens *parnassim*, désignés par le ministre des
cultes. Ses fonctions consistent : à nommer les *parnassim*,
à examiner leurs comptes, à proposer les modifications
aux règlements ecclésiastiques, à nommer les rabbins
supérieurs, à autoriser les *parnassim* à engager les ins-
tances en justice, à statuer sur les réclamations en matière
de cotisations, à délibérer sur les affaires qui peuvent lui
être soumises par l'autorité supérieure, à surveiller les
rabbins supérieurs. Il est convoqué par les *parnassim*
sur l'ordre du ministre des cultes.

Les fonctionnaires ecclésiastiques sont : les rabbins supérieurs, les rabbins, le secrétaire, le sacristain, les chantres.

Tous sont salariés par la communauté. Le rabbin supérieur ne doit s'occuper ni de l'administration, ni de la police de l'église. Il préside aux mariages et divorces, il ne peut, sous peine de destitution, y procéder sans qu'il ait été satisfait aux prescriptions de la loi civile. Il prend toutes les décisions concernant l'exercice du culte. Il est élu par le grand conseil du ressort, et confirmé par le ministre des cultes. Il est salarié par les communautés du ressort d'après une répartition fixée par le ministre des cultes.

Le budget est dressé le 1er septembre et envoyé au ministre des cultes, qui doit l'approuver. Les recettes comprennent : les biens meubles ou immeubles, les dons volontaires, les subsides accordés en cas d'insuffisance, le prélèvement sur les places à l'église, sur l'immatriculation, sur les inscriptions de naissance, mariages et décès, les cotisations personnelles.

Aucune aliénation de biens ne peut être faite, aucune hypothèque consentie sans l'autorisation des états provinciaux. Il doit en être donné préalablement connaissance au ministre des cultes. Aucune aliénation d'immeubles ou de rentes ne peut être faite sans l'autorisation du roi.

Le décret du 6 juillet 1817 a créé une commission générale des affaires israélites. Elle se compose de 7 membres au moins et de 9 membres au plus ; 3 sont élus par les synagogues d'Amsterdam, 3 par celles de La Haye, 1 par celle de Rotterdam, les 2 autres peuvent être choisis soit dans les mêmes synagogues, soit dans les autres. Chaque année, deux membres sont renouvelés. Seul le secrétaire est permanent. La nomination est soumise à la confirmation du roi. Le ministre des cultes nomme, sur le rapport de la commission, un membre correspondant pour chaque synagogue principale non représentée à la commission.

La commission a pour attributions : de donner son avis et de faire des rapports au ministre des cultes, quand celui-ci le demande, de lui faire les propositions qu'elle juge utiles à l'intérêt de la communion israélite, d'entretenir des correspondances régulières avec les collèges ecclésiastiques des synagogues principales, de veiller à l'exécution des décrets et ordonnances du gouvernement et des règlements particuliers, de terminer amiablement les contestations entre les communautés, d'adresser chaque année au ministre des cultes un état général de la communion israélite, avec l'exposé des améliorations qui lui paraissent utiles, et un rapport sur la conduite des rabbins supérieurs. Elle tient, une fois par an, une assemblée générale à laquelle sont appelés les membres correspondants.

Les membres demeurant à La Haye sont délégués permanents et chargés des affaires courantes. Toutefois, si une affaire concerne les synagogues principales d'Amsterdam ou de Rotterdam, ils doivent communiquer les pièces à leurs collègues demeurant dans ces villes et se conformer à leur avis, sauf le droit d'en référer au ministre des cultes.

Une disposition du directeur général des cultes, en date du 30 avril 1821, résume cette organisation. Le gouvernement ecclésiastique est exercé, sous l'inspection du ministre des cultes, par la commission générale, par les *parnassim*, les *manhizim* et les *nemounim*. La Commission générale est le premier collège ecclésiastique ; les *parnassim* sont la première autorité du ressort ; les *manhizim*, l'autorité ecclésiastique de la synagogue du district; les *nemounim*, l'autorité ecclésiastique de la synagogue filiale. Ces collèges veillent à l'exécution des prescriptions du gouvernement et des règlements ecclésiastiques et surveillent les fonctionnaires ecclésiastiques. Chacun d'eux obéit au collège immédiatement supérieur, sauf le droit d'en appeler au collège plus élevé ou au ministre des cultes. La communauté est représentée par le grand conseil des synagogues principales. En cas de réunion de celui-ci, l'ordre est le suivant : le président, les membres de la commission générale résidant dans le ressort, les *parnassim*, les anciens et les notables.

Un décret du 13 août 1816 avait étendu cette législation à la Belgique et établi deux synagogues principales à Maestricht et à Bruxelles. Il a perdu tout effet depuis la constitution de la Belgique en royaume indépendant ; la synagogue principale de Maestricht a été supprimée à cette époque.

Cette organisation méritait d'être signalée. Elle est essentiellement libérale. Elle présente une analogie frappante avec l'organisation française. On y retrouve le consistoire central représenté par la commission générale des affaires israélites, les consistoires départementaux, représentés par le collège des *parnassim*, les notables du système antérieur à l'ordonnance du 1844, représentés par le grand conseil de chaque synagogue principale, enfin les commissions administratives, représentées par les *manhizim* et les *nemounim*. La plupart des règles applicables en France se retrouvent. On voit reproduite la séparation très nette entre les fonctions ecclésiastiques et les fonctions administratives ; des pouvoirs de surveillance et de discipline très étendus sont confiés aux administrateurs, les rabbins ne doivent pas troubler la conscience des fidèles, en s'arrogeant un droit de censure hors de l'église.

La seule infériorité des Juifs hollandais par rapport aux Juifs français, consiste en ce que les ministres de leur culte ne sont pas rétribués par le Trésor public, et encore un décret du 20 septembre 1845 a concédé aux veuves des

grands rabbins des pensions viagères payées sur la caisse
de l'État. On peut ajouter que l'électorat n'est réservé
qu'à un petit nombre de personnes. Mais, en revanche, les
contestations entre communautés sont tranchées par la
commission générale, les rabbins ne sont soumis qu'au
pouvoir disciplinaire des *parnassim* et de la commission
générale, l'État ne possède sur eux aucun droit de juridiction. Cette législation du culte israélite aux Pays-Bas est,
à coup sûr, une des plus libérales.

§ 16. — Belgique (1).

Les Juifs ont joui des droits de citoyen dès la constitution du 7 février 1831. Les articles 14, 15 et 16 de cette
constitution organisent la séparation des Églises et de
l'État. Tout culte est libre et peut être exercé publiquement,
sauf la répression des délits qui seraient commis à l'occasion de cet exercice. L'État s'interdit toute immixtion
dans les affaires d'un culte quelconque. Tout ministre
d'une religion peut publier ce qu'il lui plaît ; l'autorité ne
poursuit que les infractions aux lois. Il n'y a ni droit de
nomination, ni droit de révocation au profit de l'État; le
recours pour abus n'existe ni dans l'intérêt de l'État ni
dans celui des particuliers. Les cimetières sont neutres,
les écoles le sont également. Cependant les ministres du
culte catholique sont seuls rétribués, par dérogation au
principe de la séparation.

Une ordonnance royale du 8 février 1843 a décidé que
l'inspection des écoles israélites serait exercée par les
délégués des consistoires.

____

(1) Dalloz, n° 234.

L'arrêté royal du 7 février 1876 dispose que les conseils d'administration pour les synagogues israélites seront composés : 1° du ministre du culte le premier en rang, ou de son délégué, membre de droit ; 2° de six membres électifs à Bruxelles, de quatre dans les autres synagogues (celles d'Anvers, Gand, Liège et Arlon). Ces derniers sont élus par l'assemblée des membres de chaque communauté âgés de 21 ans accomplis, et résidant depuis au moins un an dans la circonscription. Les conseils sont renouvelés par moitié tous les trois ans, dans le courant de mai ; les membres sortants sont rééligibles (1).

§ 17. — Etats-Unis d'Amérique.

Le principe de la séparation est appliqué aux États-Unis, sinon dans toutes ses conséquences, du moins d'une façon à peu près égale, à tous les cultes. Par dérogation à ce principe, une prière est dite, chaque année, à l'ouverture du Congrès, à la Chambre des représentants et au Sénat, par le chapelain de chaque chambre, qui est pris successivement dans chaque religion établie sur le territoire de l'Union. Depuis le 1er février 1860, le culte israélite a fourni ce chapelain à son tour de rôle (2).

Les différents États de l'Union appliquent le même principe (3).

Dans l'État d'Illinois (4) toute société peut se former en vue de l'entretien d'un culte ; elle est réputée personne

---

(1) *Archives Israélites*, 1876.

(2) *Archives Israélites*, 1860, p. 212.

(3) *Archives Israélites*, 1860, p. 212. — Louisiane, constitution du 1er décembre 1879 (*Annuaire de législation étrangère*, 1880, p. 818). — Géorgie, constitution du 5 décembre 1877 (id., 1878, p. 767). — Californie, constitution du 7 mai 1879 (id., 1880, p. 836).

(4) Code du 12 avril 1872 sur les associations, (*Annuaire de législation étrangère*, 1873, p. 118).

civile (1). Un *affidavit* ou attestation sous serment doit être déposé par le président ou le secrétaire au bureau de la conservation des actes du comté (2). L'église ou la congrégation, par le fait de sa constitution en tant que personne civile, est investie de la propriété des biens meubles et immeubles ; elle peut en jouir, les administrer, vendre, hypothéquer, transférer ; mais aucune cession ou hypothèque ne peut être consentie en violation des droits des testateurs ou donateurs (3). Elle peut acquérir, par don, legs ou vente, des terrains jusqu'à une superficie de 10 acres (environ 4 hectares), elle peut y élever les constructions dont elle a besoin, y établir un cimetière (4). Les *trustees* ont la garde et l'administration des biens (5). La société peut acquérir jusqu'à 40 acres de terrain (environ 16 hectares) pour y tenir des réunions religieuses (6). Les administrateurs peuvent publier, colporter, distribuer ou mettre en vente tout écrit périodique, catéchisme ou livre, qu'ils jugent profitable à la religion ou aux bonnes mœurs (7).

La loi de l'État de New-York, en date du 11 avril 1876 sur l'incorporation des associations religieuses (8), applique à peu près les mêmes principes. Cependant elle n'accorde pas aux églises la personnalité civile ; ce sont les *trustees* qui sont réputés propriétaires, puisque, en cas de dissolution, ils disposent des biens suivant le but que se proposait la société durant son existence (9).

(1) Art. 35.
(2) Art. 36.
(3) Art. 41.
(4) Art. 42.
(5) Art. 43.
(6) Art. 45.
(7) Art. 46.
(8) *Annuaire de législation étrangère*, 1877, p. 747.
(9) Art. 3.

Dans quelques États, les legs sont interdits ou bien le montant en est limité. Dans certains autres, les administrateurs doivent être tous laïques. En Géorgie l'autorisation n'est donnée que pour quatorze ans et doit être renouvelée à l'expiration de ce délai.

La plupart des autres constitutions des autres pays d'Amérique ont également proclamé le principe de la liberté de conscience et de culte et le principe de la séparation des Églises et de l'État (1).

(1) Mexique, loi organique du 11 décembre 1874 sur les réformes constitutionnelles (*Annuaire de législation étrangère*, 1875, p. 712). — Brésil, décret du 7 janvier 1890 (Id., 1891, p. 906). — Bolivie, constitution du 15 février 1878 (Id., 1879, p. 766.)

CONCLUSION

Nous pouvons maintenant tenter de porter un jugement
sur la législation du culte israélite. Nous avons déjà dit
qu'en la forme, elle se compose de dispositions éparses
dans divers décrets et ordonnances, qu'il y a dans les
textes une certaine confusion, un défaut de méthode, de
nombreuses lacunes et des impropriétés de termes. Ce
sont là défauts communs à beaucoup de textes législatifs ; il n'y faut pas attacher trop d'importance : une re-
fonte sérieuse de cette législation serait aisée.

Mais on peut adresser à l'ordonnance de 1844 et aux
décrets de 1862 et 1872 d'autres critiques qui, celles-là,
ont une tout autre portée. On peut dire qu'elles ne sont
pas la juste application des principes du droit public relatifs aux cultes.

Sans doute, l'État peut et doit exercer sur les cultes
reconnus une surveillance et un contrôle plus rigoureux
encore que sur les autres groupements, à raison de leur
importance historique et de leur influence politique et so-
ciale ; mais, à côté de ce droit, il est une règle essentielle
que la législation du culte israélite n'a pas suffisamment
observée : c'est celle de l'égalité des cultes reconnus.

Qu'on compare, en effet, la situation du culte israélite à
celle du culte catholique, il sera facile d'apercevoir
d'assez nombreuses différences qui sont loin d'être à

l'avantage du premier. Non pas que le culte catholique soit plus favorisé par le budget de l'État. Si l'on examine les chiffres portés au budget pour les deux cultes et qu'on mette en regard de ces chiffres la population religieuse qu'ils sont destinés à satisfaire, on voit sans peine que l'État alloue une somme plus forte pour chaque Israélite que pour chaque catholique (1).

Mais on peut dire, d'une manière générale, que le culte israélite est beaucoup plus dépendant de l'État que ne l'est le culte catholique. Si l'État intervient dans la désignation des membres des clergés des deux cultes, il laisse une entière indépendance à ceux qui, dans la religion catholique, sont chargés des intérêts temporels; il n'a aucune action sur les membres des conseils de fabrique, si ce n'est le droit de vérifier leur comptabilité dans l'intérêt même de ces établissements.

Il en est tout autrement des membres des consistoires israélites qui doivent être agréés par le gouvernement; c'est là une différence avec la situation des cultes protestants eux-mêmes, dont les consistoires, synodes et conseils presbytéraux tirent leurs pouvoirs de l'élection des fidèles, sans qu'il soit besoin d'aucune confirmation.

On peut ajouter que le droit du ministre des cultes de statuer définitivement sur les contestations, sans recours possible devant le Conseil d'État, augmente encore l'infé-

---

(1) Le budget du culte israélite, pour 1898, s'élève à 163.530 francs y compris 8.000 francs pour secours pour édifices ; celui du culte catholique s'élève à 41.106.923 francs. Or, il y a en France environ 36.000.000 de catholiques, alors qu'il y a à peu près 70.000 juifs. Le budget alloue donc plus de 2 francs par Israélite, et 1 fr. 15 seulement par catholique. Il est vrai que la différence n'est pas la même en Algérie. Pour 48.000 Juifs, l'État alloue au budget des cultes 29.000 francs ; pour 500.000 catholiques, un peu plus de 800.000 francs, exactement 821.500,

riorité du culte israélite vis-à-vis des cultes protestants,
pour lesquels ce recours est possible. Nous avons eu aussi
à signaler les pouvoirs considérables qui appartiennent au
ministre des cultes en matière de dissolution des consistoires.

L'État s'est également réservé le droit d'examiner non
seulement la doctrine religieuse, mais l'enseignement
moral que donnent les rabbins, et il leur impose l'obligation de rappeler les lois à leurs coreligionnaires, comme
s'il voyait en ceux-ci des rebelles. Il leur rappelle les
décisions doctrinales du grand sanhédrin, relatives à l'observation des lois civiles, et il leur défend d'encourager
la polygamie et l'usure !

Son immixtion dans les affaires du culte va jusqu'à interdire les assemblées de prières réunies sans autorisation ;
disposition qui, si on la prenait à la lettre, conduirait à
tenir fermée la porte de la synagogue quand un membre
du culte ne préside pas la réunion.

Sans doute ces différences entre le culte catholique et
le culte israélite s'expliquent historiquement ; la plupart
de ces dispositions remontent à 1808, et l'on peut bien dire
qu'à cette époque, elles étaient nécessaires. Mais le moment semble venu depuis bien longtemps de modifier une
législation surannée qui, par certains côtés, est puérile, et,
par certains autres, vexatoire et injuste.

Que l'administration des cultes n'applique pas à la lettre
ces dispositions, et qu'en réalité la situation des Israélites,
au point de vue du culte, soit la même que celle des autres Français, c'est un fait qui prouve la tolérance des
gouvernements, qui peut s'expliquer aussi par la correction
des ministres du culte, dont les revendications sont singulièrement moins passionnées que celles du clergé catholique ; mais il n'y aurait nul inconvénient à faire disparaître des dispositions inutiles en fait et dont la présence

dans la législation constitue une infériorité pour l'un des cultes reconnus par l'État.

On peut encore reprocher au législateur d'avoir fait aux ministres du culte une condition un peu trop modeste.

Sans doute — et nous l'avons dit — les rabbins ne sont pas investis de la mission particulière qui fait du prêtre catholique le ministre de Dieu, l'intermédiaire obligé entre la divinité et le croyant pour ce qui concerne le culte extérieur. Pourtant eût-il été désirable de leur donner une plus grande indépendance vis-à-vis de ceux qui les nomment.

Pourquoi remettre, par exemple, la nomination des rabbins communaux au consistoire départemental, qui sera appelé à leur allouer un supplément de traitement ? Est-ce le moyen de garantir leur liberté, et n'est-il pas à craindre que les électeurs ne désignent celui qui promettra de satisfaire le mieux leurs exigences ?

On peut regretter aussi que les membres du culte n'aient aucune part à la nomination, soit des grands rabbins départementaux, soit du grand-rabbin du consistoire central. Ils pourraient cependant apporter quelque lumière au corps électoral ; et, comme les pouvoirs disciplinaires des grands-rabbins sont peu importants, on ne peut guère redouter de la part des autres membres du culte une désignation intéressée.

Hâtons-nous de le dire, ce sont là, en réalité, critiques sans grande importance. Certes, le culte israélite n'occupe pas la situation prépondérante qui appartient, en France, à la religion catholique. Mais sa condition légale n'est point méprisable, et, sauf ces quelques différences qui, en réalité, présentent peu d'intérêt, elle est la même que celle des deux cultes protestants.

Si l'on ajoute qu'en fait, l'administration n'applique pas celles des dispositions légales qui constituent la religion israélite en état d'infériorité vis-à-vis de la religion catholique, tandis qu'elle se montre assez généralement rigoureuse à l'égard de cette dernière et de ses ministres, on comprendra facilement que la situation des Israélites en France, au point de vue du culte, ne soit pas en réalité inégale et inférieure à celle des autres Français. Toute la législation tend à ne point faire du culte israélite un culte privilégié ; rien dans les actes du gouvernement ne permet de dire qu'il soit persécuté.

Cette impression est fortifiée encore par l'examen des principales législations étrangères. Il ne s'agit point des pays où les Juifs sont restés un peuple de parias, comme la Russie ou l'Espagne, bien que leur condition y ait été sensiblement améliorée depuis trente ans ; il ne s'agit pas davantage de ceux, comme les États-Unis d'Amérique, dont les lois, indifférentes à toutes les religions, les ignorent toutes.

Mais, soit qu'on étudie la législation des pays qui, comme l'Angleterre ou la Prusse, font une situation privilégiée à certains cultes, tout en accordant tous les droits de citoyen aux adhérents des autres cultes ; soit qu'on examine la législation d'autres pays qui, comme l'Italie, professent le principe de la liberté des cultes, on est bien obligé de reconnaître que, nulle part comme en France, on n'a poussé jusqu'à toutes ses conséquences possibles le droit pour chacun de choisir et de pratiquer sa religion.

La loi l'a contenu dans les justes limites qu'exige le respect de toutes les croyances. Les Israélites ne sauraient s'en plaindre, eux qui n'ont aucun goût pour le prosélytisme et que leur histoire a habitués à la tolérance.

Le régime de la séparation peut être préférable, peut-être garantirait-il mieux la dignité et l'indépendance des ministres du culte; dans l'état actuel de la législation, la religion juive n'est pas privilégiée par rapport aux autres, elle n'est pas davantage persécutée. Nous l'avons dit en commençant, la loi assure à chacun une égale protection, quelle que soit sa religion. La France a jusqu'ici toujours été fidèle à ce principe, et l'on est en droit d'espérer qu'elle ne le reniera jamais.

TABLE DES MATIÈRES

PREMIÈRE PARTIE

Du culte israélite considéré comme culte reconnu.

Chapitre Premier.

Privilèges accordés au culte israélite.

Chapitre II.

Obligations imposées au culte israélite.

DEUXIÈME PARTIE

Législation propre du culte israélite.

CHAPITRE PREMIER.

Généralités.

CHAPITRE II.

Des circonscriptions du culte israélite

CHAPITRE III.

De l'assemblée des électeurs.

Chapitre IV.

De l'administration des intérêts religieux.

Chapitre **V.**

De l'administration des biens.

TROISIÈME PARTIE

QUATRIÈME PARTIE

Le Mans. — Association ouvrière (BKTROT, GUKRRT et C¹ᵉ), 5, rue du Porc-Épic.